MODERN HUMANITIES RESEARCH ASSOCIATION
CRITICAL TEXTS

PHOENIX
VOLUME 8

EDITORS
THOMAS WYNN
PIERRE FRANTZ

MAILLARD, OU PARIS SAUVÉ
ET
RAIMOND V, COMTE DE TOULOUSE
MICHEL-JEAN SEDAINE

Maillard, ou Paris sauvé
et
Raimond V, comte de Toulouse

par
Michel-Jean Sedaine

Édition présentée, établie et annotée par
John Dunkley

Modern Humanities Research Association
2015

Published by

*The Modern Humanities Research Association,
Salisbury House
Station Road
Cambridge CB1 2LA
United Kingdon*

© *The Modern Humanities Research Association, 2015*

John Dunkley has asserted his right under the Copyright, Designs and Patents Act 1988 to be identified as the author of this work. Parts of this work may be reproduced as permitted under legal provisions for fair dealing (or fair use) for the purposes of research, private study, criticism, or review, or when a relevant collective licensing agreement is in place. All other reproduction requires the written permission of the copyright holder who may be contacted at rights@mhra.org.uk.

First published 2015

ISBN 978-1-78188-213-9

Copies may be ordered from www.phoenix.mhra.org.uk

TABLE DES MATIÈRES

Remerciements	ix
Maillard: Introduction	1
Maillard: Principes de l'édition	66
Maillard: Leçons rejetées	68
Maillard, ou Paris Sauvé	69
Appendice	159
Raimond V: Introduction	161
Raimond V: Principes de l'édition	178
Raimond V, comte de Toulouse	179
Bibliographie	253

A notre fils.

Come what come may,
Time and the hour runs through the roughest day.

REMERCIEMENTS

Toute recherche de ce genre implique la collaboration de nos collègues. Je voudrais exprimer ma profonde gratitude aux nombreux conservateurs des grandes collections de Paris, de Londres et d'Oxford qui m'ont aidé dans l'élaboration de ce travail. J'ai le plaisir d'exprimer une reconnaissance particulière à Madame Jacqueline Razgonnikoff et aux professeurs Pierre Frantz, François Moureau, Russell Goulbourne, Thomas Wynn et Mark Darlow.

Une subvention accordée par la British Academy m'a permis d'entreprendre des recherches dans les bibliothèques et archives de Paris. Qu'elle trouve ici l'expression de toute ma reconnaissance.

MAILLARD : INTRODUCTION

Au moment de la composition de *Maillard*,[1] Sedaine était déjà bien connu du public de théâtre, et « mêlé à toute la vie intellectuelle de son temps ».[2] Collaborateur de Philidor, de Monsigny et de Grétry dans la composition d'opéras-comiques, il fut nommé Secrétaire perpétuel de l'Académie royale d'architeture en 1768.[3] Par la suite, il sera membre fondateur de la Société des Auteurs Dramatiques en 1777 ; il sera étroitement lié avec le peintre David, et deviendra membre de l'Académie Française — bien tardivement — en 1786.[4] Son *Philosophe sans le savoir* de 1765, que Diderot accueillit avec enthousiasme, s'avéra immédiatement le modèle du drame tel que le concevait le philosophe, et son succès fut durable.[5] Ce drame, qui prône les qualités philosophiques du négociant Vanderk, constitua une réplique aux *Philosophes* de Palissot, comédie cruellement satirique, représentée au Théâtre Français le 2 mai 1760.[6] Le drame de Sedaine est une pièce de combat ; d'abord parce que le protagoniste est philosophe sans la moindre trace de pédantisme, ni même d'intellectualisme ; et ensuite parce que le genre était neuf, et que le tiers état, qui fournissait ses personnages, était depuis toujours un objet de mépris pour la culture classique.

---

[1] La préface de l'édition de 1788 parle de dix-sept années, mais le registre (ms. 432) de la Comédie-Française note sa lecture le 26 juin 1770. Sedaine devait donc s'occuper à la composition de la pièce dans les premiers mois de 1770 ; voir Anne Boës, *La Lanterne magique de l'histoire* (Oxford : Voltaire Foundation, 1982), pp. 108–09. Pour des précisions plus amples sur les ouvrages cités dans les notes, on consultera notre bibliographie.
[2] L'expression est d'Henri Stein, cité par Mark Ledbury et David Charlton, dans *Michel-Jean Sedaine (1719–1797): Theatre, Opera and Art* (Aldershot : Ashgate, 2000), p. 6. Cet ouvrage, et la thèse doctorale de Mark Ledbury, *Sedaine, Greuze and the Boundaries of Genre* (Oxford : Voltaire Foundation, 2000) sont les deux études modernes fondamentales sur l'auteur et son œuvre.
[3] Voir W. Scholler, *Die Académie royale d'architecture ; anatomie einer institution* (Cologne : Böhlau, 1993).
[4] Pour une liste des œuvres composées en collaboration, on consultera *Michel-Jean Sedaine (1719–1797)*, chapitre 11, « A Sedaine Bibliography » ; pour ses relations avec David, on consultera Ledbury, *Sedaine, Greuze and the Boundaries of Genre*, chapitre 8.
[5] Voir les deux ouvrages d'A. Joannidès, *La Comédie-Française de 1680 à 1920, tableau des représentations par auteurs et par pièces* (Paris : Plon-Nourrit, 1921), et *La Comédie-Française de 1680 à 1900, dictionnaire général des pièces et des auteurs* (Paris : Plon-Nourrit, 1901). Ledbury raconte, avec un scepticisme judicieux, l'accueil légendaire que Diderot fit à Sedaine à la suite du *Philosophe* ; voir *Sedaine, Greuze, and the boundaries of genre*, pp. 9–10.
[6] Voir notre édition du *Philosophe sans le savoir* (Egham : Runnymede, 1993), et Palissot, *La Comédie des Philosophes et autres textes*, édités par Olivier Ferret (Saint-Étienne : Publications de l'Université de Saint-Étienne, 2002).

Peu étonnant, en fait, qu'aucun drame ne fût représenté à la Cour après 1768. La tendance générale de l'œuvre dramatique de Sedaine révèle la volonté de l'auteur de réussir sur le plan esthétique, assortie à un esprit engagé et contestataire.[1] Mark Ledbury a noté la présence de témoignages de l'intérêt que Sedaine portait aux questions d'ordre politique qui parsèment son œuvre dramatique, ses préfaces et sa correspondance.[2] D'ailleurs, il semble qu'il n'ait rien fait pour se rendre amène aux personnages haut placés, car la princesse de Salm a pu, dans sa biographie de l'auteur, citer les paroles du maréchal de Maillebois : « Ce que j'aime en cet homme, c'est qu'il ne nous aime pas. »[3]

Maillard réunit trois champs de contestation. Dès 1765, Buirette de Belloy souhaitait la production de tragédies nationales susceptibles d'attiser le patriotisme après l'humiliation de la Guerre de Sept Ans.[4] Or, voici que Sedaine nous offre une tragédie tout autrement complexe que *Le Siège de Calais*. La Séance de la Flagellation (du 3 mars 1766)[5] avait visé à imposer le silence aux parlementaires, qui prétendaient représenter les intérêts de la population contre un roi peu disposé à mettre de l'ordre dans les finances. La Séance était surtout une affirmation de la réalité de l'absolutisme, et la réforme de Maupeou (1770-1771) venait, aux yeux des philosophes (sauf Voltaire, comme on le verra plus bas), de signaler le passage à l'acte. *Maillard* est, pour le moins, assez ambigu à cet égard. Auparavant, Sedaine, auteur connu, n'avait jamais composé pour le Théâtre Français la tragédie-rite-de-passage que fournissaient même des auteurs comiques tels que Destouches, Regnard et Marivaux qui, par la suite, se consacraient uniquement à la comédie. Il se conforme, enfin, à l'usage ; conformité toute relative, car sa tragédie est en prose.

---

[1] Les origines de Sedaine étaient modestes. Autrefois, des critiques comme Madame Guyesse-Frère citaient inlassablement l'histoire, apocryphe mais combien attendrissante, du voyage à Paris de Sedaine et son jeune frère, orphelins. Cf. 'Jean-Michel [sic] Sedaine, ou le petit tailleur de pierres', pp. 125-40 d'un document non identifié conservé à la Bibiliothèque nationale de France, Arts du spectacle, sous la cote Rf. 13.790; mais il est manifeste que ses orientations politiques découlent principalement de ses fréquentations métropolitaines ultérieures.

[2] *Michel-Jean Sedaine*, p. 7, n.10.

[3] Voir Constance de Pipelet, princesse de Salm, *Eloge historique de Sedaine* (Paris : Desenne, 1797), p. 6.

[4] Voir la préface du *Siège de Calais*, in *Théâtre du XVIIIe siècle*, éd. par Jacques Truchet (Paris : Gallimard, 1972), II, 448-54, et celle de *Gaston et Bayard*, in *Œuvres complètes* (Paris : 1779), III, 112-17.

[5] Des extraits du texte de ce discours sont réimprimés dans Yves Durand, *La Société française au XVIIIe siècle* (Paris : SEDES 1992), pp. 313-15. Voir aussi André Zysberg, *La Monarchie des Lumières, 1715-1786* (Paris : Seuil, 2002), pp. 302-03 (citant J. Flammermont, *Les Remontrances du parlement de Paris au XVIIIe siècle*, II, 555-58).

L'Analogie historique comme commentaire

Corneille avait montré le chemin pour qui chercherait à traiter les questions politiques du moment. Le recours à la défamiliarisation par l'histoire et / ou la géographie s'imposait. *Le Cid*, par exemple, démontre la nécessité de la soumission du sujet, si prestigieux soit-il, au monarque de droit divin, si effacé qu'il soit. Pour Dom Fernand, lire Louis XIII. Au siècle suivant, Voltaire se trouvait obligé de renchérir en quelque sorte sur ce modèle, car le genre, la tragédie « classique », était bien rôdé, et le dramaturge voulait nuancer la portée politique de l'œuvre, en même temps qu'il prenait conscience du pouvoir sur la réussite d'un ouvrage que détenait un parterre friand d'intrigues touchantes. Sa première tentative, *Zaïre*, en est la preuve ; *Tancrède, Adélaïde Du Guesclin* et *l'Orphelin de la Chine* en sont d'autres.

Dans le cas de *Maillard*, il faut, pour comprendre la portée de la référence historique (l'histoire de la révolte d'Etienne Marcel) prendre en compte à la fois les leçons de la recherche moderne, et la mentalité des années 1760-1770 qui interprétait cette histoire d'après les conjonctures politiques actuelles : les remous incessants des Parlements et la réforme Maupeou qui marqua la fin de l'année 1770. A l'exemple de Corneille dans *Cinna*, Sedaine choisit pour protagoniste, non pas la grande figure ayant une réputation bien définie (Auguste, Etienne Marcel), mais un personnage, connu de nom, mais dont les contours restaient assez flous, voire contestés, pour permettre une amplification dramatique. Peu importe, dans le contexte du drame, que l'une des cibles survive et que l'autre meure, ou que Cinna ne tue pas sa victime potentielle tandis que Maillard le fait. Ce qu'il fallait, c'était de pouvoir évoquer la situation politique dans son ensemble et de choisir avec Maillard un participant dont le public ne saurait pas la contribution précise. En fait, parmi les annales de l'époque, qui toutes constatent la présence de Maillard à la Porte Saint-Antoine le 31 juillet 1358, Froissart seul désigne Maillard spécifiquement comme étant l'assassin de Marcel.[1] L'historien Mézeray, que Sedaine consulta peut-être, nomme aussi Maillard comme l'assassin de Marcel, mais désigne également Pepin Des Essars, tout en se trompant sur l'heure de la journée et la porte où le meurtre eut lieu :

> Marcel et ses partisans, craignant d'être enfin livrez au Dauphin, conspirerent de livrer plutôt la Ville au Navarrois, en l'y introduisant de nuit par la Bastille. Mais comme les amis du Dauphin avoient toûjours l'œil et l'oreille au guet, un Jean Maillard et un Pepin des Essars, qui en étoient les Chefs, firent si bien leur partie, qu'ayant assemblé leurs gens sur le point que Marcel devoit executer son coup, ils le tuerent, luy et ceux qui l'accompagnoient avant qu'il eût pu ouvrir les portes.[2]

---

[1] *Chroniques de J. Froissart*, publiées pour la Société de l'Histoire de France par Siméon Luce (Paris : Veuve Renouard, 1869-1876), V, 115-18.
[2] *Abrégé chronologique de l'histoire de France* (Paris : Robustel, 1717), V, 614.

Pour comprendre la portée dramatique du personnage de Maillard dans la tragédie de Sedaine, il faut d'abord saisir ce que la génération de 1770 retenait peut-être de la situation politique à laquelle Marcel et Maillard participaient dans la décennie 1350-1360. Attendu que plus de quatre cents ans d'évolution politique séparent la composition dramatique des événements qu'elle représente, et vu la complexité de ceux-ci, on ne s'attendra à trouver dans la pièce ni une quelconque fidélité historique ni le reflet de la totalité de la crise politique du temps. Impossible d'ailleurs ; même les ouvrages qui se veulent les plus fidèles se permettent une distorsion de l'histoire là où elle s'avère capable de favoriser l'intérêt dramatique, et la complexité événementielle, quelque intéressante qu'elle puisse être, risque de perdre le spectateur.[1] Ce qui compte surtout pour Sedaine est l'analogie que la situation historique présente avec la ou les crises politiques des années 1760-1770.

La difficulté principale consiste en l'impossibilité de cerner ce que les spectateurs dans toute leur diversité savaient au juste de cet épisode de l'histoire médiévale. Quoique l'historiographie des dix-neuvième et vingtième siècles nous ait amplement renseignés sur les alliances évolutives des protagonistes et sur les pressions qui gouvernaient leurs actes, cette érudition faisait défaut en 1770. La tâche du dramaturge, qui connaissait les ouvrages historiques alors courants, consistait donc à évoquer la situation politique en faisant allusion aux noms et aux événements les plus connus et à orienter les sympathies de l'assistance tout en évitant de débiter une leçon d'histoire dont la complexité étoufferait tout intérêt dramatique. Un certain nombre d'événements et de noms marquants se détachent de l'histoire politique qui fait l'arrière-fond de la pièce. L'auteur évoque des détails généralement connus et laisse l'évolution politique dans le flou, ce qui lui permet de profiler le problème central de la relation entre le tiers état (ou son avatar, la noblesse de robe) et le Trône.

Etienne Marcel et la politique des années 1350[2]

Etienne Marcel et Jean Maillard étaient tous deux drapiers engagés dans un commerce international lucratif et prestigieux. Ils étaient bourgeois dans le sens qu'ils ne faisaient pas partie de la noblesse, mais n'avaient rien de commun avec le menu peuple. La très grande bourgeoisie commerçante de l'époque ne se démarquait pas nettement de la noblesse par son comportement social. Marcel

---

[1] Voir les inflexions de Belloy et ses justifications dans la Préface du *Siège de Calais* (*Théâtre du XVIIIe siècle*, II, 450-51). On se rappellera aussi la complexité de l'intrigue de *Timocrate*, et la réflexion souvent citée sur *Rhadamiste et Zénobie* : « La pièce serait claire, n'était l'exposition ».

[2] Nous offrons, dans les deux sections qui suivent, un bref résumé du contexte politique des années 1350, que Sedaine ne pouvait évoquer que de manière allusive dans sa tragédie.

aurait pu accéder à la noblesse s'il l'avait voulu, à l'instar de certains de ses parents enrichis.[1] Comme le remarque Raymond Cazelles, « familiarité avec les souverains, fortune, domaines ruraux, art de la chevalerie, il ne manque rien à la bourgeoisie parisienne pour se sentir l'égale des nobles d'origine », et — plus précisément — il écrit de Marcel lui-même : « il ne se considérera jamais comme inférieur aux nobles d'origine ».[2] Marcel et ses congénères menaient la vie de la capitale, participaient à la gestion des affaires publiques, et exerçaient une influence incontournable dans les conseils. Comme l'affirme John Renwick : « Etienne Marcel, prévôt des marchands (1354), fut le principal organe de la bourgeoisie aux états généraux de 1355 où il réclama de nouvelles garanties pour l'emploi des impôts et des subsides. Il demanda que le grand conseil du roi fût remplacé par un conseil élu par les états. L'influence qu'il exerça entre 1355 et 1358 (l'année de son assassinat) lui ont valu d'être salué comme un homme qui, devançant son époque, avait songé à transformer les états généraux en représentation nationale. »[3] Le mouvement de réforme politique des années 1350 demandait, en souvenir des ordonnances de Saint Louis de 1254 (reprises en 1302), des officiers moins nombreux et plus compétents, une bonne monnaie, et un impôt contrôlé par les Etats dont la place serait reconnue dans le système de gouvernement.[4]

Tout comme les nobles, les grands bourgeois tels que Marcel et Maillard rassemblaient des hommes armés quand l'occasion l'exigeait. Le grand avantage de la bourgeoisie d'alors était en fait celui de ne pas partager le mépris que s'attirait la noblesse qui avait, sur les champs de Crécy et de Poitiers, prouvé son incompétence précisément dans le domaine qui justifiait son existence et les privilèges qui s'y attachaient.[5] Incompétence dont les répercussions sociales et surtout financières retombaient sur la population, et qui ne faisait que souligner plus fortement le caractère désuet du gouvernement de la monarchie des deux premiers Valois. Raymond Cazelles écrit que : « le désastre de Crécy a entraîné une double indignation. D'une part, on reproche au roi et à son fils le gaspillage des deniers publics et l'impéritie des conseillers. De l'autre, on accuse violemment la noblesse de s'être montré inférieure à sa tâche dans la bataille et dans sa

---

[1] Sur l'accession à la noblesse, voir Raymond Cazelles, *Société politique, noblesse et couronne sous Jean Le Bon, et Charles V* (Genève : Droz, 1982), pp. 74–84.
[2] *Etienne Marcel, champion de l'unité française* (Paris : Tallandier, 1984), p. 42.
[3] Voltaire, *Histoire du parlement de Paris*, in *Œuvres complètes*, tome 68 (Oxford : Voltaire Foundation, 2005), p. 175, n.3.
[4] Voir Alain Demurger, *Temps des crises* (Paris : Seuil, 1990), p. 25.
[5] Ces deux batailles, survenues le 26 août 1346 et le 19 septembre 1356 respectivement, ouvraient la première phase de la Guerre de Cent Ans. Jacques d'Avout rapporte les efforts de Jean II de pallier les tensions sociales provoquées ou soulignées par la défaite ; voir *Le Meurtre d'Etienne Marcel* (Paris : Gallimard, 1960), pp. 9–12 et 21–23. En évoquant la redondance de la noblesse de 1350, Sedaine suggère inévitablement celle de la noblesse contemporaine.

préparation. »[1] Le même historien indique une réaction analogue après Poitiers avec ceci en plus que la défaite provoquait alors la publication d'écrits, tels que la *Complainte sur la bataille de Poitiers* et le *Tragicum argumentum* de François de Montebelluna, qui incriminaient l'incapacité, l'insouciance, la vanité, la vénalité, le luxe, l'ambition, la cupidité et le manque de discipline de la noblesse.[2] Evidemment, même si ces écrits reproduisaient des plaintes émanées en partie du peuple, la forme imprimée les portaient à la connaissance des personnages influents. Comme l'indique Raymond Cazelles : « La monarchie de structure domaniale que les Capétiens ont transmise aux Valois n'est plus adaptée aux besoins d'un vaste royaume dont l'administration s'est beaucoup développée et dont la conduite, surtout en cas de guerre, exige des moyens considérables. »[3]

La capture de Jean II à Poitiers, son exil (luxueux)[4] à Londres et la rançon quasi prohibitive de trois millions d'écus demandée par Edouard III, plus la cession de la Guienne, de Calais et de tous les anciens territoires français des Plantagenet (soit la moitié de la France), créèrent en Ile de France un vide politique, partant un champ de contestation.[5] Abandonner le roi à Londres n'était pas une solution pour ceux qui voyaient en la personne du souverain un successeur de Saint Louis et donc un garant (parfaitement illusoire) de la stabilité contre les déprédations des compagnies de brigands (des *écorcheurs*, ou des *routiers*, comme on disait).[6] Jusqu'au moment où le duc de Normandie, futur Charles V, devint régent en mai

---

[1] *Société politique*, p. 119.

[2] *Société politique*, p. 63. Comme l'indique Alain Demurger, l'armée française de Poitiers était entièrement nobiliaire, sans contingents urbains (*Temps des crises*, pp. 23-24). Il y cite en plus la *Complainte rimée de la bataille de Poitiers* qui exprime sa compassion pour le roi en même temps que son mépris pour la noblesse (p. 24).

[3] 'Le Parti navarrais jusqu'à la mort d'Etienne Marcel', in 'Bulletin philologique et historique (jusqu'à 1610) du comité des travaux historiques et scientifiques' (année 1960, II), p. 850.

[4] Voir A.R. Myers, *Chaucer's London ; everyday life in Chaucer's London* (Stroud : Amberley, 2009). Logé d'abord à la Tour de Londres, il fut transféré entre janvier et avril 1364 au Palais Savoy (situé dans le Strand actuel). Rendu luxueux par les soins du duc Henri de Lancastre, il fut brûlé lors de la Révolte des Paysans de 1381. Le luxe qui mitigeait les rigueurs de l'exil du roi est documenté dans l'ouvrage de Barbara Tuchman, *A Distant Mirror ; the calamitous fourteenth century* (Harmondsworth : Penguin, 1978), pp. 168-69. Pour le détail de son voyage de Poitiers à Londres, voir *Journal de la défense du roi Jean en Angleterre depuis le 1er juillet 1359 au 8 juillet 1360 [...]*, publié pour la Société de l'histoire de France par L. Douët-d'Arcq (Paris : Renouard, 1851), pp. 193-284.

[5] La rançon fut fixée d'abord à 4 millions d'écus et ensuite réduite à 3 millions puisque 2 écus équivalaient à 1 *noble d'or* anglais. 600 000 écus étaient payables dans les quatre mois qui suivirent le transfert du roi à Calais, et des tranches de 400 000 écus chacune étaient payables annuellement dans les six années suivantes ; voir Jean Favier, *La Guerre de Cent Ans* (Paris : Fayard, 1980), p. 277.

[6] L'Histoire a jugé sévèrement Jean le Bon, au contraire de son successeur, Charles V. Pour un recensement de ces jugements et des évaluations modernes des principaux personnages royaux, on consultera Cazelles, *Société politique*, chapitres 8, 9 et 10.

1357, le roi pouvait commander au dauphin.[1] Etant sur place, celui-ci se trouvait dans une position des plus difficiles. Il avait pour tâche d'amasser la rançon de son père (sans posséder le droit d'intervenir sur les monnaies, prérogative royale) à une époque où l'impôt était encore supposé être une exception consentie, ce pour quoi on parlait d'« aides ». Le problème est bien posé par Alain Demurger : « Pour l'opinion publique le roi doit vivre du sien, c'est-à-dire des revenus de son domaine. Comme cela ne suffit plus, il peut user de deux moyens pour obtenir des ressources : la mutation de la monnaie ; l'impôt. La mutation, que le roi peut faire à sa guise, lui procure les bénéfices d'une nouvelle frappe. »[2]

Demurger continue : « La levée de l'impôt est tout aussi délicate, car il lui faut obtenir le consentement de ses sujets, en vertu d'un principe de droit canonique : « Ce qui concerne tout le monde doit être approuvé par tout le monde » [...]. Pour cela, il doit convoquer les états du royaume : clercs, nobles et représentants des villes. [...] Pour les sujets, pour leurs « représentants » aux Etats, l'enjeu se réduit à choisir entre deux maux : accepter l'impôt pour éviter les mutations monétaires.[3] Pourtant, la guerre rendait impossible d'équilibrer les finances sans avoir recours à l'impôt, pratique devenue régulière après le temps de Philippe le Bel. L'aide féodale, à l'origine réservée aux cas de rançon, de la chevalerie du fils aîné, du mariage de la première fille et de la croisade, s'étendait, depuis la fin du treizième siècle, au rachat du service de l'ost.[4] D'ailleurs, la guerre imposait la nécessité de payer promptement les mercenaires qui, sans cela, risquaient de s'engager chez l'adversaire. Le dauphin devait aussi consolider sa propre position, ménager et neutraliser le roi Charles de Navarre, qui ne cessait de manœuvrer mais dont les buts à long terme restaient obscurs[5] et s'assurer la fidélité de Paris, alors la plus grande ville du monde occidental.[6] Pour ce faire, il lui fallait

---

[1] Raymond Cazelles souligne le respect tout exceptionnel que Charles V ne cessait toute sa vie de porter à son père ; voir *Société, politique*, pp. 55-56. Jacques d'Avout considère la possibilité que chacun contemplât la disparition de l'autre ; voir *Le Meurtre d'Etienne Marcel*, pp. 47-49 et p. 48, n.1.

[2] Pour une explication du système des monnaies de l'Ancien Régime, on consultera Yves Leclerq, *Histoire économique et financière de la France d'Ancien Régime* (Paris : A. Colin, 1998), ch. 7.

[3] Demurger, *Temps des crises*, pp. 24-25. Pour de plus amples informations techniques sur les monnaies de l'époque, on consultera Jacques d'Avout, *Le Meurtre d'Etienne Marcel*, pp. 8-9. Pour des précisions sur les différentes conséquences de la mutation des monnaies sur les divers groupes sociaux, on consultera Cazelles, *Société politique*, chapitre 5, et p. 18, n.1.

[4] *Le Meurtre d'Etienne Marcel*, p. 7.

[5] Le surnom Charles le Mauvais apparaît pour la première fois dans le *Compendio historial* de l'annaliste espagnol Garibay en 1571 ; voir Jacques d'Avout, *Le Meurtre d'Etienne Marcel*, p. 13, n.1. Il s'était allié avec des « Anglais » qui, au besoin ou à leur bon plaisir, terrorisaient les Parisiens.

[6] Selon les calculs de Raymond Cazelles, fondés sur un état des feux dressé en 1328, sa population était d'entre 200 000 et 300 000 habitants. L'écart de ces chiffres est suffisamment large pour qu'ils restent fiables même après les ravages de la peste noire. Il offre des comparaisons avec d'autres grands villes européennes ; voir *Etienne Marcel, champion de l'unité française*, pp. 9-10.

également gagner l'alliance de Marcel et des grands bourgeois de la Hanse qui — enjeu capital — contrôlaient l'approvisionnement de la capitale par la voie fluviale.

Les historiens modernes hésitent à trancher sur la fidélité de Marcel au dauphin et sur ses intentions politiques. Dans les jours qui précédaient la crise de juillet 1358 que présente la pièce, Marcel se trouva pris dans un engrenage qu'il ne pouvait plus contrôler, s'étant finalement allié au personnage le plus énigmatique et le moins fiable de l'époque, Charles de Navarre. Charles était lié par des liens de parenté à Edouard III et Jean II, dont il était le gendre.[1] Raymond Cazelles lui consacre un chapitre de son livre *Société, politique* d'où ressort clairement le caractère insondable du personnage, « esprit subtil mais âme révoltée ». On ne peut préciser au juste ce qu'il voulait tirer de toutes ses multiples manœuvres politiques, ni même si lui en avait une idée bien arrêtée. On ne sait pas s'il ambitionnait la couronne de France. Sur le plan personnel il amassait contradictions sur contradictions, dont Cazelles cite quelques-unes : « [Il] a collaboré avec ceux qui veulent une réforme de la monarchie, mais sans croire personnellement à cette réforme. Il déplore que le royaume soit envahi par les routiers, puis il prend à sa solde personnelle un certain nombre de ces bandes. »[2] Sedaine fait de Charles une présence menaçante qui amène la crise sans s'y risquer et le caractérise dès les premières scènes de la tragédie (I, 2).[3]

Une première rupture entre le dauphin et les Etats, représentés par Marcel, vint en août 1357 lorsqu'il leur signala son intention de diriger lui-même les affaires publiques. Il leur rappela qu'ils étaient les « principaux gouverneurs de la ville de Paris » mais que lui « ne vouloit plus avoir curateurs, et leur deffendit que ils ne se mellassent plus du gouvernement du royaume, lequel ils avoient entrepris par telle manière que l'on obéissoit plus à eulx que l'on ne faisoit au dit monseigneur le duc ».[4] Ensuite, il quitta Paris pour la Normandie. Mais le résultat de sa quête de soutiens financiers de la part des villes s'avéra dérisoire, et son absence de six semaines à Maubuisson (où la duchesse attendait la naissance de leur premier enfant) isolait davantage la municipalité parisienne.[5]

---

[1] Pour la généalogie complexe de Charles de Navarre et ses conséquences politiques, on consultera Jacques d'Avout, *Le Meurtre d'Etienne Marcel*, pp. 12–15 et les tableaux, pp.[326–30].
[2] *Op. cit.*, p. 59.
[3] Notons que les évocations que fait Sedaine du caractère et des actes du roi de Navarre sont imprécises, car son unique fonction dramatique est d'être menaçant et de se trouver aux portes de Paris.
[4] D'Avout, *op. cit.*, p. 117.
[5] Ibid., pp. 117–18 ; il semble que Sedaine transpose ce départ du dauphin quand il le fait « partir à l'instant pour son Gouvernement » (II, 5). Pour la signification du terme « Gouvernement », on consultera Marcel Marion, *Dictionnaire des institutions de la France aux XVIIe et XVIIIe siècles* (Paris : Picard, 1923).

Soit de son propre chef soit sous la pression de Marcel, le dauphin, toujours aussi démuni de fonds, rentra à Paris au début du mois d'octobre. Un accord fut passé selon lequel le dauphin convoquerait les représentants de vingt ou de trente villes qui accorderaient les subsides qu'il recherchait (il en convoqua en fait soixante-dix), et on ne réclamerait plus la destitution des officiers royaux incriminés pour concussion et prévarication, ni l'élargissement de Charles de Navarre, incarcéré à Arleux depuis son arrestation par Jean II le 5 avril 1356 lors du repas, devenu notoire, du dauphin au château de Rouen.[1] Mais les représentants se déclarèrent incapables de prendre seuls une décision qui appartenait aux trois ordres réunis, ce qui laissait le dauphin plus que jamais à la merci de Marcel. Le dauphin convoqua les Etats pour le 7 novembre 1357, et Marcel doubla la convocation de lettres de sa propre part : « montrant par là qu'à côté de la couronne s'érige un pouvoir nouveau qui prend appui sur la bourgeoisie et les métiers parisiens. C'est [...] de cette initiative capitale qu'il faut dater l'entrée résolue d'Etienne Marcel dans la voie ouvertement révolutionnaire des prétentions à un parallélisme des actes gouvernementaux. »[2] Le mot de parallélisme est capital, car à aucun moment Marcel ne semble avoir contemplé une administration sans royauté.

Que ce fût par l'ordre des Etats, ou par celui de Marcel et de son âme damné Robert Le Coq, ou même du dauphin, Charles de Navarre sortit de prison. Accueilli à Amiens, il remonta à Paris où, le 30 novembre, il adressa un discours aux Parisiens, qui le reçurent favorablement. On ne peut savoir au juste pourquoi Marcel favorisait le retour de Charles de Navarre si ce n'est pour augmenter la pression sur le dauphin ; comme le dit Jacques d'Avout : « Dans le retour de Navarre, il n'est pas probable [que Marcel] ait vu la possibilité ni le bénéfice escomptable d'une substitution au duc Charles, mais seulement un moyen, les deux frères ennemis étant à Paris, de les tenir l'un par l'autre en échec. »[3] En décembre 1357, les « frères ennemis » se réunirent pour la première fois depuis le fatal banquet de Rouen que Jean II avait interrompu. Le dauphin fut obligé d'homologuer l'élargissement du roi de Navarre et d'accepter ses revendications: restitutions de propriétés, obsèques des anciens compagnons décapités,[4] nouvelle

---

[1] Jean II croyait que Charles de Navarre en voulait à sa vie. Il fit irruption au repas, arrêta son gendre à l'improviste, et fit décapiter sur le champ le comte d'Harcourt et deux autres convives ; voir Cazelles, *Etienne Marcel*, pp. 139-41. Marcel était au courant des intentions du roi. Cet acte se répercuta sur la politique subséquente. Selon l'historien Mézeray, le roi de Navarre et ses « confederez » se seraient laissé *leurrer* par le dauphin pour assister au repas ; *Abrégé chronologique de l'histoire de France* (Paris : Robustel, 1717, 10 vols) ; V, 588-89. Sedaine évoque cet épisode de nombreuses fois dans sa pièce; doit-on conclure de là que le banquet faisait partie de la culture générale de l'assistance ?
[2] D'Avout, *Le Meurtre d'Etienne Marcel*, p. 120.
[3] *Le Meurtre d'Etienne Marcel*, p. 124.
[4] Ce qui fut fait à Rouen le 10 janvier 1358.

convocation de Etats, divers pardons pour les siens. Initiative curieuse pour marquer la détente : le roi et le duc se mirent aussi d'accord pour relâcher tous les prisonniers détenus dans la ville et les faubourgs, ce qui n'était sûrement pas pour rassurer les Parisiens dans un temps où la crise n'était jamais loin. On se berçait aussi de l'espoir du retour prochain de Jean II. Dans les tout premiers mois de 1358, pendant que le duc et le roi de Navarre rassemblaient tous les deux des troupes autour de la capitale, Marcel ordonna les membres de la municipalité de porter des chaperons rouges et bleus (couleurs de Paris) et, dans certains cas, des agrafes assorties, portant la légende « A bonne fin », ostensiblement pour marquer leur attachement à la ville, et aussi sans doute pour pouvoir identifier ses fidèles.

C'est peut-être grâce au recul qu'on a l'impression que les événements prennent une plus grande allure dans les premiers mois de 1358 au moment où les protagonistes du drame du 31 juillet se trouvent en présence à Paris. Au mois de janvier, ils s'adressent chacun à la foule parisienne pour raconter leurs démarches, exposer leurs griefs et leurs intentions et se faire des partisans.[1] En janvier-février, les Etats se réunissent et s'ajournent, leur principale résolution étant de stipuler qu'à l'avenir les réunions plénières se tiendraient uniquement à Paris ;[2] le dauphin, avec le consentement des Etats, intervient sur les monnaies, pour les dévaluer. Suit l'affaire de Perrin Marc, assassin banal de Jean Baillet, trésorier du dauphin. Après le meurtre, il se réfugie dans le cloître de Saint-Merry. Le dauphin l'en fait tirer. Estropié au préalable, il est ensuite pendu à Monfaucon. La foule gronde qui voit sa propre insécurité se réfléchir dans ce châtiment exemplaire. L'évêque de Paris s'indigne au sacrilège que représente la violation des immunités des lieux sacrés, et le cadavre de Perrin Marc est ramené à Saint-Merry pour des obsèques solennelles. Etienne Marcel s'y joint.

Le 22 février, après la conclusion des Etats, Marcel réunit une foule de Parisiens dans l'enceinte du prieuré Saint-Eloy, afin de faire pression sur le dauphin de cesser de remettre le licenciement des officiers royaux depuis longtemps incriminés. Mais, selon d'Avout, les choses sont allées plus loin que Marcel n'aurait voulu et, au lieu de recevoir une simple confirmation de sa volonté, il se trouva devant des extrémistes qui l'obligèrent à passer à l'acte pour éviter de perdre définitivement leur soutien et sa crédibilité. Il entra donc au Louvre, suivi d'une partie de la foule, et confronta le dauphin en lui demandant de se prêter

---

[1] Ainsi que le reconnaît d'Avout, il est quasi impossible de préciser les motivations et les alliances changeantes du duc, du roi Charles, de Marcel et de Le Coq, sinon que : « dans le drame qui se noue, chacun des principaux acteurs agit en fin de compte pour soi-même et joue son propre jeu » ; *Le Meurtre d'Etienne Marcel*, pp. 134–35.

[2] Selon d'Avout, ceci représente une idée fondamentale de Marcel : « celle d'affirmer la primauté parisienne et une fédération urbaine, avec une assemblée unique, [apte à] etouffer les résistances locales, [à] imposer sa volonté de réforme, [et à] seconder le roi dans la gestion des affaires publiques » ; d'Avout, *Le Meurtre d'Etienne Marcel*, p. 147.

aux mesures nécessaires pour garder « le royaume qui devait lui parvenir ». La réponse du dauphin fut qu'il était privé des moyens de le faire, mais que celui qui faisait lever les profits et les droitures du royaume n'avait qu'à prendre ses responsabilités.[1] L'injure publique déclenche une querelle, et les hommes de main de Marcel abattent Jean de Conflans et Robert de Clermont, conseillers du duc, et jettent leurs cadavres dépouillés devant le perron. Marcel accepte d'assurer la vie du dauphin terrorisé et l'oblige à échanger son bonnet noir à frange d'or contre un chaperon. La foule poursuit et abat d'autres victimes dans la Cité. Marcel contraignit l'impuissant dauphin à pardonner le massacre et fit inviter Charles de Navarre à revenir à Paris, qui, dès son arrivée, se déclara solidaire des Parisiens dans ce qu'ils avaient dû faire. Il est possible, mais pas certain, que Marcel contemplât alors la substitution du dauphin par le roi de Navarre.

Le 10 mars, les deux reines de Navarre, veuves des précédents rois, secondées par Marcel et Robert Le Coq, réussirent un accord entre le dauphin et Charles de Navarre dans le but de stabiliser le gouvernement du royaume et de contenir les routiers, et le dauphin donna l'hôtel de Nesle comme logement parisien à son cousin. Il lui accorda des réparations en terres pour la prison qu'il avait subie, et une amnistie à ses partisans. Par des lettres données à Saint-Denis le 18 mars 1358, le dauphin, qui maintenait sa ténacité et son calcul de longue haleine à travers l'impuissance et les humiliations, se déclara régent.[2] Charles de Navarre partit pour Mantes le lendemain de la déclaration, et Marcel, Le Coq et d'autres membres du tiers état entrèrent au Grand Conseil. Le régent devint plus que jamais le pion impuissant mais essentiel dans l'élaboration des plans de réforme de Marcel. Mais le manque d'argent pesait toujours et, afin de faire rentrer des fonds au Trésor, il fallait l'accord du second état qui n'avait pas participé aux Etats de février 1358. Il était donc essentiel que le régent eût la liberté de se rendre dans les villes (Saint-Ouen, Senlis, Compiègne, Meaux, Provins, Montereau) pour obtenir le soutien des nobles, et que Marcel acceptât cette nécessité qui, inévitablement, affranchissait le régent de sa tutelle. Le régent parti, l'effondrement du Grand Conseil, et avec lui une partie de la légitimité de Marcel, s'ensuivit naturellement.

L'effritement de son influence fut durement souligné lors des Etats que le régent convoqua à Provins le 9 avril. Ils signalèrent au régent leur soutien financier éventuel, qui serait confirmé lors d'une future réunion prévue pour le

---

[1] L'expression : « les pourfils et les droitures », que d'Avout cite (*Le Meurtre d'Etienne Marcel*, pp. 150–51 et p. 151, n.1) d'après Froissart, semble indiquer que le dauphin suggère que Marcel avait un accès direct aux fonds de l'Etat et qu'il en profitait personnellement.

[2] Jacques d'Avout considère les raisons qui, peut-être, motivèrent cette démarche. Elles comprennent aussi bien le désir du dauphin de tenir son rang, de se faire obéir, de rassurer ses proches, et de répondre aux conseils de fermeté qu'il avait reçus, que la possiblité que son élévation ne fût en fait qu'une manipulation de plus de la part de ses « maîtres » ; *Le Meurtre d'Etienne Marcel*, p. 161.

29 avril à Vertus, ce qui fut fait. Ils marquèrent aussi leur refus d'assister à l'avenir aux assemblées des Etats à Paris, exprimaient leur vœu que le régent ferait « bonne justice » aux coupables de l'assassinat des maréchaux de Conflans et de Clermont, et laissèrent sans riposte le discours que leur adressèrent les deux envoyés parisiens de Marcel. Au cours de son périple, le régent s'était aussi assuré du Marché de Meaux, qui commandait la Marne et par conséquent le transport fluvial des vivres vers Paris.[1] Il contrôlait aussi Montereau, et par conséquent la totalité du trafic de la Seine, de la Marne et de l'Yonne. Devant la menace de la disette, isolé des villes, et dans le silence du roi de Navarre, Marcel arma individuellement les Parisiens et installa des gardiens permanents aux fortifications qu'il venait de faire construire ou de renforcer autour de la ville. Il fit saisir et distribua quantité d'armements qu'il avait interceptés lorsque le régent avait tenté de les faire transporter de Paris à Meaux.

Le 2 mai le régent et Charles de Navarre se rencontrèrent entre Clermont et Mello, et le premier persuada à son cousin de s'allier à lui pour le règlement de comptes avec les réfractaires parisiens et de se rendre à Paris pour leur transmettre ses dispositions. Le roi s'adressa à la foule parisienne, mais les termes de son discours ne nous sont pas parvenus. On ne peut savoir non plus si Marcel souhaitait que la défense de la ville et les négociations éventuelles fussent confiées au roi de Navarre et au régent, soutenu comme il l'était par la noblesse, ou s'il cherchait à rester maître de Paris le plus longtemps possible.

En même temps qu'il pouvait se rendre compte que le pouvoir du régent augmentait au détriment du sien, Marcel savait que l'interruption de la livraison des marchandises, qu'on redoutait, lui enlèverait le soutien des bourgeois et l'exposerait aux effets du ressentiment du régent. Chargés par Marcel de la négociation avec le régent, les représentants de l'Université lui communiquèrent les bonnes dispositions des Parisiens et leur volonté de consentir à tout ce qu'il demanderait à condition qu'il ne réclamât la mort de personne. Le régent accepta de rendre aux Parisiens ses bonnes grâces, si on lui livrait cinq ou six personnes dont il promit qu'il leur laisserait la vie. Face à cette perspective au fond peu rassurante, Marcel envoya des négociateurs à plusieurs reprises auprès du régent mais ne reçut de lui que « répliques sévères, mordantes et comminatoires ».[2] Sachant que son influence auprès de la population, des bourgeois et des métiers lui échappait, Marcel multiplia ses visites au roi de Navarre, dont il recherchait le soutien, et accéléra la construction des ouvrages de protection autour de Paris. Il engagea des Navarrais et Anglais pour la défense de la ville et se mit à acheter

---

[1] Le Marché de Meaux était « un faubourg fortifié, situé dans une île de la Marne. C'est le véritable château de Meaux », selon Cazelles, *Etienne Marcel*, p. 282.
[2] Jacques d'Avout, *Le Meurtre d'Etienne Marcel*, p. 182 qui cite la Continuation de la Chronique latine de Guillaume de Nangis (voir sa bibliographie, p. 334).

partout des armes qu'il payait comme il pouvait, entre autres par une nouvelle frappe de monnaie.

Le 29 mai vit le début de la Jacquerie avec le massacre par des paysans de quatre chevaliers et de cinq écuyers à Saint-Leu-d'Esserent, près de Creil.[1] La révolte prit comme un feu de paille. Guillaume Cale, le chef des Jacques, voulait en fait freiner les excès auxquels se livraient ses compagnons. Il rechercha l'alliance de la bourgeoisie parisienne dans sa tentative de détruire les châteaux et forteresses des nobles dans les régions autour de Paris qui, dans la conjoncture actuelle, représentaient une menace pour les Parisiens autant que pour les paysans, car elles servaient souvent de repaires aux routiers qui pillaient le pays et entravaient le commerce. Marcel voyait dans la proposition la chance de supprimer des relais éventuels du régent, et bon nombre de châteaux et forteresses disparurent.[2] Par la même occasion, Marcel se donnait l'apparence d'un puissant bourgeois ami de l'ordre qui essayait de ramener la paix en modérant les excès des paysans, surtout en évitant les atrocités les plus criantes, en même temps qu'il accueillait dans Paris ceux qui les fuyaient.[3] Cependant, la collaboration entre Marcel et Cale se termina lorsque Charles de Navarre entama la suppression de la révolte, conscient des avantages potentiels à recueillir de la reconnaissance du régent et / ou des Parisiens. Il commandait une armée de mille lances rangée contre quatre mille paysans.[4] Le 10 juin, dans l'impossibilité de savoir à qui irait l'avantage, Charles invita Cale à discuter les conditions d'une trêve. Celui-ci se rendit auprès du roi sans demander d'otages et fut fait prisonnier. Sans chef, les Jacques furent mis en déroute. Traqués impitoyablement, ceux qui s'échappèrent au massacre furent livrés au bourreau, et Cale subit un supplice atroce.[5] Si la gloire d'avoir supprimé la révolte près de Paris revint au roi de Navarre, on imagine l'impression que cette démonstration de son efficacité et de la férocité de ses troupes dut faire aux Parisiens. Au même moment, les troupes que Marcel, à la demande des échevins de Meaux, avait envoyées pour seconder les Jacques dans la prise du Marché, où des parents du régent s'étaient réfugiés, subirent un échec et durent rejoindre la capitale.

---

[1] Jacques d'Avout consacre le chapitre 9 de son *Meurtre d'Etienne Marcel* à ce mouvement. Voir aussi sa bibliographie.

[2] Raymond Cazelles donne une liste des principales forteresses détruites ; *Etienne Marcel*, pp. 294-95.

[3] Selon Cazelles (qui cite Marcel), leur nombre se montait à mille personnes; *Etienne Marcel*, p. 300.

[4] Le lieu de la rencontre est discuté : soit à l'ouest de Catenoy en allant vers Nantel, soit sur le plateau de Mello ; voir d'Avout, *op. cit.*, p. 207, n.1.

[5] Selon Cazelles, il fut simplement décapité (*Etienne Marcel*, p. 302), mais selon d'Avout, qui cite une chronique, il fut couronné d'un trépied chauffé au rouge (*Le Meurtre d'Etienne Marcel*, p. 210) ; le même supplice est mentionné, avec décapitation subséquente, par Gérard Walter, *Histoire des paysans de France* (Paris : Flammarion, 1963), pp. 119-20.

Charles fut bien reçu dans la capitale peu de temps après. Sa présence était peut-être utile à Marcel pour signaler une alliance qui tournait la page sur le bref soutien que celui-ci avait fourni à Cale. Charles fut acclamé capitaine de Paris (le commandement militaire),[1] et Marcel d'écrire aux municipalités pour faire accepter le titre parisien comme étant valable pour la totalité du royaume — ce qui revenait à faire reconnaître Paris comme capitale. Il était utile au prévôt et aux échevins de s'allier avec le roi de Navarre en tant que chef d'une armée capable de dégager les routes commerciales autour de Paris et de seconder la milice urbaine, tout en donnant l'apparence de ne faire autre chose que de d'assurer la sécurité du royaume en l'absence du roi Jean. En tant que Capitaine, Charles était capable en plus d'imposer le silence au nombre croissant de ceux qui commençaient à prendre leurs distances vis-à-vis du prévôt, parmi lesquels figurait sans doute Maillard. Jacques d'Avout parle d'une opposition sourde à Paris, « animée par des bourgeois comme les frères Maillart », mais suggère que: « nul n'ose se heurter de front au prévôt des marchands s'il ne vouloit tantost estre occis, sans point de merci ».[2] Mais, si vraisemblable que cela puisse être, il faut se rappeler que la source, Froissart, n'est pas fiable.

Charles quitta Paris le 22 juin, ostensiblement pour circuler dans le pays et assurer l'approvisionnement de la ville, avant de s'installer à Saint-Denis. Le 29 du mois, le régent installa son armée devant Paris, autour du bois de Vincennes, et fixa son quartier général aux Carrières, au confluent de la Seine et de la Marne. Marcel lança aux villes un appel de soutien de Paris comme si elles faisaient cause commune avec la capitale.[3] Le régent et le roi de Navarre entrèrent en négociations le 8 juillet pour éviter un conflit. Ils décidèrent entre autres d'offrir une amnistie générale aux Parisiens à condition qu'ils fournissent les six cent mille écus qui constituaient la première tranche de la rançon du roi Jean. Les Parisiens refusèrent de reconnaître l'accord des deux princes (qui aurait été avantageux pour Navarre seul, s'il n'avait pas évité de prêter serment) et refusèrent de fournir la somme. Mais le roi de Navarre ne se découragea pas et, avec des protestations d'amitié pour la ville, y introduisit un nouveau contingent de soldats anglais, soi-disant pour la protéger. Mais il est évident que ces troupes, comme les autres qui circulaient autour de Paris et dans les campagnes, ne s'intéressaient qu'à leurs profits personnels et qu'ils jouaient le rôle d'une armée d'occupation. On suppose que les perturbations que causaient les travaux de fortification, la précarité de l'approvisionnement, la menace que constituaient deux armées aux portes de la ville, et la simple durée des difficultés durent provoquer parmi la population un sentiment d'insécurité permanente, et il semble inévitable que certains bourgeois haut placés se soient demandé s'ils ne feraient

---

[1] Raymond Cazelles explique ses fonctions et leur étendue ; *Etienne Marcel*, pp. 306–07.
[2] *Le Meurtre d'Etienne Marcel*, p. 219 et n.1.
[3] Lettre citée par d'Avout, ibid., pp. 303–04.

pas mieux de se ranger simplement derrière le fils du roi légitime et de s'assurer par là une sorte de paix qui permettrait au commerce de reprendre comme par le passé, sans se soucier de partager le pouvoir.

Le Mois de juillet, dénouement de l'histoire

Une escarmouche survenue le 12 juillet au Petit-Bercy réunit des forces navarro-parisiennes contre des troupes du régent, et celui-ci avança ses soldats jusqu'à la Porte Saint-Antoine. Et Marcel de lancer aux villes un nouvel appel de soutien.[1] La lettre est longue et circonstanciée et, s'il est peu probable que Marcel s'attendît à une réaction utile de la part des villes, il est possible qu'elle constitue en fait une mise au point et une justification rédigées à l'intention du régent, et un message d'encouragement aux Parisiens.

Une réunion du roi de Navarre, de la reine Jeanne d'Evreux (responsable de ces démarches diplomatiques), de trois mandataires pontificaux et de certains représentants parisiens, qui favorisait la réconciliation, eut lieu le 19 juillet. Il fut décidé que les Parisiens se soumettraient au régent sous quelques conditions qu'il imposerait et recevraient son pardon. Les accords antérieurs entre les Parisiens et les villes et avec le roi de Navarre resteraient en vigueur ; le régent ouvrirait tous les passages routiers et fluviaux au transport des marchandises. On prévoyait une seconde réunion pour le 24 du mois. On annonça la paix aux troupes du régent ; il leva le camp le lendemain, soulagé sans doute d'éviter le coût d'assiéger une ville aussi bien fortifiée, car il n'en avait pas les moyens. Son armée se dispersa et lui, le seul qui n'avait rien gagné dans les négociations, partit pour Vaux-la-Comtesse.[2]

La confiance de Marcel et de ses proches monta au départ du régent, car les fidèles de celui-ci durent essuyer nombre d'avanies, et plusieurs maisons furent dévalisées ou saisies. Les cinq cents soi-disant « Anglais », quoique retenus à la solde de la ville, étaient toujours mal acceptés par les habitants, surtout parce qu'ils se comportaient, à Paris et dans les environs, comme s'ils étaient en territoire conquis. Un événement de ce genre se produisit le 21 juillet lorsque les Parisiens, réagissant aux déprédations que les Anglais avaient faites dans les environs, en tuèrent une trentaine, se saisirent de quarante autres à l'Hôtel de Nesle (résidence du roi de Navarre) et de plus de quatre cents autres dans différents quartiers, et les mit entre les mains de Marcel pour être incarcérés au Louvre. Lorsque le roi de Navarre s'adressa aux Parisiens le lendemain pour leur rappeler que les Anglais n'étaient là que parce que le premiers les avaient engagés,

---

[1] D'Avout cite une lettre envoyée à Ypres et destinée à circuler parmi les bonnes villes (pp. 304-10) ; des messages du roi de Navarre et de la ville d'Amiens figuraient aussi dans les archives de la ville avant leur destruction dans la Première Guerre Mondiale.
[2] Cazelles résume la situation; voir *Etienne Marcel*, pp. 314-15.

lui et Marcel se trouvèrent au contraire contraints par la foule à mener chacun une expédition punitive vers les garnisons de Saint-Cloud et de Saint-Denis. Mais le roi avertit la garnison de Saint-Cloud, qui dressa une embuscade si bien que six cents membres de la milice bourgeoise y laissèrent la vie. Il se rendit ensuite à Saint-Denis, tandis que Marcel et l'escadron sous son commandement, qui rentra intacte à la capitale, essuyèrent la colère de la foule qui estimait qu'ils auraient dû aller à la rescousse de leurs concitoyens.

Dans ces circonstances, il était impossible que Marcel ignorât le sort qui l'attendait, car le régent exigeait toujours comme condition pour accorder son pardon aux Parisiens et entrer dans Paris que lui soient livrés une douzaine des principaux meneurs de la révolte. Plus Marcel semblait promis à l'échec, plus ses anciens compagnons avaient intérêt à s'éclipser. Des lettres de rémission ont été conservées qui indiquent précisément que nombre de bourgeois, parmi lesquels Maillard, soutenaient secrètement le régent, ou du moins ne soutenaient pas pleinement Marcel, sans se déclarer ouvertement avant sa chute.[1] Sachant que le régent le punirait de mort, Marcel essaya, en lui renvoyant les Anglais incarcérés au Louvre, de s'assurer du soutien Charles de Navarre, qui attendait l'arrivée de son frère Philippe avec des renforts.[2] Marcel, avec une poignée de fidèles, se trouva alors dans une position de dictateur à Paris, alors qu'il n'avait jamais cessé de rechercher une rénovation et une réforme de la royauté et des conditions sociales stables. Sa position était parfaitement impossible pour les raisons que signale Raymond Cazelles :

> Marcel ne peut se passer d'une caution royale. Le combat ne peut être mené sous sa seule bannière car il ne représente aucune légitimité personnelle. La prévôté des marchands n'a pas de caractère institutionnel. La seule légitimité est celle du souverain. C'est le roi que Marcel veut protéger contre ses familiers. C'est au nom de la couronne de France qu'il exige des réformes. Aucun des députés aux Etats ne peut envisager d'agir contre la royauté. Le sentiment monarchique est viscéral chez les Français. Les ordonnances de réforme ne sont valables qu'avec la garantie du sceau royal dans des chartes intitulées au nom de celui qui règne.[3]

S'appuyant sur le texte de la lettre de Marcel aux gens d'Ypres, Cazelles détaille le programme de réforme que Marcel ne cessait de promulguer malgré les évolutions de ses associés :

---

[1] D'Avout, *Le Meurtre d'Etienne Marcel*, p. 233, n.3.
[2] Selon Cazelles, qui suit la *Chronique de Jean II*, ce fut en plein jour sous les yeux de la foule contenue par des archers que Marcel les élargit le 27 juillet (*Etienne Marcel*, pp. 319-20). Jacques d'Avout écrit, comme Delachenal, que ce fut dans le silence de la nuit que leur élargissement eut lieu (p. 234, et n.1).
[3] *Etienne Marcel*, p. 288.

que la Justice soit réformée, tenue et gardée, que les mauvais officiers soient révoqués, que les dons exagérés faits à des personnes indignes soient annulés et reviennent dans le patrimoine du roi, que des conseillers sages et honnêtes soient désignés, que le royaume soit énergiquement défendu contre les ennemis, que le droit de prendre sans payer soit aboli définitivement.[1]

Un certain nombre de bourgeois parisiens se détachèrent de Marcel avant les derniers jours de juillet, soit parce qu'ils regimbaient devant une apparente dictature soit parce qu'ils jugeaient que sa position était insoutenable à la longue et que la leur péricliterait en conséquence. Il est possible aussi que certains aient pris connaissance des pourparlers de Charles de Navarre avec les Anglais (qui aboutiraient à un traité daté du 1er août) et que leur désaffection pour Marcel en découlât. Il est pourtant certain que Maillart lui resta fidèle jusqu'à la dernière minute car en juillet tous ses biens furent confisqués au profit de la couronne.[2]

Raymond Cazelles fournit l'histoire des relations familiales de Maillard au sein du monde professionnel de Paris et particulièrement du monde de la draperie. Ces grands bourgeois comprenaient qu'ils devaient prendre leurs distances pendant qu'il était encore temps, car la politique de Marcel déversait dans une chute qui risquait d'entraîner la perte du clan. « Ils ont à défendre leur statut, leurs richesses, leurs situations qu'ils risquent de perdre s'ils continuent à appuyer leur chef. »[3] Cazelles évoque aussi la crainte que provoquaient chez les Parisiens les insondables manœuvres de Charles de Navarre et la quasi certitude que lui et son frère Philippe introduiraient dans la capitale les Navarrais et surtout les « Anglais » hostiles à la population. Ainsi, lorsque Marcel tenta, le matin du 31 juillet, d'ouvrir la ville à Charles et ses troupes, il était temps de s'en défaire.

L'incident du meurtre est simple.[4] Le matin du 31 juillet, Marcel monta à la porte Saint-Denis qui ouvrait sur le chemin qui menait au camp du roi de Navarre. Il demanda la remise des clés à Joceron de Mâcon, trésorier du roi. Maillard, qui était quartenier commis à la sûreté du secteur qui défend vers l'extérieur la bastille Saint-Denis,[5] entendit la querelle entre les gens de Marcel et

---

[1] Ibid., p. 321.
[2] Voir Cazelles, *Etienne Marcel*, p. 322. ... à moins que la confiscation-restitution ne fût une combinaison tramée entre le Dauphin et Maillard pour perdre Marcel sans laisser paraître la trahison du bourgeois.
[3] Cazelles, *Etienne Marcel*, p. 324.
[4] Les historiens n'expliquent pas les raisons pour lesquelles Marcel, encombré de boîtes, courut le risque d'ouvrir la ville à un militaire à la tête d'une armée capable d'y entrer quand il voulait. On ne nous dit pas si Charles de Navarre et l'armée étaient assemblés sous les murs ou dans leur camp. S'ils étaient sous les murs, rentrèrent-ils tranquillement quand la porte resta fermée ? S'ils étaient dans leur camp, on dirait qu'ils ne prenaient pas l'assaut au sérieux. Serait-il loisible de voir dans les circonstances de l'assassinat un simple prétexte des assassins, doublé de la naïveté ou de la connivence des chroniqueurs ?
[5] D'Avout, *Le Meurtre d'Etienne Marcel*, p. 236 et n.3. Il tenait son commandement du suffrage de ses concitoyens et de la ratification de l'échevinage.

les gardiens de la porte qui refusaient de céder les clés. Il était fondé à penser que Marcel voulait introduire le roi dans la cité, et refusa sa demande. Dans cette extrémité, Maillard monte à cheval, prend une bannière et parcourt les rues en criant « Montjoie au roi de France et au duc ! » Ce spectacle attira une foule qui se mit à le suivre. Pépin Des Essars en fit de même, rassemblant les partisans du régent à son passage. Marcel avait pris les remparts pour arriver à la bastide Saint-Antoine, où Maillard et Des Essars le força à imiter leur cri et lui demandèrent de révéler le contenu de deux boîtes qu'il portait. Ses atermoiements lui coûtèrent la vie aussi bien qu'à ses compagnons Philippe Giffart et Simon le Paonnier. Le trois corps furent exposés nus sur la voie avant d'être traînés dans la cour de Sainte-Catherine-du-Val-des-Ecoliers et livrés à la contemplation des badauds. La foule se mit à la recherche des partisans du prévôt, en tua un certain nombre et renferma d'autres au Châtelet pour y attendre leur exécution dans les jours qui suivirent. Parmi ceux-là se trouvait Thomas de Laddit, chancelier du roi de Navarre, déguisé en moine. En tant que chanoine de Paris et chantre de Chartres, Laddit était passible de la justice ecclésiastique et ne fut pas parmi ceux dont les exécutions s'étalaient sur les jours qui suivirent l'entrée du régent à Paris. La *Chronique des règnes de Jean II et de Charles V* expliquent ainsi son sort :

> Le merquedy, XIIe jour du dit mois de septembre, environ heure du disner, maistre Thomas Ladit, chancellier du dit roy de Navarre, qui avoit tousjours esté en prison depuis le IIIIe jour d'aoust que il avoit esté pris [...], fu rendu aus gens de l'evesque de Paris, par vertu de certaines bulles du Pape. Et fu le dit chancellier assis [*var.* mis] sur un huis, et luis levé sur les espaules de II hommes qui le portoient, pour ce que il estoit es fers par les jambes ; et en tele maniere parti du Palais, où il avoit esté en prison. Mais avant que il feust le giet d'une pierre loing de la porte de la court du dit Palais, pluseurs compaignons de Paris li coururent sus et le gieterent par terre et le tuèrent ; et tantost fu despoiliez tout nu, et demoura longuement en tel estat sus les quarreaux, ou milieu du ruyssel de la pluye qui couroit au travers de son corps, et vers vespres il fu traynez jusques en la riviere et getez dedens.[1]

Le lendemain, Maillart s'adressa aux Parisiens, qui accueillirent sa proposition d'inviter le régent à entrer dans Paris qui était toujours sous la menace du roi de Navarre. Une délégation, dont Maillard était membre, partit pour Meaux, où le régent accepta leur proposition, à la condition que les rebelles soient exécutés, mais on se mit d'accord pour le faire deux par deux tous les deux jours pour éviter de créer un spectacle préjudiciable au rétablissement de l'ordre. Il fit son entrée le soir du 2 août, et son chemin le mena devant Sainte-Catherine-du-Val-des-Ecoliers. Devant un homme qui eut la hardiesse d'exprimer le sentiment que : « Par Dieu, si j'en fusse cru, vous n'y fussiez jamais entré, mais au fort on y fera

---

[1] *Chronique des règnes de Jean II et de Charles V*, éditée par Roland Delachenal (Paris : H. Laurens, 1910–1920, 3 vols), I, 215–16.

peu pour vous », le régent, en empêchant le comte de Tancarville de le tuer, s'arrêta pour lui répondre : « On ne vous en croira pas, beau sire ! »

Maillard dans les chroniques anciennes

La figure historique de Maillard est depuis toujours moins connue que celle de Marcel. Son nom figure pourtant dans toutes les chroniques de l'époque. Dans son compte rendu de la mort de Marcel, la *Chronique des quatre premiers Valois (1327-1393)*[1] note que c'était « par la voulenté de nostre Seigneur Jhesu Crist et par droicte inspiracion divine » que Jean Maillart et Pepin des Essarts abandonnèrent Marcel, alors allié avec Charles de Navarre, et affirmèrent leur fidélité au régent. Ils auraient encouragé d'autres à suivre leur exemple par la crainte de voir Paris « destruicte, pillée et gastée » par les Navarrais et les Anglais. En même temps, les différentes armées causaient tour à tour la famine qui frappait la capitale. Mais la description de l'assassinat même cite les dernières paroles du prévôt, pour continuer directement : « Ainsi fina le dit prévost. Et fut là à la dicte bastide occiz lui et les bourgoiz dessus diz qui gardoient la bastide à l'encontre de monseigneur le duc de Normendie et son host » (p. 85). Maillard n'est pas cité comme étant personnellement responsable de l'assassinat dans le sens qu'il aurait portée le coup fatal, mais comme l'instrument de la volonté divine en ce qu'il aurait réuni les circonstances qui le favorisaient. En ce sens il sort indemne de l'affaire, car il est l'élu de Dieu et ne répand pas de sang. Selon la *Chronique normande du XIVe siècle*, le régent, au courant de l'alliance de Marcel et de Charles de Navarre, refusait d'entrer dans Paris tant que le premier resterait en vie, et fit écrire des lettres, peut-être à cet effet, « au commun de Paris ». Marcel aurait intercepté ces lettres et les aurait partagées avec ses fidèles de manière à éveiller la curiosité des autres bourgeois et les soupçons du peuple. (Il aurait mieux fait de les supprimer.) La *Chronique normande* développe la narration de façon à souligner non pas la volonté divine, mais l'intelligence humaine et la solidarité de Maillart avec le peuple dans la cause « patriotique » :[2]

> Mais à Paris avoit un bourgois, nommé Jehan Maillart, qui estoit garde par le gré du commun d'un quartier de la ville, qui estoit ordonnée par IIII cappitaines. Cil Jehan Maillart ne voult mie que cil, qui estoient ordonnez en son quartier pour veiller laissassent leur garde, dont Phelippe Giffars et autres,

---

[1] Publiée pour la première fois pour la Société de l'Histoire de France, par Siméon Luce (Paris : Renouard, 1862); voir pp. 83-85.
[2] Par « patriotique », j'entends une solidarité entre les membres du tiers état parisien à l'encontre de Marcel qui, étant prêt à vendre la ville à un roi qui serait illégitime, la trahit. Au fond, Maillard n'avait rien de commun avec le « peuple ». Le tiers état ne constituait jamais un groupe homogène. Il s'agit là, me semble-t-il, non pas d'un sentiment d'appartenance moderne, mais de la simple crainte des représailles au cas où la ville serait occupée par Charles et ses alliés.

qui estoient aliez à la trahison, le blasmerent et voulurent avoir les clefz de la porte de sa garde et retraire ses gens et leur garde laissier. Lors ce Jehan Maillart s'apparceut bien de trahison et manda Pepin des Essars et pluseurs autres bourgois et les fist armer et pluseurs autres et fist drecier une banniere de France, et crioit cil et sa gent : « Montjoye au riche roy et au duc son filz le regent », et assembla avecques eulz grant foison du peuple de Paris en armes et alerent voir aux portes et les forteresses visiter. Et avint que vers la porte Saint Anthoine, ils trouverent le prevost des marchans et autres de ses aliez, qui par couverture crioit : « Montjoye au riche roy et au duc son filz le regent », si comme les autres. Adont Jehan Maillart requist au prevost des marchans et pardevant le peuple, que il montrast les lettres, que le regent leur avoit envoiées, mais il ne les monstroit mie voulentiers, pour ce que le mandement lui estoit contraire, et se cuidoit excuser par paroles. Mais li pluseurs conceurent la trahison, et là fut assailliz du commun et occis, et estoit appelé Estienne Marissiaux.[1]

Selon la *Chronique des règnes de Jean II et de Charles V*, c'est encore Dieu qui ordonne le déroulement des affaires aboutissant à l'assassinat de Marcel : « Toutesvoies, Dieux, qui tout voit et qui vouloit la dicte ville sauver, ordena en la maniere qui s'ensuit ».[2] Le rapport du cri de ralliement de Maillard et son écho par Marcel se trouvent aussi dans cette chronique, mais il y a une différence de détail dans la scène du meurtre :

Et durans ces choses, le dit prevost vint à la dicte bastide Saint-Anthoine, et tenoit deux boites es queles avoit lettres que le dit roy de Navarre li avoit envoiées, si comme l'en disoit. Si requistrent ceuls qui estoient à la dite bastide que il leur monstrast les dictes lettres. Et se mut riote à la dicte bastide, tant que aucuns qui là estoient coururent sur Phelippe Giffart, qui estoit avecques le dit prevost, le quel se deffendi forment, car il estoit fort armez et le bacinet en la teste, mais toutesvoies il fu tuez. Et après fu tué le dit prevost et un autre de sa compagnie, appellé Simon le Paonnier ; et tantost furent despoilliez et estanduz tous nuz sur les quarreaux, en la voie.[3]

Selon cette chronique, les lettres sont rangées dans deux boîtes et proviennent apparemment non du régent mais du roi de Navarre, ce qui porte à supposer que les anciennes sources ignoraient leur provenance et leur contenu réels.[4] Il n'est pas dit que Maillard ait frappé Marcel.

---

[1] Publiée pour la Société de l'Histoire de France, par Auguste et Emile Molinier (Paris : Renouard, 1882), pp. 134–35.
[2] Publiée pour la Société de l'Histoire de France par R. Delachenal, vol. I (1350–1364), pp. 205–10.
[3] Ibid., pp. 208–09.
[4] L'éditeur, Delachenal, s'avère surpris que Marcel tienne ces boîtes lors de cette entretien, et suppose que Froissart, connaissant ce détail et le trouvant embarrassant, ait substitué aux boîtes les clés de la porte (p. 208, n. 2). Regrettable habitude de la part d'un révolté cauteleux que de se promener en public avec des boîtes de lettres incriminantes.

L'inexactitude de Froissart lorqu'il rapporte des événements survenus à Paris est reconnue. Néanmoins, vrai ou faux, le rapport de Froissart, qui a inspiré Sedaine, est le plus circonstancié, et s'avère donc le plus apte à la dramatisation. Un soupçon d'ordre militaire, d'un genre qui relève des projections normales en temps de crise, est attribué à la divinité, de même que le réveil des défenseurs de la ville. Froissart écrit :

> Celle propre nuit que ce devoit advenir [l'entrée de Charles de Navarre], espira et esvilla Diex aucuns bourgois de Paris qui estoient de l'accort et avoient toutdis esté dou duch de Normmendie, desquelz Jehan Maillars et Symons ses frères se faisoient chief. Et furent cil par inspiration divine, ensi le doit on supposer, enfourmé que Paris devoit estre courue et destruite.[1]

Même s'il eût été plus logique de prétendre que Maillart et ses compagnons se levassent parce qu'ils soupçonnaient que Marcel allait ouvrir les portes aux troupes de Charles de Navarre, l'intervention de Dieu prête à la scène décisive une portée cosmique plutôt que purement politique et une validation de l'assassinat de Marcel. Froisssart invente les paroles de l'entretien entre Marcel et Maillard et attribue l'assassinat à ce dernier seul :

> Là y eut entre yaus grant hustin, et s'en fust volentiers li prevos des marchans fuis, si il peuist ; mais il fu si hastés que il ne peut, car Jehans Maillars le feri d'une hace en le tieste et l'ablati à terre, quoique ce fust ses compères, et ne se parti de lui jusques à tant qu'il fu occis et six de chiaus qui là estoient, et le demorans pris et envoiiés en prison.[2]

Froissart transmet aussi le scénario du discours que Maillard adressa aux Parisiens le lendemain, qu'il agence d'une manière dramatique :

> Le lendemain au matin, cilz Jehan Maillars fist assembler le plus grant partie de le communauté de Paris ou marciet as halles ; et quant il furent tout venu, il monta sus un escafaut, et puis remoustra generaument par quel raison il avoit occis le prevost des marchans et en quel fourfait il l'avoit trouvé. Et recorda bellement et sagement, de point en point, toute l'avenue dou prevost et de ses alloiiés, et comment en celle propre nuit la noble cité de Paris devoit estre courue et destruite, se Diex, par sa grace, n'i eust mis remède, qui les resveilla, et les avoit inspirés de cognoistre ceste trahison. Quant li peuples qui presens estoit eut oy ces nouvelles, si furent moult esmerviiliet et esbahi dou peril où il avoient este ; et en loèrent li pluiseur Dieu, à jointes mains, de le grasce que fait leur avoit. Là furent jugiet à mort par le conseil des preudommes de Paris et par certainne sieute, tout cil qui esté avoient de la secte dou dit prevost. Si furent tout executé en divers tourmens de mort.
> Ces coses faites et accomplies, Jehans Maillars, qui très grandement estoit en le grace de le communauté de Paris, et aucun preudomme ahers avecques

---

[1] *Chroniques de J. Froissart*, V, 115.
[2] Ibid., p. 116.

> lui, envoiièrent Symon Maillart et deux mestres de Parlement, messire Estievene Alphons et mestre Jeahan Pastouriel, devers le duch de Normendie qui se tenoit à Charenton. Cil recordèrent plainnement et veritablement toute l'avenue de Paris et le mort dou dit prevost et de ses alliiés, dont li dus fu moult resjoïs. Et priièrent li dessus dit au dit duch que il volsist venir en Paris, pour aidier et consillier le ville en avant, car tout si adversaire estoient mort. Li dus respondi que ossi feroit il volentiers, et se parti dou pont à Charenton, monseigneur Ernoul d'Audrehen et le signeur de Roie et aucuns chevaliers en se compagnie, et s'en vint dedens Paris où il fu recueilliés de toutes gens à grant joie, et descendi à ce donc au Louvre. Là estoit Jehans Maillars dalés lui, qui grandement estoit en se grasce et en sen amour ; et, au voir dire, il l'avoit bien acquis, si com chi dessus vous avés oy recorder.

De Maillard, Froissart fait un héros en bonne et due forme. Inspiré de Dieu, il abat un tyran de ses propres mains et sauve la ville ; il évite de devenir lui-même tyran (ce sont les preudhommes qui condamnent les partisans de Marcel) ; il rallie le peuple, dont les instincts le portent à la fidélité au monarque, et organise l'entrée du régent dans la capitale. L'ordre divin est ainsi restitué. Peu importe que Sedaine ait cru ou non le rapport de Froissart dont la perfection structurale même suscite la méfiance ; la situation se prête à une présentation tragique.

Quoique Sedaine ait certainement pris une source apte à lui fournir une situation dramatique, des historiens tout autrement scientifiques des siècles suivants ont pu nuancer cette image quelque peu idéalisée. L'image d'un Marcel qui incarne le Mal sous toutes ses formes et d'un Maillard bourgeois sans peur et sans reproche verserait trop dans l'invraisemblance historique pour satisfaire des esprits positivistes.

Siméon Luce intervient dans un débat qui avait partagé deux historiens de l'époque (Lacabane et Dacier) sur le rôle déterminant ou non que joua Maillard dans le renversement de Marcel. Luce se range, avec la majorité de ses confrères, à l'opinion de Lacabane, selon laquelle Maillard avait effectivement pris ce rôle. Mais Luce se pose la question de savoir si Maillard avait toujours été fidèle au régent ou s'il avait « trempé dans la rébellion de Marcel ».[1] Parmi les documents conservés dans le *Trésor des Chartes* se trouvent des lettres de donation octroyées à Jean Maillart de la part du régent, émises trois mois après sa rentrée à la capitale. Le régent y reconnaît qu'il le fait « en recompensation de la tres grant et vraye loyauté, obeissance et amour que le dit Maillart avoit toujours eue en cueur envers luy, le roy et la couronne de France ».[2] Luce souligne le fait que les mots « en cueur » ne sont qu'une simple formule telle qu'on en trouve fréquemment dans

---

[1] Siméon Luce, 'Du rôle politique de Jean Maillart en 1358', in *Bibliothèque de l'Ecole des Chartes*, 18e année, tom. 3, 4e série (1857), pp. 415–22. Luce écarte l'importance de la substitution des noms de Pépin Des Essarts et de Jean de Charny à ceux de Jean et de Simon Maillart dans un manuscrit de Froissart qui date de 1407 comme relevant de l'inexactitude habituelle de Froissart dans ses narrations parisiennes.
[2] *Art. cit.*, p. 416.

les lettres de donation ou de rémission dans le *Trésor des Chartes*, et que de telles lettres tout simplement s'achetaient. (Luce en cite d'autres exemples.) Notons pour notre part que cette politique du futur Charles V avait l'avantage de ne pas destituer et aliéner mais plutôt d'enchaîner (dans la mesure du possible) des alliés potentiels, et qu'elle cherchait à assurer la reprise du bon fonctionnement et le développement éventuel du commerce le plus rapidement possible. Le régent voyait clairement qu'il fallait éviter de créer un vide là où il existait une fonction à remplir et une expertise capable de s'en charger. Luce constate la conversion subite de Maillard à la cause du régent : « Je crois que Jean Maillart, dont l'appui fut si utile à la cause du régent le 31 juillet 1358, était encore l'un des complices les plus signalés de Marcel, et partant, l'un des ennemis les plus odieux du dauphin, un mois auparavant ».[1] Même constatation chez Raymond Cazelles : « Le drapier Jean Maillart sera, jusqu'aux derniers jours, un partisan actif d'Etienne Marcel ».[2] Luce termine son article en adoptant la conclusion de l'historien Henri Martin pour expliquer, autrement qu'en évoquant l'intérêt personnel, le changement de conduite de Maillard. Il aboutit à constater que : « l'essai prématuré de gouvernement démocratique tenté par Marcel avait définitivement avorté » et qu'il fallait que le pays, s'il allait éviter d'être démembré par Edouard III une fois les délais pour le rançon du roi Jean expirés, se réunisse autour du régent qui seul alors jouissait du soutien de la noblesse et d'une grande partie des villes.[3]

Entre dissidence et révolte : la perspective de Sedaine

Dans le chapitre très détaillé de son *Meurtre d'Etienne Marcel* que Jacques d'Avout consacre au renversement du prévôt par Maillard et ses alliés, il note que les confiscations des propriétés de Maillard en tant qu'associé de Marcel étaient, quoique non révoquées, largement compensées peu de temps après :

> Si Jean Maillart ne récupéra pas les terres cédées au comte de Porcien, il en fut néanmoins largement dédommagé par des lettres de donation d'août 1358, vidimées 1364 [...] lui assignant l'hôtel royal de Léry, près de Pont-de-l'Arche, plus cinq cens livres de terres sur le tabellionage de Meaux. Les marques de faveur ducale, puis royale, se multiplièrent pour la famille Maillart ; en octobre 1358, le régent tint sur les fonts baptismaux Charles, fils du dit Jean Maillart ; en 1372, Charles anoblira Jean Maillart, sa femme Isabelle, leurs deux fils Jean et Charles, leur fille Jacqueline mariée à Jean le Coq, neveu de l'évêque de Laon. Simon Maillart, qui devint maître des eaux et forêts du roi, fut aussi bénéficiaire de donation en août 1358.[4]

---

[1] Ibid., p. 417; cf. p. 421.
[2] *Etienne Marcel*, p. 177.
[3] Ibid., p. 422.
[4] D'Avout, *Le Meurtre d'Etienne Marcel*, p. 239, n.3 et 4.

Voilà en quelque sorte la consécration à long terme de ses démarches. De brebis galeux qu'il était, il se ravise et devient le soutien de l'ordre établi. Le lecteur ou spectateur devrait-il conclure de là que Sedaine soutient que l'ordre établi est en soi une bonne chose qu'il faut conserver ; qu'il faut non pas chercher à le réformer de force mais simplement à coopérer et à s'intégrer au système, quitte à accepter les récompenses que les pouvoirs en place nous accorderont peut-être, et dans l'espoir de faire accepter un jour quelques-unes de nos idées — à moins que, entretemps, le système ne nous convertît aux siennes ? On ne peut exclure cette interprétation, si peu glorieuse qu'elle soit. Elle coïncide d'ailleurs d'assez près avec une opinion qu'émet Diderot dans son *Supplément au voyage de Bougainville*, ouvrage dont l'élaboration initiale date d'environ la même année que *Maillard*. Au personnage A qui demande : « Nous soumettrons-nous aux lois ? », B répond : « Nous parlerons contre les lois insensées jusqu'à ce qu'on les réforme : et, en attendant, nous nous y soumettrons. Celui qui, de son autorité privée, enfreint une loi mauvaise, autorise tout autre à enfreindre les bonnes. Il y a moins d'inconvénients à être fou avec des fous, qu'à être sage tout seul. »[1] La situation politique du moment était telle que ce genre de question a pu préoccuper alors les esprits philosophiques, et il n'est pas impossible que telle fût l'opinion commune des deux auteurs.

Les historiens modernes qui ont étudié Marcel émettent des jugements du personnage qui sont bien moins catégoriques que ceux de leurs prédécesseurs.[2] Ils trouvent en lui un homme exceptionnel, un réformateur sincère, autoritaire, idéaliste, pris dans une situation dont la solution dépassait finalement les capacités d'un membre du tiers état, ou plus précisément un non-noble, de l'époque. Que Maillard, pour sa part, prît conscience de l'impossibilité de l'entreprise de Marcel, se rangeât enfin du côté des gagnants et en profitât très bien par la suite ne surprend personne. Dès le moment qu'il comprit que persister dans la voie de la réforme ne menait qu'à la mort, il se décida à se sauver. Démarche tout à fait compréhensible, mais qui ne fait guère de lui un héros. Dans le sens tragique, il est nettement moins « admirable » que Marcel. Et pourtant, de Maillard Sedaine fait un héros et de Marcel un monstre.

Toujours est-il que Sedaine a pu estimer dans son for intérieur que Marcel, le « pur » qui championne les droits de la bourgeoisie commerçante, était le véritable héros de l'affaire, et que Maillard, le personnage lâche, le « fou parmi les fous » les trahit. Cela serait d'autant plus vrai que le tiers état de 1770 revendiquait une voix politique dans un système qui systématiquement le dévaluait, et que poursuivre des revendications politiques par tous les moyens légaux (et en fait,

---

[1] *Supplément au voyage de Bougainville*, in *Œuvres philosophiques*, éd. par Paul Vernière (Paris : Garnier Frères, 1964), p. 515.
[2] D'Avout, *Le Meurtre d'Etienne Marcel*, pp. 263–69 et Cazelles, *Etienne Marcel*, pp. 328–32.

Marcel ne versa que très tard dans l'illégalité) peut être un moyen plus sûr de se faire écouter que de composer avec les autorités en place.

Mais le problème principal était d'ordre dramatique, et tout spectateur potentiel de 1770-1771 savait que Marcel avait finalement perdu la partie. En faire le héros de la pièce aurait risqué de montrer le spectacle de la royauté triomphante — une royauté représentée d'ailleurs par un (piètre) roi captif et confortable, quelque peu détaché des affaires du royaume, et un régent qui, au moment de la révolte de Marcel, était inexpérimenté mais très astucieux et finalement efficace — un portrait tout à fait exact.[1] Le régent aurait eu l'air d'un génie et Marcel celui d'un martyre. D'ailleurs, offrir un roi de France en spectacle dramatique était, sinon tout à fait inadmissible, du moins assez délicat.[2] Mais aussi, la pièce confronte une puissance légitime, incarnée par un régent (absent, certes, mais incarnant des qualités de roi et capable d'attirer l'admiration) et Marcel, membre du tiers état révolté. Contre le révolté se range un autre non-noble qui, certes, contesta la puissance royale mais qui, finalement, se recula devant la trahison. Peut-être Sedaine voulait-il évoquer la possibilité de l'hégémonie bourgeoise, sans précisément en tirer les conséquences ?

Quelque surprenant que cela puisse être, il semble en fait que Sedaine ait voulu mettre le souverain à couvert de la critique, d'où les références formelles aux « mauvais conseillers » ; il fallait éviter de dépeindre un roi agissant contre les intérêts du peuple mais seulement laisser entendre que de mauvais conseillers lui avaient occulté la vérité ou fourni de fausses informations et que, sans cela, le souverain aurait agi autrement. D'ailleurs, le choix de faire de Marcel un « traître » qui échoua devant une monarchie qui existait toujours, et de Maillard le soutien d'un régime consacré par sa propre longévité et l'assentiment commun, allait dans le sens de la vraisemblance dramatique.

Pour Sedaine, qui considérait la totalité de cette situation avec l'esprit d'un sujet de Louis XV et une conception de l'histoire qui n'est plus la nôtre, les actions de Marcel représentaient peut-être une trahison pure et simple : celle de tenter de livrer la capitale à l'ennemi héréditaire rassemblé autour du roi de Navarre, près d'usurper le trône de France. La critique politique de la pièce porte sur le bourgeois infidèle à son roi (ou au régent), et non pas sur le monarque lui-même — formule de convention et vérité aussi, car on ne pouvait logiquement, en 1770, s'attendre à ce qu'un souverain soit au courant de tout ce que son administration faisait, même s'il en était responsable. Notons aussi que la génération de 1350, elle non plus, ne blâmait pas le roi Jean II pour les difficultés qu'elle affrontait,

---

[1] Effectivement, Charles V ordonna la construction de la Bastille (1370-1382).
[2] L'exception possible était Henri IV, et encore ... ; voir Christian Desplat, 'Le Rôle du théâtre dans la constitution du mythe du "bon roi Henri" au XVIIIe siècle', in *Figures de l'histoire de France dans le théâtre au tournant des Lumières, 1760-1830* (Oxford : Voltaire Foundation, 2007), pp. 3-15.

mais appréciait son courage de guerrier (quelque peu suranné) et le principe qu'il incarnait.¹ Ce fut le prestige de la noblesse qui diminua.

La pièce ne prouve pas que Sedaine ait saisi les enjeux réels de la situation politique des années 1350 — plutôt le contraire — mais elle réunit des personnages fortement caractérisés et porteurs d'une histoire dans une situation de crise telle que l'exigeaient les règles de la tragédie classique. Là où elle s'avère résolument moderne, c'est en assimilant une situation politique évolutive qui se développait depuis Poitiers. On ne peut rien conclure non plus sur l'attitude profonde de l'auteur à l'égard de la royauté. On a lieu de supposer qu'il trouvait la justification du système dans le fait qu'il était normal pour l'époque. Mais ce n'est sûrement pas par hasard que la *tragédie* ne met en scène que des membres du tiers état. Tout ce qu'on peut dire, c'est que la pièce s'avère favorable à l'institution d'un certain type de monarchie, mais encore, on ne pourrait dire si Sedaine aurait favorisé plutôt un despotisme éclairé qu'une monarchie absolue.²

Le Miroir historique ; convulsions et retournements politiques des années 1760

Selon un procédé dramatique plutôt rebattu mais toujours efficace, Sedaine présente Maillard comme la contrepartie de Marcel. Là où l'un se révèle prêt à trahir son souverain, l'autre emploie son bras et son éloquence pour repousser l'ennemi et affermir le pouvoir royal légitime. Il s'ensuit de là que le souverain a besoin du soutien du bourgeois, dont il demande la fidélité. On dirait un contrat, ce qui était précisément le concept qui étayait les Etats Généraux, organisme vital en 1355, aussi bien que la Grande Ordonnance de mars 1357, document qui, pour citer un historien moderne, constitue un « véritable monument dans l'histoire [du] droit public [...] où l'on remarque une sûreté de jugement et une profondeur de vues qui étonnent [...] une sorte d'esprit démocratique ».³ Mais, selon la perspective de Sedaine, les Etats Généraux avaient été convoqués et vite dispersés

---

¹ Jacques d'Avout indique que la paysannerie avait pris conscience des instincts querelleurs et des exigences financières de ses maîtres et de sa permanente insécurité matérielle, tandis que la bourgeoisie se préoccupait surtout des vices administratifs et financiers ; *Le Meurtre d'Etienne Marcel*, pp. 54, 56. Robert Le Coq articulait tous ces griefs devant les Etats de 1356, et ceux de 1357 formulaient des demandes de réformes administratives ; voir *op.cit.*, pp. 70, 102. Mézeray estime que Jean II possédait « un courage plutôt de lion que de capitaine », *Abrégé chronolgique de l'histoire de France*, V, 591.
² René Rémond esquisse les distinctions essentielles ; voir *Introduction à l'histoire de notre temps* I : *L'Ancien Régime et la Révolution, 1750-1815* (Paris : Seuil, 1974), pp. 89-103. Ici, nous prenons le mot de despotisme dans son sens technique.
³ Jacques Castelnau, *Etienne Marcel, un révolutionnaire au XIVᵉ siècle* (Paris : Perrin, 1973), pp. 202-03. La p. 203 donne un resumé de ses prévisions. En 1359, le régent exprima l'indignation que lui inspiraient ces prévisions, et Castelnau de conclure que leur origine dans une période de défaite les condamnait dans les esprits (p. 204).

pour la dernière fois en 1614, et le parlement de Paris, qui les avait *de facto* remplacés, se trouvait bafoué par un absolutisme que manipulaient des conseillers intéressés et perfides. Esquissée au Moyen Age, la théorie du droit divin (qui, précisément, exclut tout contrat en rendant le monarque responsable devant Dieu seul) allait s'affirmer au dix-septième siècle entre les mains de Bossuet et se maintenir officiellement au dix-huitième, témoin la Séance de la Flagellation. (Le roi n'était pas anti-réformiste, mais il était très jaloux de son pouvoir.)[1] Loin d'emporter la conviction de Sedaine, la théorie, et à plus forte raison la Séance de la Flagellation, devaient le révolter parce qu'elles semblaient ouvrir la voie à l'arbitraire. Quoique l'absolutisme, en supposant que le souverain rendrait des comptes à Dieu, soit censé exclure l'arbitraire, que le public du dix-huitième siècle était venu à associer aux régimes orientaux, nombre de facteurs portaient à croire qu'il menaçait, telles que l'administration de la justice, la prolifération des lettres de cachet, ou les exactions des Fermiers, par exemple.[2]

Guy Chaussinand-Nogaret balaye les prétentions des parlementaires dans leur lutte contre la finance. Dans le réquisitoire qui constitue le chapitre 3 de son *Gens de finance au XVIIIe siècle*,[3] il leur reproche leur hypocrisie, leur esprit intéressé, leur médiocrité, leur mentalité anachronique, voire féodale, leur égoïsme de caste, leurs esprits infatués mais peu ouverts aux réalités contemporaines et j'en passe. Tout cela est incontestable, de même que les plaintes faites contre les financiers, mais toujours est-il que les parlementaires avaient gagné la sympathie de la population tandis que les financiers avaient fait l'inverse.

Mais il faut nuancer les inquiétudes qui rongeaient la population.[4] L'effet d'événements comme, par exemple, l'attentat de Damiens de 1757 diffère de celui de la fin de la Guerre de Sept Ans de 1763. Damiens choqua une époque

---

[1] Réformateur, il autorisa des initiatives pour intervenir dans les cimetières pour l'assainissement de la ville, ainsi que la révision de la décision du parlement de Toulouse dans l'affaire Calas, il intervint pour réformer le commerce des grains, etc.

[2] Cependant, la Séance de la Flagellation met en relief un dilemme fondamental de la monarchie absolue en soulignant le rôle personnel du monarque qui, en fait, disparaissait derrière un régime d'une complexité administrative toujours croissante. Dans un récent livre, David Adams examine les raisons qui déterminèrent les fermiers à ne pas mettre en circulation leur édition de luxe des *Contes* de La Fontaine de 1762. Il démontre comment un livre, illustré par Eisen de manière à prôner les valeurs des financiers, se situait dans le flux instable de l'opinion publique ; voir *Book Illustration, Texts and Propaganda* (Oxford : Voltaire Foundation, 2006), pp. 58–60.

[3] Guy Chaussinand-Nogaret, *Gens de finance au XVIIIe siècle* (Paris : Editions Complexe, 1992), p. 85 *sqq*.

[4] On lit dans les pages des *Mémoires* du Marquis d'Argenson qu'il composait entre l'attentat de Damiens du 5 janvier 1757 et sa propre mort, survenue le 26 du même mois, que ses préoccupations courantes étaient justement l'attentat, les difficultés entre le roi et les parlements, l'argent, et les divisions religieuses. Voir *Mémoires et journal inédit du marquis d'Argenson* (Paris : P. Jannet, 1857–1858, 5 vols) ; IV, 323–34.

caractérisée par un adoucissement des mœurs, à tel point que la justice eut recours aux archives de 1610 pour déterminer les modalités de son supplice, d'où découle sa barbarie atypique. Ensuite vint l'affaire Calas (1762), puis celle de La Barre (1766), et la publicité que Voltaire leur consacra. L'abus des lettres de cachet était notoire. Claude Quétel cite la plainte d'un homme incarcéré sur lettre de cachet au dépôt de mendicité de Beaulieu en 1787. Le dépôt serait un véritable enfer, où des misères inouïes seraient systématiquement infligées aux internés par la pure cruauté des responsables.[1] Les lettres de cachet s'identifiaient à l'oppression arbitraire. Conçues pour abréger la lenteur de la justice à donner satisfaction et protection aux familles, elles devinrent un scandale vers le milieu du siècle. Elles portaient la signature du roi, mais il ne pouvait prendre connaissance de chaque cas, attendu qu'il y en eut entre cent et deux cent mille d'émis entre le règne personnel de Louis XIV et la Révolution.[2] Et le fait que c'était à la sollicitation des familles que la majorité des lettres étaient obtenues n'a pu passer inaperçu de ceux qui y voyaient la dissolution des liens fondamentaux de la société.[3] Ce fut en fait Malesherbes qui souligna au roi l'abus par lequel d'autres que lui signaient ces documents, protégés de l'inspection par le secret de l'administration et de l'exécution des ordres royaux.

La conclusion de la Guerre de Sept Ans fut démoralisante et entraîna une profonde crise de confiance dans les institutions de l'état. Les inquiétudes affectaient tous les groupes sociaux : employés de la Couronne, membres des professions libérales, négociants, propriétaires terriens, physiocrates, tous s'exprimaient sur les carences des institutions gouvernementales, non seulement considérées par rapport à des images idéales de leurs sphères d'activité propres, mais surtout par rapport à une conscience de l'urgence de la situation globale. Dans le domaine de la finance, le débat s'avéra particulièrement animé. Une longue succession de contrôleurs généraux n'avaient pu redresser la mauvaise fiscalité du royaume. A l'époque de la composition de *Maillard*, l'abbé Joseph-Marie Terray tenait le portefeuille de contrôleur général depuis décembre 1769. (Il fut limogé le 24 août 1774.)

Au moment de son entrée en fonction, il s'affrontait à une situation difficile. Son prédécesseur immédiat, Etienne Maynon d'Invault, lui avait simplement transmis un état de la situation des finances exposant que la dette arriérée et exigible approchait 100 millions de livres, que l'excédent des dépenses des ministères pour l'année 1770, évaluées à 220 millions, était de 60 millions et que

---

[1] Voir Claude Quétel, *De par le roy; essai sur les lettres de cachet* (Toulouse : Privat, 1981), pp. 189–90.
[2] Ibid., p. 206 ; voir aussi sa citation de Malesherbes : « Ces ordres, signés de Votre Majesté, sont souvent remplis de noms obscurs que Votre Majesté n'a jamais pu connaître » (ibid., p. 209).
[3] Ibid., p. 206.

les anticipations portaient sur tous les revenus de l'année 1770 et quelques mois de l'année 1771, soit 154 millions. François Furet donne des chiffres analogues : « Quand il entre en fonction en 1769, il trouve un déficit budgétaire de 100 millions, une dette exigible de plus de 400 millions et tous les revenus de 1770 consommés par anticipation, sans un sou en caisse. A sa sortie de charge, en 1774, le déficit budgétaire est ramené de 100 à 30 millions, et les dettes de l'Etat sont réduites de 20 millions ».[1] Les nombreuses mesures techniques que prit Terray pour redresser les finances se soldèrent finalement par un échec. (Il refusait toujours d'envisager l'émission de monnaie papier, refus qui comptait beaucoup de partisans au gouvernement et dans le parlement, en raison de la funeste expérience de 1719.) En plus, l'absence d'un véritable budget qui aurait regroupé les exigences de toutes les branches du gouvernement, et le secret qui régnait dans les domaines de la finance et de la politique encourageaient la rumeur et coloriait l'opinion. Au temps de Terray, l'opinion s'exprimait ouvertement (non sans risques pour l'individu, bien entendu) et les autorités la prenaient en considération (à contre-cœur sans doute), sinon elles n'auraient pas trouvé utile de répondre aux remontrances et pamphlets publiés par le parlement.[2] L'abbé de Véri (qui n'est pas impartial, mais peu l'étaient) note dans son journal pour cette période un reflet de l'opinion contemporaine :

> La finance a été mal conduite par les folies des guerres et des subsides, par des dépenses ridicules de faste à la Cour et dans les principaux emplois, par la profusion des pensions et des dons, par le gaspillage des départements [ministériels] dans leur administration. Elle est, en conséquence, écrasée de dettes portant intérêt. La dépense annuelle est encore au-dessus de la recette fixe. De sorte que toute dépense imprévue et même journalière forcent annuellement à recourir à de nouveaux emprunts ou, ce qui est plus défectueux, à de nouveaux expédients.[3]

---

[1] Voir Françoise Bayard, Joël Félix et Philippe Hamon, « Extrait de la notice publiée dans le *Dictionnaire des surintendants et contrôleurs des finances* : Joseph-Marie Terray » sur le site <http://www.comite-histoire.minefi.gouv.fr/recherches_finances/les_hommes/controleurs> qui inclut une bibliographie. Voir aussi François Furet, *La Révolution Française I, de Turgot à Napoléon* (Paris : Pluriel, 1988), p. 39.

[2] André Zysberg estime que la boîte de Pandore du Régent, le relâchement de la censure et le droit de remontrance, se referma si mal que : « le gouvernement ne pourra [après 1718] empêcher que l'opinion commence à exercer — par la parole et par l'imprimé — un droit de regard critique sur la conduite des affaires de l'Etat » (*La Monarchie des Lumières*, p. 57). Voir aussi ses observations sur le rôle des *Nouvelles ecclésiastiques* dans la formation de l'opinion par la voie imprimée (p. 146 *sqq*).

[3] Cité par Durand, *La Société française au XVIIIe siècle*, p. 326. J. C. Riley note que les soucis à l'égard de la situation financière affectaient toutes les classes de la société; voir son *Seven Years' War and the Old Regime in France* (Princeton : Princeton University Press, 1986), p. 232. Dans les notes en bas de page de son chapitre 7, on trouvera des précisions bibliographiques sur les nombreux traités, pamphlets, etc. ayant trait à la finance publiés dans la décennie 1760-1770. Cf. Zysberg, *La Monarchie des Lumières*, p. 286.

Selon François Furet, la gestion financière de Terray était « à la fois efficace et impopulaire, financièrement saine et politiquement déplorable ».[1] En donnant les chiffres précis, ce même historien souligne le point capital : « ces chiffres forment le bilan de l'historien, non celui des contemporains ». Sedaine et ses contemporains étaient les premiers à recevoir l'impression que leurs libertés leur échappaient, et les mots de « despotisme » et de « tyrannie » reviennent constamment dans les écrits du temps.

On remarque un parallèle entre les années 1760–1771, marquées par une guerre désastreuse qui venait s'ajouter à des finances déjà compromises, et certains effets de la bataille de Poitiers qui, quatre cents ans auparavant, avaient mis le dauphin dans la situation complexe que nous avons vue. Tout simplement, dans les deux cas, l'argent qui assurait le fonctionnement du système faisait défaut devant des besoins dont on ne pouvait remettre aucun. Bien que des questions d'ordre financier prennent une importance indéniable dans les conjonctures politiques des décennies c. 1350–1364 et 1763–1774, Sedaine ne les soulève pas explicitement dans *Maillard*. Vu leur importance dans les deux contextes politiques réels, on suppose que le silence de Sedaine indique qu'il trouvait cette matière trop peu dramatique.[2] Que Sedaine fût conscient du peu d'expertise de la majorité des gens dans ce domaine est confirmé par la manière confuse dont Desparville s'explique à Vanderk quand il veut emprunter de l'argent.[3] Mieux valait sans doute écarter totalement de l'intrigue le thème de la finance comme étant peu propre à la dramatisation, afin de focaliser sur des études de caractère, des situations chargées d'émotions, la politique qui touchait un tiers état qui n'avait pas de voix, et le spectacle.

Au temps de Louis XIV, les parlementaires devaient enregistrer les ordonnances du roi, et il leur accordait le droit de remontrance — la permission de lui communiquer leur avis professionnel à propos de telle ou telle loi —, une fois que l'enregistrement était fait. En 1715, le régent, Philippe d'Orléans, obtint l'accord du parlement de Paris pour casser le testament du feu roi à condition de recevoir les remontrances *avant* l'enregistrement d'une loi, enregistrement sans lequel une loi ne pouvait être mise en application, à moins que le roi n'émît des lettres de jussion ou, finalement, qu'il ne convoquât un lit de justice. Une quarantaine d'années plus tard, Louis XV exprima à son confident, le duc de Gontaut, son regret l'égard de la démarche du Régent.[4] Devant toutes les mesures

---

[1] Pour une analyse des mesures de Terray, on consultera Zysberg, *La Monarchie des Lumières*, pp. 322–26.
[2] Il se peut qu'il ait pris en compte *Les Deux Amis* de Beaumarchais, dont Béatrice Didier écrit fort justement que: « le lecteur adhérera [...] difficilement à ce que l'on pourrait appeler la sentimentalité des chiffres » ; *Beaumarchais, ou la passion du drame* (Paris : PUF, 1994) p. 57. *Les Deux Amis* reçut la première d'une série de 12 représentations à la Comédie-Française le 13 janvier 1770, et deux autres suivirent en 1783.
[3] *Le Philosophe sans le savoir*, V, 4.
[4] Voir Zysberg, *La Monarchie des Lumières*, p. 184.

qui leur déplaisaient pour une raison ou pour une autre, les parlementaires ne cessaient, durant tout le règne de Louis XV, de ralentir le processus en émettant remontrances sur remontrances, de tenir des assemblées qui n'avaient d'autre but que d'entraîner la suspension des affaires judiciaires, ou de se mettre tout bonnement en grève. Si l'opposition devenait insupportable, le roi pouvait exiler de Paris les parlemenatires réfractaires. On les exilait normalement à des endroits peu éloignés de la capitale, mais cette punition avait le même effet que les grèves et n'avançait guère la résolution des difficultés. Le roi pouvait difficilement les destituer parce que, les ayant achetées, ils possédaient légalement leurs charges, et que le coût du rachat aurait été inabordable. Ainsi, par la vénalité des offices, la couronne se démettait d'une partie de son pouvoir absolu, ce qui rend difficile de la regarder comme étant réellement despotique.[1] Mais le public ne raisonnait pas ainsi, et François Bluche cite un vers caractéristique de l'opinion courante à l'égard des parlementaires :

> Braves défenseurs de nos lois,
> Le plus ferme appui des rois,
> Rien n'égale votre constance,
> Vous ne succombez qu'en vainqueurs ;
> Si vous ne sauvez pas la France,
> Vous triomphez dans tous les cœurs.[2]

Les parlementaires ne se cantonnaient pas dans le domaine de la loi. Comme l'écrit encore François Bluche :

> Le juge est tenté par les affaires publiques et ce qui n'est qu'une prérogative seconde de la cour devient, en fait, son souci primordial. Tout au long du XVIIIe siècle, c'est un duel incessant entre le Parlement et le pouvoir royal : édits, remontrances, itératives remontrances, lettres de jussion et lits de justice se succèdent. Le Parlement accentue sa résistance et recourt à des moyens illégaux : la grève — la « cessation de service, [...] véritable délit » —, les démissons collectives, la prolongation indéfinie des assemblées des chambres.[3]

---

[1] William Doyle a expliqué l'équilibre entre la couronne et les parlements, tout en répondant à la partialité qui a marqué la majorité des études du parlement : « The relationship between crown and parlements under Louis XV was not, in fact, a conflict between irreconcilables. It was not a struggle for sovereignty between legitimate government and insubordinate subjects determined by rebelling to seize a share of power. It was, rather, a highly effective way of involving the governed in government, a stable political system working by well-understood, if sometimes tacit, rules » ; 'The Parlements', in K. M. Baker, *The Politcal Culture of the Old Regime* (Oxford : Pergamon Press, 1987), pp. 157-67 ; p. 162.
[2] *Les Magistrats du parlement de Paris au XVIIIe siècle (1715-1771)* (Paris : Les Belles Lettres, 1960), p. 346. Le vers est tiré du *Chansonnier historique du XVIIIe siècle de Raunie* (ibid., n.251). Doyle souligne que c'était la bienveillance d'un public ayant une certaine formation intellectuelle que les parlements voulaient capter ; *op. cit.*, p. 161.
[3] Ibid., p. 282.

La tentation des affaires publiques se manifesta, après la fin de la Guerre de Sept Ans, précisément à travers le torrent d'écrits cités par Riley et Zysberg. Et c'était la prétention des parlementaires de représenter la nation, d'occuper une position intermédiaire entre le roi et le reste de la population qui, à leurs yeux, justifiait ces publications.[1] En fait, ils publiaient non seulement des traités mais certaines de leurs remontrances aussi, ce qui était illégal, parce que l'administration de l'époque était supposée être secrète et, théoriquement du moins, le resta car, lorsqu'il comparait les régimes financiers de l'Angleterre et de la France dans son *Compte rendu au roi* (1781), Necker évoqua la « notoriété publique à laquelle [était] soumis l'état des finances » outre Manche, et déplora le « mystère » de l'état des finances françaises.[2]

Dans ses *Entretiens avec Catherine II*, qui datent de 1773, Diderot exprime une hostilité méprisante à l'égard des anciens parlements et résume toutes les critiques qu'ils avaient provoquées lors de la crise de 1770–1771 :

> [Le parlement] était resté gothique dans ses usages, opposé à toute bonne réforme, trop esclave des formes, intolérant, bigot, superstitieux, jaloux du prêtre et ennemi du philosophe, partial, vendu aux grands, dangereux et incommode voisin [...] embrassant tout, brouillant tout, tracassier, petit, tirant à lui des affaires de politique, de guerre, de finance, ne s'entendant à rien hors de sa sphère, et toujours pressé d'en sortir, voyant le désordre partout, excepté dans les lois, dont il n'essaya jamais de débrouiller le cahos, vindicatif, orgueilleux, ingrat, etc.[3]

Selon Diderot, l'ancien parlement était « un beau fantôme » qui séduisait le peuple ; ses résistances au roi étaient « une mômerie », « l'intérêt de la nation était toujours sacrifié, et [le parlement] ne se battait bravement que pour le sien ».[4] Cependant, il se rendit compte que Maupeou, en destituant les anciens parlementaires sans rembourser le prix de leurs offices, pour crime de forfaiture, non seulement entraînait la ruine de leurs familles (dont il exagérait le nombre) mais prouvait « qu'il n'y avait plus aucune propriété sacrée ».[5] Quant aux nouveaux parlementaires : « un ramas de malheureux, de malfaiteurs, de sycophantes, de gueux, d'ignorans, une méprisable canaille », refrain qu'on retrouve également dans les *Maupeouana*. Deux pages plus loin, ce sont — on

---

[1] Selon J. H. Shennan, les parlements utilisaient un langage à la fois familier et imprécis qui impliquait un programme politique qu'ils n'auraient jamais pu adopter mais qui impressionna très favorablement le public jusqu'à la Révolution ; voir ''The Political Vocabulary of the Parlement of Paris in the Eighteenth Century', in *Diritto e potere nella storia europea* (Florence : Leo S. Olschki Editore, 1982), pp. 951–64 (p. 957).
[2] Cité par Jean Bouvier et Henry Germain-Martin, *Finances et financiers de l'Ancien Régime* (Paris : PUF, 1964), pp. 100–01.
[3] *Entretiens avec Catherine II*, in *Œuvres politiques*, éd Paul Vernière (Paris : Garnier, 1963), p. 238.
[4] Ibid., pp. 236–37.
[5] Ibid., pp. 236–39.

s'y attendrait — les mots de *despote* et de *tyrannie* qui sortent de sa plume. Voltaire aussi éleva la voix contre les « anciens » parlements mais espérait que la réforme apporterait des améliorations. On peut tracer dans sa correspondance des premiers mois de 1771 d'abord un refus de s'exprimer faute d'informations fiables (« je ne me mêle point de cette espèce de controverse »), qui se transforme par la suite en soutien du changement : « On dit que Mr le Chancelier prépare un nouveau code dont nous avons grand besoin » et « Mr le Chancelier [a] rendu au roiaume le service le plus important ».[1] Ses griefs contre les parlements se ramènent à la ruine financière qu'affrontaient les plaideurs provinciaux qui se trouvaient obligés de plaider à Paris parce que le parlement de Paris jugeait en dernier ressort, et l'esprit étroit, illogique et féroce qui avait inspiré les décisions des parlements de Toulouse et d'Abbeville dans les cas de Calas et de La Barre.[2]

Parmi les nombreuses publications que suscita la réforme de Maupeou, on note certains titres révélateurs, par exemple: « Les Efforts du patriotisme, ou recueil complet des écrits publiés pendant le règne du chancelier Maupeou, pour démontrer l'absurdité du despotisme qu'il vouloit établir, et pour maintenir dans toute sa splendeur la monarchie françoise. Ouvrage qui peut servir à l'histoire du siècle de Louis XV, pendant les années 1770, 1771, 1772, 1773 et 1774. Tome premier, à Paris, Avec l'approbation unanime des bons et fidèles sujets de Sa Majesté Louis XVI, 1775 ». Le mot de « patriotisme » fait contraste avec ceux de « règne » et de « despotisme », et la fidélité au principe monarchique est affirmée. L'ouvrage, pro-parlementaire, cite un passage du « Petit Carême » de Massillon où il évoque l'élection des Capet, pour continuer :

> Oui, Sire, c'est le choix de la nation qui mit d'abord le sceptre entre les mains de vos ancêtres ; c'est elle qui les éleva sur le bouclier militaire et les proclama souverains. Le royaume devint ensuite l'héritage de leurs successeurs, mais ils le durent originairement au consentement libre des sujets ; leur naissance seule les met en possession du trône; mais ce furent les suffrages publics qui attachèrent d'abord ce droit et cette prérogative à leur naissance. En un mot, comme la première source de leur autorité *vient de nous*, les rois n'en doivent faire usage que pour nous.

Et l'auteur de commenter : « Que ce langage est différent de l'Edit de décembre 1770 ! »[3] En fait, l'édit de 1770 reprit la terminologie de la Séance de la Flagellation presque mot pour mot :

---

[1] Voir, par exemple, les lettres D17006 à D17082 qui couvrent la période du 6 février au 15 mars 1771.
[2] Voltaire rappelle aussi le cas, moins connu, de Josserand, condamné par la Chambre des Vacations, pour avoir vendu *Ericie, ou la vestale*, à être marqué au fer rouge avant de passer aux galères, sentence qui s'avéra mortelle; voir D17208 du 18 février 1771 qui rappelle D15271 du 22 octobre 1768.
[3] *Les Efforts du patriotisme*, pp. 33-34. Le faux titre porte « Maupeouaneries, tome cinquième ». C'est une erreur pour *troisième*.

> Nous voulons rappeler à nos Cours les principes dont elles ne doivent jamais s'écarter : nous ne tenons notre couronne que de Dieu ; le droit de faire des lois, par lesquelles nos sujets doivent être conduits et gouvernés, nous appartient à nous seul, sans dependance et sans partage.[1]

André Zysberg écrit, à propos de Louis XV, que « le discours lu au parlement de Paris le 3 mars 1766 constitue […], en même temps qu'un texte de combat, son testament politique ».[2]

Dans des publications moins analytiques que celles des philosophes, les *Maupeouana* par exemple, on lit des accusations contre Maupeou à la fois personnelles (on fait flèche de tout bois) et politiques. Sont incriminées « la sainteté de [ses] mœurs » et la « pureté [de ses] motifs ». Il aurait « vendu le Parlement lorsqu'[il] le présid[ait] », « recueilli des voix pour favoriser l'injustice » et « reçu en 1764 cent mille écus de gratification, pour faciliter l'enregistrement de l'Edit de libération des dettes de l'Etat ». Il aurait établi le despotisme pour « satisfaire à des haines personnelles ». Le réquisitoire continue :

> Le cri public se fait entendre depuis la Capitale jusqu'aux extrémités du Royaume dans tous les Ordres de l'Etat [que vous] aviez conçu le plan abominable d'asservir la Nation, en renversant le corps entier de la Magistrature qui était son unique appui […] Vous lui [au Parlement] avez cherché une querelle allemande pour la [magistrature] rendre suspecte au Roi, en l'accusant de rébellion, de révolte contre son autorité qu'elle a toujours [re-]connue, maintenue et respectée […], poussé l'infâme espionnage jusqu'au point de corrompre les domestiques des Magistrats qui composoient cet antique Parlement, afin d'apprendre les plus petits détails de leur intérieur, de leurs liaisons, de leurs amitiés, pour les présenter au Roi comme des intrigues et des cabales secrètes, formées contre son administration.[3]

La nouvelle cour de justice que le chancelier vient d'établir est : « composée de soixante esclaves pour la plupart ramassés dans la lie d'une vile populace ; gens inconnus que vous n'avez déterminés que par l'appas du gain ; ou bien déshonorés, perdus de dettes et de débauches, sans connoissance des loix et des formes judiciaires, et que vous rendrez les arbitres de la vie, de l'honneur et des biens des citoyens. »[4]

La pratique normale, qui consistait à critiquer les conseillers royaux tout en épargnant le souverain qu'on disait « mal informé », est largement conservée dans le domaine politique. On pouvait regimber devant l'expression intransigeante de

---

[1] Cité par Elisabeth Badinter, *Les « Remontrances » de Malesherbes* (Paris : Union général d'éditions, 1978), p. 54.
[2] *La Monarchie des Lumières*, p. 304.
[3] *Maupeouana, ou correspondance secrète et familière du chancelier Maupeou avec son cœur Sorhouet, membre inamovible de la cour des pairs de France. Nouvelle édition sur le manuscrit original, Imprimée à la Chancellerie* (Paris : 1773), pp. 8-9.
[4] Ibid., pp. 9-10.

son absolutisme, mais finalement, c'était son droit et, équilibré par les parlements, l'absolutisme ne se faisait généralement pas sentir à un degré insupportable. (Les horizons d'attente de nos ancêtres n'étaient pas les nôtres, et il y a bien eu des exceptions notoires.) Mais, dans les années 1770-1774, la situation évolue, et dans la majorité des critiques l'accent tombe sur la vie intime du roi avec Madame Du Barry, éconduite le lendemain de sa mort. Lui-même fut enterré à la hâte, et un spirituel de graffiter son tombeau : « Hic Iacet. Deo Gratias ». Les vers satiriques ne manquaient pas : « Ci-gît Louis, le pauvre roi ; / Il fut bon, dit-on ; mais à quoi? »[1] Depuis longtemps déjà, le roi faisait piètre figure devant l'opinion publique. Puisque la réforme Maupeou et l'administration financière de Terray constituent en fait une seule initiative, Furet en tire la conclusion que : « Pour reprendre la terminologie du temps, il s'agit moins d'une tentative de despotisme éclairé que de despotisme tout court. Louis XV vieillissant n'est pas devenu le roi de Voltaire. Il cherche en vain à ressusciter Louis XIV. »[2]

Maillard: En principe, acceptable ...

Contre le fond général de déceptions, de contestations et d'inquiétudes des années 1760-1774, l'événement qui ressort le plus est la réforme des parlements élaborée par Maupeou au cours de 1770 et mise en place entre décembre 1770 et janvier 1771. Ce sont, semble-t-il, les réactions que provoqua les mois turbulents qui précédèrent la réforme qui nous éclairent sur la conception de *Maillard*, et celles qui suivirent sa mise en place qui nous éclairent sur le report continuelle de la représentation. Ainsi s'expliquera le fait que *Maillard* ait pu être accepté le 26 juin 1770 par les comédiens, parmi lesquels treize votèrent pour et cinq contre, et connu par Voltaire, Diderot et Grimm. Grimm croyait que la première représentation aurait probablement lieu avant Pâques 1771, mais dans les mois qui suivirent l'accord des comédiens, la situation politique rendait *Maillard* de moins en moins jouable. Grimm ne se rangea pas, *a priori*, contre les tragédies en prose : « Monsieur Sedaine a fait une tragédie en prose; elle est reçue à la Comédie-Française, elle sera peut-être jouée avant Pâques et M. de Voltaire a peur que ce nouveau genre, s'il réussit, ne fasse tort à la tragédie en vers. Quant à nous, si ce nouveau genre est bon, nous l'adopterons sans préjudice d'aucun autre genre également bon. » Voltaire estimait qu'une tragédie en prose était « le coup de grâce donné aux beaux arts », mais sans élaborer son opinion dans le contexte de sa lettre. La pièce fut lue au roi de Suède, Gustave III, lors de sa visite à Paris en février-mars 1771. Selon *l'Abrégé de l'histoire du Théâtre françois* de

---

[1] Citées par Durand Echeverria, *The Maupeou Revolution ; a study in the history of libertarianism : France, 1770-1774* (Baton Rouge : Louisiana State University Press, 1985), p. 29.
[2] François Furet, *La Révolution Française*, I, 39, 40.

Mouhy, le roi, de retour dans ses états, se rappela la pièce et chargea son ministre en France d'engager Sedaine à lui en envoyer une copie. Sedaine lui envoya en novembre 1775 le manuscrit dont nous avons relevé les leçons (Vu 60). Mouhy reproduit la lettre de remerciement que lui fit envoyer le roi le 28 novembre.

> Monsieur *Sedaine*, j'ai relu avec le même plaisir et le même intérêt, votre drame de *Maillard*, que vous m'avez envoyé. Les principes de patriotisme dont il est rempli ne peuvent qu'intéresser vivement ceux qui savent ce que le nom de patrie inspire ; et sur-tout ceux qui ont vu approcher de bien près l'état déplorable où se trouvait la France au temps de *Maillard* et de *Charles V*, ne peuvent lire qu'avec attendrissement votre Piece. L'héroïque vertu de *Maillard*, opposée à la perfidie de son rival, en élevant mon ame, m'a fait le plaisir que j'attends d'une Tragédie. Voilà l'effet que fit sur moi votre Pièce, à la premiere lecture que vous m'en fîtes à Paris, et celui qu'elle n'a cessé de faire sur moi depuis. Ai ordonné à mon Ambassadeur de vous en témoigner le gré que je vous ai su de m'envoyer le manuscrit. Sur ce je prie Dieu qu'il vous ait, Monsieur *Sedaine*, dans sa sainte garde. Fait à Stockholm, le 28 Novembre 1775. *Signé*, GUSTAVE.[1]

Diderot, qui avait étudié la pièce de près, fit part à Sedaine de ses réactions dans une lettre d'avril 1771. Il avait, selon sa lettre, émis l'objection que le rôle de Charles était « postiche ». (On présume donc qu'il s'agit là d'une conversation ou d'une lettre antérieures à celle que nous possédons.) Réflexion difficile à comprendre : Georges Roth se demande s'il s'agit là du fils d'Etienne Marcel ou de Charles de Navarre. Mais aucun des fils d'Etienne Marcel ne se nommait Charles, et Charles de Navarre ne figure pas dans la pièce mais fait sentir sa présence — facteur crucial dans l'intrigue — uniquement par le truchement de Laddit. Diderot se demande aussi si le rôle de Laddit ne serait pas passible de la même critique : « Que fait-il là ? Par où tient-il à la pièce ? Un homme de cette importance ou se tient derrière le rideau, d'où il fait tout mouvoir ; ou s'il se montre, il se montre comme il lui convient. » Ensuite, il demande si « l'intérêt du tout ne deviendrait pas plus public si le sort de Marcel étoit incertain ; si je croyois que dans ce conseil qui se tient là, à côté de lui, il s'agit de sçavoir s'il sera absous ou s'il portera sa tête sur un échafaud. » On se demande si Diderot, dont Roth affirme, d'après la *Correspondance littéraire*, qu'il a lu la pièce en manuscrit, parle d'une version antérieure à celles qu'offrent l'imprimé de 1788 et le manuscrit Vu 60, malgré la date de sa lettre (avril 1771). On se demande si la feuille olographe conservée à l'Université d'Amsterdam ne serait peut-être pas tout ce qui reste de ce manuscrit. Sinon, les objections de Diderot n'auraient aucun sens. Car, dans la version que nous possédons, le rôle de Laddit n'est rien moins que postiche. Il semble assez gratuit, d'ailleurs, de se poser des questions sur le sort de Marcel, car sa mort est incontournable. Diderot propose une poignée d'autres

---

[1] *Abrégé de l'Histoire du Théâtre François*, 3 vols (Paris : Jorry, 1780), III, 170–71.

changements possibles, comme de changer les deux premiers actes (« foibles », selon le philosophe) pour élaborer les sentiments d'Héloïse à l'égard de Marcel ; « Quel fond d'intérêt ! » exclame-t-il, sans ironie. Le reste de la lettre consiste plus ou moins à refondre la tragédie de manière à faire de Marcel le centre d'intérêt unique.[1]

Questions d'identité

Au début du processus de l'établissement des nouveaux parlements, c'était Maupeou qui avait l'air de se frayer un chemin au pouvoir, éminence grise qui paraissait se servir du droit du monarque généralement apathique pour occulter un despotisme que lui exercerait, et dont le roi porterait l'opprobre. Pour Sedaine, l'ascendant progressif de Maupeou démontrait ses qualités de dynamisme, d'ambition, d'acharnement, etc., que partageait Etienne Marcel. Et Marcel semblait être aussi l'homologue de Maupeou en ce qu'il était au sommet de son groupe professionnel, mais non pas noble d'épée. Ils travaillaient tous les deux avec des figures monarchiques qu'ils semblaient manipuler. Ils paraissaient tous deux sortir des bornes que les structures sociales contemporaines leur prescrivaient, pour opérer à un niveau politique supérieur : *hubris*, que les dieux tragiques punissent. Ils étaient tous les deux impuissants à la longue s'ils ne possédaient pas la sanction royale. Et, chose que les contemporains saisissaient peut-être moins bien que nous, ils étaient tous deux portés par des courants politiques plus loin qu'ils n'auraient probablement voulu.[2] Qui plus est, Sedaine était sans doute sensible au fait que la monarchie sous laquelle il vivait traversait une crise aussi grave, quoique différente, que celle qui suivit la capture de Jean II après Poitiers. Si on ne peut pas s'attendre à ce qu'une situation politique puisse se superposer exactement à une autre, il y a au moins assez de ressemblances dans ces deux cas pour justifier un rapprochement.

Reste la question : qui serait donc Maillard ? En raison de sa longue liaison avec les philosophes (Voltaire, Rousseau, et surtout Diderot) et plus précisément de son rôle de Président de la Cour des Aides en 1771, il semble que derrière

---

[1] Voir Anne Boës, *La Lanterne magique*, pp. 108-09 ; Lennart Breitholtz, *Le Théâtre historique en France jusqu'à la Révolution* (Uppsala : Otto Harassowitz, 1952), p. 242 *sqq.* ; Grimm, *Correspondance littéraire* (Paris : Garnier, 1877-1882, 16 vols) ; IX, 163 ; Voltaire, *Correspondance*, vol. 36 (1770), D16665 et D16663 ; Diderot, *Correspondance* éd. par G. Roth (Paris : 1955-1970) ; XI, 22-24, no. 666 (avril, 1771).
[2] Cependant Mézeray était sensible au courant qui emporta Marcel : « Le zèle que le Prévost des Marchands avoit pour la liberté publique, trouvant de trop fortes oppositions, dégenera (peut estre malgré qu'il en eust) en une faction manifeste et tres-pernicieuse », *Abrégé de l'histoire de France*, V, 606. Les historiens modernes partagent cette opinion ; voir, par exemple, John Carey, *Judicial Reform in France before the Revolution of 1789* (Cambridge, MA : Harvard University Press, 1981), ch. 4.

Maillard se profile Malesherbes, copie qui vaut sans doute mieux que l'original. Nous sommes, comme les contemporains de Sedaine, beaucoup plus informés sur le détail de la vie de Malesherbes que sur celui de la vie de Maillard. Le personnage historique de Maillard, dont l'histoire transmettait les seuls contours, se prêtait à la formation d'un parallélisme avec un personnage que l'opinion identifiait comme le champion de la liberté du peuple face à une machine étatique prête à l'écraser. Si Maillard était un drapier, un haut bourgeois, qui s'engagea dans la politique dans l'intérêt de la population de Paris et qui fit au bon moment un choix judicieux — celui de se sauver —, Malesherbes consacra toute sa vie à la poursuite de l'équité devant la loi et du progrès dans tous les domaines intellectuels. Il périt enfin pour avoir défendu Louis XVI en la présence de Robespierre. En plus de ses études de droit, il suivit pendant quatre ans des cours de botanique de Jussieu, et assistait aussi aux leçons de chimie de Guillaume-François Rouelle. Il se lia de bonne heure avec les Physiocrates. En 1750, il accepta du chancelier, son père, la direction de la librairie — poste qu'il occupa jusqu'en 1763 et qui lui valut, entre autres, de lire de près l'*Encyclopédie*. Il favorisait l'ouverture des domaines d'investigation, scientifiques surtout, que l'*Encyclopédie* rendait possible et fit tout ce qu'il pouvait pour assurer sa publication en France.[1] Protecteur de la liberté des auteurs autant qu'il pouvait l'être, il fit lui-même transporter les feuilles du troisième volume de l'ouvrage et tous les manuscrits de chez Diderot dans son propre hôtel pour les dérober aux recherches imminentes des agents de police. Il ne cessait de résister aux demandes du parlement de surveiller les censeurs, qu'il estimait, conformément au droit commun, responsables au seul chancelier qui, par son propre intermédiaire, les nommait. La publication du tome VII de l'*Encycopédie*, la démission de d'Alembert du rôle éditorial, puis la publication du livre *De l'esprit* d'Helvétius et l'inculpation du censeur Tercier multiplièrent les problèmes qu'il affrontait. *Emile* et la *Théorie de l'impôt* en donnaient d'autres. Il tentait de concilier la liberté d'expression, les exigences de son rôle de directeur de la librairie, les démarches du parlement à tendance janséniste pour empiéter sur ce rôle, un pouvoir royal impopulaire, son amitié et son respect pour certains auteurs, et son propre rôle judiciaire — le tout à la suite de l'attentat de Damiens et l'autoritarisme ombrageux qu'il suscita.[2] Il démissionna de son poste en 1763, lorsque son père,

---

[1] Voir Jacques Proust, *Diderot et l'Encyclopédie* (Paris : Armand Colin, 1967), p. 73 ; et John Lough, *The 'Encyclopédie'* (Londres : Longman, 1971), pp. 22-29 (études restées indispensables). Sur la censure, on consultera Nicole Hermann-Mascard, *La Censure des livres à Paris à la fin de l'Ancien Régime* (Paris : PUF, 1968), et François Moureau, *La Plume et le plomb; espaces de l'imprimé et du manuscrit au siècle des Lumières* (Paris : PUPS, 2006). L'étude fondamentale de Georges Minois, *Censure et culture sous l'Ancien Régime* (Paris : Fayard, 1995) offre des précisions importantes sur la mentalité et la carrière de Malesherbes.
[2] Notons que son *Mémoire sur la librairie*, composé en 1758, de même que la majorité de ses textes, ne fut pas connu du public avant l'Empire ; voir Jean des Cars, *Malesherbes* (Paris : Éditions de Fallois, 1994), pp. 401-02.

Chancelier et Garde des Sceaux, refusant de céder à la pression du roi de se démettre de ses charges, fut nonobstant remplacé dans sa fonction de Garde des Sceaux par René-Charles de Maupeou, qui portait le titre tout exceptionnel de Vice-Chancelier. Maupeou le père fut finalement nommé Chancelier lorsque Lamoignon se démit de son office en 1768 et, vingt-quatre heures plus tard, le père se démit en faveur de son fils, Charles-Augustin. D'une certaine façon, une curieuse relation politique reliait déjà les deux fils.

Les divers contacts entre Malesherbes et les auteurs de tous genres, depuis les grands philosophes jusqu'aux journalistes et aux auteurs résolument mineurs, avaient démontré son esprit de conciliation, de compromis, mais aussi — au besoin — de fermeté, et parfois sa capacité de faire des entorses judicieuses aux procédures mêmes qui étaient de son ressort. Il suffit de lire les pages que Pierre Grosclaude consacre aux démêlées entre d'Alembert, Marmontel et Fréron, et bien d'autres, qui occupèrent Malesherbes au temps où il était directeur de la librairie, pour comprendre l'esprit d'équité qui le motivait et le respect qu'il s'attirait de la part des auteurs tels que Sedaine.[1] Si Malesherbes s'était acquis une réputation d'équité dans ce poste, son rôle de Président de la Cour des Aides augmentait encore son envergure à leurs yeux. Jean des Cars souligne le contraste entre Malesherbes directeur de la librairie, une administration plutôt aimable et désordonnée, et Malesherbes Premier Président de la Cour des Aides qui se fit « une forte réputation d'indépendance », de contestation pourrait-on dire, et aussi « presque une popularité dont il ne se souciait guère ». Qui évoque la popularité évoque l'opinion, dont on sait l'importance croissante.[2]

C'était surtout en sa qualité de Président de la Cour des Aides que Malesherbes en vint à contester un pouvoir royal qui devenait despotique.[3] La Cour des Aides avait pour fonction, selon les termes de Marcel Marion, de « juger souverainement, au civil et au criminel, les affaires relatives à la levée des impôts tels que taille, aides, octrois, gabelle [...] et de recevoir les appels interjetés des jugements des élections, greniers à sel, juges des traites, etc. »[4] Les impôts introduits après sa création en 1355 (capitation, dixième, vingtième, etc.) échappaient à sa compétence, malgré ses efforts pour les y amener. Entre le seizième siècle et sa suppression définitive en 1791, la Cour enregistrait les édits relatifs aux finances extraordinaires (y compris, au dix-huitième siècle, le vingtième et la capitation) et avait le droit de remontrance. Elle était aussi :

---

[1] *Malesherbes*, surtout les chapitres 5 à 8.
[2] Il était Premier Président de la Cour des Aides depuis le 26 février 1749.
[3] Pour une ample note sur les fonctions de la Cour des Aides, consulter Franklin L. Ford, *Robe and Sword* (Cambridge, MA : Harvard University Press, 1953), pp. 39-40.
[4] *Dictionnaire des institutions de la France aux XVIIe et XVIIIe siècles*, 'Cour des Aides'. Elisabeth Badinter décrit son évolution dans son livre : *Les 'Remontrances' de Malesherbes, 1771-1775*, ch. 1.

[une] juridiction d'appel pour tous les procès jugés en première instance par les administrateurs des finances extraordinaires [...]. Elle doit statuer sur les délits commis par les officiers, les refus de paiement, la contrebande, etc. La Cour des Aides doit donc constamment trancher les litiges qui opposent ceux qui sont imposables, les plus défavorisés, et les agents ou officiers de l'administration royale ainsi que les fermiers et leurs commis. Par cette voie aussi en protégeant les uns ou favorisant les autres, la Cour des Aides prend des décisions politiques qui dépassent largement le simple cadre juridique. Sous la présidence de Malesherbes, la Cour des Aides pencha du côté du peuple. Les décisions et les remontrances de cette période en témoignent. On y juge beaucoup plus sévèrement les exactions des fermiers, les abus des officiers et des subdélégués de l'intendant, que les fraudes des contrebandiers.[1]

De cette Cour, Elisabeth Badinter écrit : « Elle s'érige en défenseur du peuple [...] Grâce à Malesherbes, la Cour des Aides devint un centre névralgique de l'opposition au pouvoir absolu » ; et du Président : « Malesherbes personnifia mieux que quiconque la résistance de la magistrature à l'arbitraire gouvernemental ».[2] Sans évoquer les remontrances nombreuses émises par la Cour,[3] ni les entretiens glaciaux entre, d'un côté, Malesherbes et ses confrères et, de l'autre, le roi, ni la froide politesse dont celui-là enrobait ses communications, il suffit de rappeler une affaire, banale en elle-même, qui révèle l'arbitraire insouciant du gouvernement, le souci que portait Malesherbes à la protection d'une personne sans appuis, et l'abîme qui séparait les parties. Il s'agit de l'affaire Monnerat.[4] Guillaume Monnerat, un marchand forain de Limoges, fut inculpé pour contrebande de tabacs sur le soupçon des employés des Fermes en 1767. Le crime de contrebande était jugé par des tribunaux d'exception dont le jugement était sans appel et qui étaient, selon le mot de Pierre Grosclaude, « les serviteurs dociles des fermiers généraux ». Il fut incarcéré à Bicêtre sur lettre de cachet. Il resta enchaîné par le cou, dans un cachot souterrain, pendant six semaines. Détenu six mois sans être interrogé, il passa un total de vingt mois en prison. La simple erreur sur la personne ayant été enfin reconnue, il fut relâché et, malade du scorbut en raison des rigueurs de sa prison, il adressa une plainte à la Cour des Aides pour réclamer des dommages-intérêts contre les fermiers, afin de se

---

[1] Ibid., pp. 32–33.
[2] Ibid.
[3] Le plus souvent ses remontrances traduisaient le mécontentement des imposables devant une fiscalité secrète et une cour visiblement fastueuse, qui laissaient supposer au roi des ressources supérieures à ce qu'elles étaient en réalité. Pour le roi, il n'était pas question de rendre des comptes à ses sujets.
[4] La plus ample documentation sur l'affaire Monnerat et ses suites est celle fournie par Pierre Grosclaude, dans son *Malesherbes, témoin et interprète de son temps* (Paris : Fischbacher 1961), pp. 227–34. On consultera aussi Durand Echeverria, *The Maupeou Revolution*, pp. 12–13., et Jean des Cars, *Malesherbes*, pp. 180–82.

faire soigner. Cette Cour autorisa Monnerat à poursuivre en justice les fermiers généraux et lui octroya 50 000 livres en dommages. Mais Terray, pour étouffer la plainte, fit casser le jugement et évoquer le cas par le Conseil d'Etat, ce qui l'enleva de la compétence de la Cour des Aides. En même temps, il obtint une lettre de cachet pour incarcérer Monnerat de nouveau. Malesherbes rédigea de fortes remontrances par lesquelles il revendiquait la liberté de la personne, une procédure équitable et la protection contre l'incarcération arbitraire. Il les présenta en personne ; il évoquait sans ambages l'inégalité : « tel est l'esprit de l'administration qu'on n'ose exercer des droits légitimes contre des puissants pendant qu'on use d'un pouvoir illégitime contre les faibles ». Mais Maupeou, de concert avec le roi et Terray, bloqua toutes ses initiatives de façon à laisser comprendre que l'exécutif comptait court-circuiter le pouvoir judiciaire si besoin était, et que l'extinction de la Cour des Aides faisait partie du programme politique. Effectivement, sous le régime de Maupeou, la Cour cessa de fonctionner le 9 avril 1771 et ne reprit qu'en 1774.

Trois mois plus tôt, le 21 janvier, Maupeou avait supprimé les anciens parlements en exilant les parlementaires retors à des endroits choisis pour leur inaccessibilité au mois de janvier et pour leur manque de commodités.[1] Lorsqu'il évoque ces exils dans ses remontrances, Malesherbes emploie, par exemple, les termes de « régner par la terreur », « droits violés avec inhumanité », « système destructeur qui menace la nation entière », et (révoquant en doute le droit divin auquel le roi persistait à faire semblant de croire) : « le peuple par qui vous régnez et pour qui vous régnez ».[2]

En revanche, l'histoire ne nous apprend pas les dessous de la politique de Maillard ; il ne subsiste aucune trace des discussions qui eurent lieu parmi les bourgeois avant l'assassinat de Marcel. Les contemporains savaient toutefois que Malesherbes avait des qualités et faisait des démarches politiques qui révélaient

---

[1] Voir Grosclaude, *Malesherbes, témoin et interprète*, pp. 236–41; et Flammermont, *Le Chancelier Maupeou* (Paris : A. Picard, 1883), pp. 218–25. La réforme se préparait depuis au moins septembre 1770, lorsque Maupeou avait défendu aux parlements de s'occuper à nouveau de l'affaire de Bretagne, où le duc d'Aiguillon se trouva compromis. En décembre, il avait interdit aux parlements de se communiquer entre eux, de se déclarer un seul et même corps, et de cesser leurs fonctions.

[2] Ibid. Un autre ouvrage de Pierre Grosclaude, *Malesherbes et son temps*, reproduit des lettres où Malesherbes utilise, avec des correspondants privés, les termes de despotisme et de tyrannie à la suite de la réforme Maupeou : « le roy a des moyens malheureusement trop faciles d'abattre la puissance parlementaire, moyens qui ne sont fondés ny sur l'infraction des loix, ny sur tous les actes de tyrannie que M. de Maupeou luy a fait prodiguer sans nécessité, moyens justes en eux memes et conformes à l'ordre judiciaire, et qu'il n'est facheux d'employer que parce que dans un pays comme celuy-cy, il est facheux de voir abattre une puissance quelque illégitime qu'elle fut, lorsqu'elle servoit de barrière au despotisme » (p. 72), et : « La premiere partie de ce memoire tend à prouver que le despotisme est absolument etabli en France, soit que les operations de M. le Chancelier subsistent soit qu'elles ne subsistent pas [...] » (p. 75).

un caractère *admirable* tel que la tragédie les figurait. Ce fut son opposition au despotisme, à ses risques et périls, qui le singularisa. Pour Maillard, le cas était plus extrême, car il était certainement voué à la mort si le dauphin reprenait Paris et qu'il fût toujours un partisan de Marcel. Certes, Sedaine ne pouvait savoir, en 1770, la future carrière de Malesherbes, qui ne démentit en rien le caractère qu'il montra alors. Mais dans une période de crise, où le despotisme menaçait et où le mot se prononçait ouvertement, Malesherbes jouissait parmi le public d'une réputation d'opposant honnête et intransigeant. Le Maillard-Malesherbes de la pièce lui ressemble — beaucoup plus, en fait, qu'il ne ressemble au Maillard de l'histoire — ne serait-ce que pour la simple raison que le premier était très en vue en 1770–1771 et que l'on savait du dernier trop peu pour en faire un héros de tragédie. La solution de Sedaine était d'incorporer au personnage historique des qualités empruntées au héros populaire du moment — fermeté, ténacité, persévérance, valeur, oubli de soi.

Il est loisible d'émettre l'hypothèse selon laquelle la tragédie de Sedaine exprime le vœu que le héros réel, Malesherbes, triomphe du despote en puissance qu'est Maupeou. La hache de Maillard deviendrait alors symbolique ; aux alentours de 1770, on abat le tyran en se munissant de la loi (la hache devient les *fasces*), non en employant la violence qui caractérise à la fois les mœurs du Moyen Age et celles du despote moderne. Et le despote est bel et bien Maupeou, agissant de concert avec Terray et d'Aiguillon, mais non pas Louis XV. Louis XV s'est montré sévère envers Malesherbes, allant à l'extrême limite de la politesse dans ses entretiens, mais il n'alla pas au-delà de son droit en tant que roi, et rien ne permet de supposer que Sedaine, en souhaitant la disgrâce de Maupeou, souhaitât aussi la disparition du trône. Bien ou mal éclairés sur la voie que le gouvernement devait suivre (et Diderot illustre très bien le dilemme dans ses remarques aussi défavorables envers les anciens parlements qu'envers les nouveaux), la partie informée de la population réclamait une voix dans les affaires politiques mais ne concevait pas de gouvernement autre que monarchique. Il était possible, jusqu'au dernier moment, que les revendications d'une évolution sociale, qui mettrait un terme à la structure archaïque des ordres, fussent entendues sans entraîner la chute de la monarchie. Barbier cite dans son *Journal*, au mois de juillet 1763, un prêtre de Saint-Eustache qui aurait émis des critiques selon lesquelles : « le prince met sa religion à détruire les monastères [et] les magistrats persécutent l'innocent et oppriment la religion » et qui en aurait tiré la conclusion que : « Tôt ou tard la révolution éclatera[it] dans un royaume où le sceptre et l'encensoir s'entrechoqu[ai]ent sans cesse. La crise [était] violente et la révolution ne [pouvait] être que très prochaine. »[1] Mais on ne peut conclure de ce genre d'affirmation, qui n'est pas rare, que beaucoup de contemporains aient envisagé une solution

---

[1] E.-J.-F. Barbier, *Journal d'un bourgeois de Paris* (Paris : Union Générale d'Editions, 1963), p. 304.

précise. En réfléchissant devant son ami Augeard, à la suite de la réforme de Maupeou, Malesherbes prit un ton plus prophétique : « Si cette cour de justice [le parlement] avoit eu une marche plus franche, ce ne seroit point elle qui seroit exilée, mais le chancelier ; elle a un esprit de corps qui la perdra, et nous tous, et même la royauté. »[1] Sedaine, moins proche des affaires, se contenta, dans *Maillard*, de suivre l'opinion et de choisir une cible moins noble.

Une Tragédie nationale ?

Nous avons évoqué la dimension nationale de *Maillard*, en ce sens que la tragédie déplace dans le temps la crise des modalités éventuelles de la représentation politique de la majorité de la population au sein du gouvernement. Cette représentation faisait défaut. Le seul organe qui prétendait représenter les intérêts de la majorité des Français, les anciens parlements, était passible de l'accusation d'un corporatisme intéressé. La Cour des Aides, sous la présidence de Malesherbes, faisait preuve d'un plus grand désintéressement mais, en cassant ses arrêts quasi systématiquement, le Grand Conseil la réduisit à l'impuissance et à l'inutilité, avant de l'anéantir totalement.[2] *Maillard* figure une crise antérieure, lorsque Marcel, en tant que représentant des Parisiens, aurait trahi leurs véritables intérêts en livrant la capitale à un monarque autre le monarque légitime. La marginalisation de Louis XV par Maupeou équivaudrait à la tentative de Marcel de marginaliser le dauphin. Les défenseurs correspondants seraient Malesherbes et Maillard, à cette différence près, que Maillard tua Marcel et que Malesherbes, à l'époque de la composition de la pièce, ne faisait que s'attaquer à Maupeou, et que ses efforts allaient se poursuivre. Il n'est guère besoin de signaler que cette conception de la notion d'une tragédie nationale est à mille lieues de celle de Belloy. Son *Siège de Calais* est d'abord un hymne au sacrifice à l'intérêt national qu'offre la grande bourgeoisie à un roi « étranger », dur, mais foncièrement bon (car en admettant qu'un roi pouvait se raviser, le dix-huitième siècle montrait que la bonté naturelle de l'homme affleurait enfin). La pièce de Sedaine, qui s'inspire également d'un épisode historique connu (mais pas à fond), serait donc bien *nationale*, mais dans quelle mesure est-ce une *tragédie* ?

---

[1] J.-M. Augeard, *Mémoires secrets* (Paris : Plon, 1866), pp. 38–39.
[2] La Cour des Aides se démarquait nettement du parlement : « La Cour des Aides et les Parlements étaient bien d'accord pour revendiquer la fonction de « dépositaires des lois », souscrire ensemble au titre « d'intermédiaire » entre le roi et le peuple, et aux rôles « d'organes » de la nation. Mais là s'arrêtaient les aspirations de la Cour des Aides. Elles n'ont jamais, sous l'égide de Malesherbes, prétendu représenter le peuple et se substituer aux Etats Généraux. Bien au contraire, Malesherbes est le tout premier président d'une Cour souveraine à réclamer la convocation des Etats Généraux dès 1761 » ; Badinter, *Les 'Remontrances' de Malesherbes, 1771-1775*, p. 59.

Tout d'abord, elle est en prose tandis que le concept de « tragédie » impliquait normalement l'alexandrin. En ce sens, elle représente un défi général lancé contre la norme esthétique qui rappelait inévitablement la gloire du Grand Siècle, et un défi particulier contre l'enflure ronronnante de Belloy. Diderot estimait qu'« une tragédie en prose [était] tout autant un poème qu'une tragédie en vers », et Sedaine avait, depuis 1761, souligné la difficulté qu'il y avait à concilier la sonorité du vers alexandrin et une musique qui se veut le reflet fidèle des émotions : « La marche constamment pesante de notre grand Vers Alexandrin auroit-elle fourni au musicien la mesure vive d'une femme animée de différens mouvemens qui se succedent en elle avec rapidité ? »[1] Nous ne retiendrons ici que les grandes lignes du débat sur les tragédies en prose, déjà examiné par les critiques.[2] Certes, au dix-septième siècle, on composait parfois des tragédies en prose, mais le genre en vint assez tôt à employer normalement les vers alexandrins. Mais déjà, dans sa *Lettre à l'Académie* de 1716, Fénelon déplorait certains inconvénients que l'emploi des vers entraînait, tels, par exemple, que le vers faible qui ne figurait que pour faire la rime avec le bon vers qui l'avait précédé, les vers chargés de chevilles, et les périphrases.[3] C'est le nom de La Motte et ses expériences avec la prose qu'on évoque le plus souvent dans le contexte de ce débat. Ce dernier reconnaissait la difficulté (que tout le monde appréciait) d'écrire de bons vers, mais estimait que leur principal mérite ne consistait souvent qu'à démontrer une difficulté vaincue. Si proche de la prose que soient les alexandrins, les vers libres seraient préférables pour éviter une symétrie monotone. Pour les auteurs, la prose serait plus facile à réviser au besoin. L'usage de la prose rendrait les personnages plus réalistes. (Mais dans quel sens doit-on comprendre « réaliste » ?) Il affirme aussi que « nous toucher en prose » serait bien possible et que « la plus grande vérité de l'imitation jointe à toute l'élégance que le genre comporte, nous consolerait de l'absence des vers ». Mais il se conforme aux attentes du public qui, habitué aux tragédies en vers, doutait que les grands intérêts et les grandes passions pussent se communiquer en prose. En ce cas, les émotions fortes — terreur, pitié, admiration — ne pourraient pas se faire ressentir. Les acteurs, d'ailleurs, préféraient les vers, comme étant plus faciles à comprendre et à déclamer.[4]

---

[1] *De la poésie dramatique*, in *Diderot et le théâtre I ; le drame* (Paris : Presses Pocket, 1995), p. 188, et Sedaine, *Le Jardinier et son seigneur, préface*.
[2] Nous renvoyons aux articles de François Moureau et de Russell Goulbourne, respectivement : 'De La Motte à Landois : le vers tragique en jugement au XVIIIe siècle', in *Revue d'Histoire du théâtre* 2-3 (avril-septembre 1993), pp. 35-48, et 'The Eighteenth-Century "Querelle de Vers" and Jean Ducastre d'Auvigny's *La Tragédie en prose*', in *Littérature féminine, Rousseau, Voltaire, Théâtre* (Oxford : Voltaire Foundation, 2005), et aux orientations bibliographiques y fournies.
[3] *Lettre à l'Académie* (Genève : Droz, 1970), p. 95.
[4] Les idées de La Motte que nous évoquons ici se trouvent dans les dissertations intitulées : 'Discours préliminaire', 'De la versification', 'Discours sur la tragédie à l'occasion d'*Œdipe*', et 'Suite des réflexions sur la tragédie où l'on répond à M. de Voltaire' ; voir *Œuvres*, IV (Paris : Prault, 1754).

L'*Œdipe* en prose que compose La Motte démontre le type de langage qu'il envisageait; Œdipe, sur le point de se sacrifier, explique à Dymas :

> DYMAS.
> Eh quoi, Seigneur ! est-il possible que vous soyez résolu à ce barbare dévouement ! qui donc vous a demandé une si précieuse victime ?
>
> ŒDIPE.
> Apollon lui-même. Trois fois cette nuit il m'est apparu. Ce n'était point un songe ; le sommeil avait déjà fui mes yeux. Trois fois je l'ai vu, les yeux ardents de colère, et ses traits enflammés à la main ; je suis encore frappé de sa voix ! trois fois il m'a fait entendre, en dédaignant mes larmes, qu'elles n'obtiendraient jamais le salut de Thèbes ; et que son bras ne se retirerait pas de dessus mon peuple, que mon sang répandu n'eût apaisé les célestes vengeances. Va ; obéis à ton roi, comme j'obéis aux dieux.

La prose de *Maillard* est de même nature. Si on abandonnait les alexandrins pour la prose, la dignité du genre tragique interdisait néanmoins une langue « ordinaire » (impossible au théâtre, mais pour des raisons autres que la prosodie). Comme le constate François Moureau, « le vers redevenait l'emblème de la dignité théâtrale ».[1] Mais les auteurs ont échoué, inévitablement, à trouver une prose qui ne serait pas « ordinaire » et qui en même temps soutiendrait le concept de la dignité du genre à laquelle le public s'attendait. Depuis les classiques, la dignité portait des connotations de « pompe », de « majesté », etc., qui sont l'inverse même de l'ordinaire. Les auteurs écrivant en prose eurent recours à un discours qui sentait l'effort rhétorique et qui glissait justement dans le ton guindé qu'on reprochait aux mauvais alexandrins. Cependant, ce qui compte peut-être pour Sedaine dans la composition de *Maillard* est une prise de position plutôt idéologique que poétique. Comme le souligne très précisément François Moureau :

> Si l'humour fontenellien invitait à placer le paganisme rétrograde en miroir avec le culte des saints, il n'en demeurait pas moins que la prose était l'emblème du passage de l'ère de la « prévention » à celui de la raison. Le vers faisait clairement figure de reliquat d'une civilisation primitive fondée sur l'instinct et les fantasmes mystiques. Articulée logiquement, dégagée des ornements barbares propres à impressionner les esprits faibles, la prose — « éloquence libre et indépendante » — était le discours de la modernité et du progrès humain.[2]

La rime est donc « gothique », et le vers l'antithèse des Lumières — de même, en fait, que le despotisme.

---

[1] 'De La Motte à Landois', p. 36. Le critique parle des alentours de 1730.
[2] Ibid.

Le Temps dramatique

Il est à supposer que le public éventuel que s'imaginait Sedaine saurait le nom de Marcel et connaîtrait les grandes lignes mais non le détail de son histoire. Ainsi, en même temps qu'il fait allusion, à plusieurs reprises, aux événements politiques antérieurs à la crise, Sedaine peut se permettre un téléscopage du temps historique. Nous avons vu qu'en réalité les troupes du dauphin se dispersèrent aux alentours du 20 juillet (il ne pouvait payer leur solde) et que lui-même rejoignit sa résidence à Meaux, dans l'intention probable de se retirer pour un temps en Dauphiné. Il ne rentra à Paris que le 2 août, à la demande de Maillard, et après la mort de Marcel, survenue le 31 juillet. Mais Sedaine situe l'action de la pièce au jour même de l'assassinat, et imagine la présence du dauphin à une assemblée qui se tient dans l'Hôtel de Ville.

Il y a deux raisons possibles pour ce changement. Premièrement, le dauphin devient ainsi un type d'Amurat, le personnage-fantôme qui, par sa seule proximité — croissante — exerce une pression sur ceux qui figurent en chair et en os ; et deuxièmement, cette pression se répercute sur le temps de l'intrigue, soit les vingt-quatre heures de la crise. Le lecteur remarquera d'ailleurs les très nombreuses références au passage du temps incorporées aux dialogues. Comme dans bien des tragédies, la crise comporte des événements plus nombreux que l'espace de vingt-quatre heures n'en permettrait réellement, mais il s'agit là d'une convention plus ou moins suivie, non d'une règle absolue.[1]

Un autre téléscopage, moins évident peut-être, concerne le mariage de Marcel et d'Héloïse, et leur enfant. L'Etienne Marcel historique avait quatre fils et trois filles. Les enfants de Jean Maillard s'appelaient Charles, Jean et Jacqueline. Cette dernière fut mariée à Jean Le Coq, neveu de Robert, évêque de Laon.[2] En tout cas, il n'y eut aucun mariage entre les deux familles, et le nom d'Héloïse semble choisi plutôt pour rappeler les qualités de l'épouse d'Abélard et celles de Julie de Wolmar. Dans la neuvième scène de l'acte II, Marcel fils explique à son père les circonstances de son mariage clandestin. Il fait allusion au jour où la fureur et la rage aurait fait révolter le peuple (que la tragédie dénigre toujours comme étant « inconstant »), qui força le palais du dauphin et commit des « forfaits inouïs ». (Il s'agit là d'une allusion aux événements du 22 février 1358, lorsque le peuple ou les compagnons de Marcel tuèrent Jean de Conflans et Robert de Clermont.) Mais si le mariage se fit après le 22 février, il ne serait guère question des fatigues

---

[1] Le temps fait aussi le sujet d'une *plaisanterie* de la part du dramaturge (une nouveauté dans une tragédie, qui modifie inévitablement le genre). Lorsque Maillard — présenté comme étant un vieillard, mais qui ne l'était pas — prescrit un délai d'un an avant le mariage d'Héloïse et de Marcel fils afin que celui-ci puisse entrer en charge, en étudier les devoirs et former sa maison, le jeune homme estime qu': « un mois suffit » (II. 5). C'est rire un peu de l'optimisme et de la testostérone des jeunes gens, et établir ainsi une connivence avec le spectateur attendri.
[2] Jacques d'Avout, *Le Meurtre d'Etienne Marcel*, p. 239, n.4.

de l'allaitement à la fin de juillet. Mais le public n'était précisément pas censé savoir la date du meurtre des maréchaux, et le texte est allusif plutôt qu'explicite. D'ailleurs, l'enfant servira à un attendrissement plus intense au cours de la pièce.

Ce mariage clandestin, et surtout la présence d'un enfant, posent un problème de plus. Pour le spectateur du dix-huitième siècle, un mariage clandestin était une manière décente d'évoquer une liaison illicite, et se trouvait normalement dans les comédies. Dans *Le Philosophe marié* de Destouches (1727), Ariste et Mélite sont mariés et tâchent de garder le secret. Mais, parmi les commentaires imprimés à la suite du succès da la pièce, certains faisaient allusion à la réputation chancelante d'une héroïne qui se permettrait d'entrer dans un mariage sans le consentement de son père, et à la conduite qui le précédait peut-être.[1] Critique absurde à nos yeux, car les personnages de comédie n'ont pas d'histoire personnelle autre que celle évoquée dans la pièce même. Pourtant, dans le cas d'une tragédie nationale qui met en scène des événements supposés historiques, ce mariage très peu régulier pourrait provoquer les mêmes commentaires. Et faire passer un enfant pour celui de ses amis n'est guère une situation de tragédie même si elle est autorisée par la mythologie classique, et encore ...

Au-delà de l'espace scénique

Le lieu de l'action est l'Hôtel de Ville de Paris. Comme l'observe Pierre Frantz, la tragédie nationale abandonna les carrefours classiques anonymes pour situer l'action dans un lieu connu et identifiable.[2] Dans le cas présent, les connotations de la Place de Grève, que le spectateur lui-même apporterait au spectacle, ajouteraient à l'ambiance sombre de la pièce, ambiance progressivement renforcée par des références architecturales incorporées au dialogue, ensuite par l'emploi des grosses lampes et des flambeaux des quatrième et cinquième actes.[3] Pourtant, l'édifice que les spectateurs en puissance étaient censés reconnaître, et qui aurait constitué le décor si jamais la pièce avait été représentée, postdatait 1358. Au temps de Sedaine, l'Hôtel de Ville était celui que commanda François I en 1533. La construction de cet hôtel, dessiné par deux architectes, Dominique de Cortone (surnommé Boccador en raison de sa barbe rousse) et Pierre Chambiges, ne fut terminée qu'en 1628, et l'édifice resta inchangé jusqu'en 1835.

---

[1] Voir notre article : 'Les didascalies de Molière à Destouches', in *La Scène, la salle et la coulisse dans le théâtre du XVIIIe siècle en France* (Paris : PUPS, 2011), pp. 43–58.

[2] 'Spectacle et tragédies au XVIIIe siècle', pp. 74–75. Pour tout ce qui relève de l'espace dans les tragédies du dix-huitième siècle, on consultera Renaud Bret-Vitoz, *L'Espace et la scène* (Oxford : Voltaire Foundation, 2008). La localisation d'une action historique dans un lieu connu du spectateur caractérise aussi les tableaux de Domenico Veneziano (c. 1410–1461).

[3] Il est à noter que ce serait le spectateur lui-même qui apporterait au spectacle les connotations sinistres de la Place de Grève ; couleur locale qui apporte un avantage évident pour l'appréciation des tragédies nationales.

Pourtant, au temps de la rébellion de Marcel, c'était dans la Maison aux Piliers (qui lui appartenait depuis juillet 1357), sise au même emplacement, que les affaires civiques se poursuivaient.[1] Il est peu vraisemblable que la majorité des contemporains de Sedaine sache cette évolution. Mais l'important, ce n'était pas l'exactitude historique (et cela malgré le genre de pièces justificatives que Belloy, par exemple, trouvait nécessaire de mettre en appendice de ses pièces), mais l'imaginaire du spectateur. Il suffisait que le lieu de la scène eût une signification affective ; il importait peu qu'il fût exact, pourvu qu'il fût identifiable. Et ce qui importait peut-être principalement pour Sedaine, c'était que l'Hôtel de Ville n'était ni le Louvre, ni les Tuileries, ni aucun autre palais royal.

La troisième scène de l'acte V offre un intérêt particulier en ce qu'elle évoque un « ailleurs » reconnaissable par les spectateurs, élargissant ainsi le lieu scénique et leur champ de vision pour évoquer un monde réel où l'histoire devient accessible. Alix (absente entre les quatrième et cinquième actes) part de l'Hôtel de Ville, va « au-delà des murailles de l'ancienne clôture » (elle désigne sans doute l'enceinte de Philippe Auguste dont la partie nord date d'entre 1190 et 1209), entend un bruit qui vient des environs de l'Hôtel des Tournelles,[2] traverse le grand bras de la Seine (nécessairement par le pont des Planches de Mibray qui, successeur du Grand Pont et prédécesseur du Pont Notre-Dame, fut détruit par les inondations de 1406)[3] et passe dans la Cité, avant de revenir à son point de départ. Elle traverse la Seine, voit un incendie, un cadavre, et des gens en fuite. La raison pour laquelle elle aurait traversé la Seine n'est pas claire — sinon pour mieux voir l'horizon, ou bien la panique aveugle que suggère peut-être le mot « précipitamment » — et la localisation de l'incendie, censé se profiler contre les ténèbres, est imprécise. A-t-il lieu dans la Cité même, ou Alix se retourne-t-elle pour regarder la rive droite ? L'état des rues et l'usage nécessaire des patins empêchent de calculer le temps qu'elle passe à l'extérieur. Mais des questions d'ordre logique importaient moins que le fait que la topographie familière devînt une scène de destruction sanglante qui devait faire impression sur les spectateurs éventuels. On remarque d'ailleurs un parallèle entre cette évocation d'un ailleurs terrifiant et d'autres qu'on associe généralement au genre « gothique ».[4]

---

[1] Victor Hugo l'évoque dans *Notre-Dame de Paris*, in *Œuvres complètes* IV (1), liv. 2, ch. 2.
[2] L'Hôtel des Tournelles était notoire en raison de la blessure mortelle qu'y reçut Henri II. Situé au côté nord de l'actuelle Place des Vosges et vers l'est, l'hôtel (que constituait en fait un grand ensemble de bâtiments) fut démoli en 1565.
[3] La rue des Planches Mibray est marquée sur le plan de Turgot de 1734 (planche 10).
[4] Cf., par exemple, *Le Cœur terrible* (Perpignan : Presses Universitaires de Perpignan, 2005), recueil édité par Jean-Noël Pascal, qui inclut deux tragédies noires datant de 1770. Notons aussi l'existence d'un grand nombre de tableaux et de gravures populaires d'incendies qui datent des dix-septième et dix-huitième siècles, ainsi que les capacités limitées des sociétés à les éteindre. Il s'agit bien d'un spectacle immédiat et terrifiant.

Tragédie et discours : écouter

Si Sedaine, en écrivant en prose, adopte une position « moderne », il bute quand même contre un problème qu'il ne résout pas. A la quatorzième scène du premier acte (une scène d'attendrissement, un peu hyperbolique au début), Marcel fils et Héloïse, contrairement à l'usage tragique traditionnel, évoquent l'entourage familial et s'entretiennent sur l'allaitement de leur enfant, question alors à la mode. En fait, que Sedaine le sût ou non, l'emploi d'une nourrice à la place de la mère était commun dans les milieux aristocratiques depuis l'antiquité.[1] Toutefois, l'allaitement de l'enfant était, au dix-huitième siècle, une question et un acte qui relevaient de l'intimité familiale (c'était le plus souvent le mari qui signait le contrat de nourrissage) ; c'était donc un sujet qui convenait plutôt au drame qu'à la tragédie. Mais une scène intime entre mari et femme demande, dans l'intérêt du naturel (et du vraisemblable), des échanges d'un autre ton que celui qui serait conforme à la dignité de la prose tragique. Cependant, Sedaine mélange les tons de sorte que les inquiétudes du mari et les rassurances de l'épouse côtoient des sentiments républicains à la Caton, exprimés dans des phrases ampoulées qui incorporent des poncifs de la morale sociale :

> Quand pourrai-je, le soir, rentré dans le sein de ma famille, déposer à tes pieds la sévérité de l'état que je vais embrasser ? Avec quelles délices je retrouverai dans tes yeux la récompense des travaux de ma journée ! [...] Tu seras près de moi le soutien de l'infortuné, l'appui de la veuve et de l'orphelin. Et s'il étoit possible — je ne le crois pas — s'il étoit possible que la brigue, la faveur, ou l'éclat des richesses pussent jamais altérer mes principes, l'idée seule d'être moins digne de toi me rendroit à l'instant aussi pur que le souffle qui t'anime.[2]

En revanche, la deuxième scène de l'acte II, scène de liaison, qui consiste entièrement en questions et répliques brèves, ne recherche pas la dignité, mais ne comporte rien de tragique. Cette scène est encadrée par deux monologues de Marcel, suffisamment brefs pour ne pas choquer la vraisemblance, et d'une concision qui n'empêche pas qu'ils évoquent toute une série d'émotions : curiosité, impressions paranoïaques, appréhensions, terreur, réflexion générale, impatience (temps phénoménologique), terreur encore.[3] L'usage de l'entr'acte

---

[1] Selon François Lebrun, la mise en nourrice était minoritaire et urbaine au XVIIe siècle et se généralisa au siècle suivant ; voir *Se Soigner autrefois*, p. 132 (et suivantes) ; cf. Philippe Ariès et Georges Duby, *Histoire de la vie privée 3 : de la Renaissance aux Lumières*, pp. 310-11 et p. 311, n.1. Yvonne Knibielher note que les Romaines engageaient des nourrices, et Catherine Rollet que la pratique se répandait en Europe à partir du Xe siècle ; voir : www.santeallaitement maternel.com/se_former/histoires_allaitement/allaitement ...

[2] Que Marcel regarde Héloïse relativement à ses propres états d'esprit rappelle, naturellement, les relations d'Emile et de Sophie.

[3] Ainsi que le note Jean-Pierre Perchellet, les Classiques déploraient les monologues en général, mais ceux dont il est question ici seraient justifiés : « Il ne faut jamais qu'un acteur fasse un monologue en parlant aux spectateurs [...] mais il faut chercher dans la vérité de l'action quelque couleur qui l'ait pu obliger à faire ce discours » ; d'Aubignac, *Pratique du théâtre*, cité dans *L'Héritage classique; la tragédie entre 1680 et 1814* (Paris : Champion, 2004), p. 28.

(entre les actes I et II) pour le déroulement de l'assemblée du dauphin, dont Marcel est exclu, soutient la vraisemblance des émotions qu'il éprouve. Un ailleurs proche, invisible et impénétrable, détermine le sort du « traitre ». Traitre certes, mais serait-ce peut-être à lui, comme Milton à son Lucifer — que le dramaturge s'intéresse, plus même qu'au héros ?

Une tension d'ordre stylistique affleure dans les scènes que nous venons d'évoquer. D'un côté, Sedaine présente l'expression des émotions conformes à la vraisemblance dans une situation donnée — celle du coupable qui attend qu'on lui apprenne son sort — et il insère une scène entre conjurés, essentielle pour la suite de l'intrigue mais que les circonstances rendent nécessairement courte. Le spectateur éventuel aurait accepté comme une convention établie depuis toujours un monologue où le personnage articulait brièvement sa pensée. (L'alternative serait une conversation qui révèlerait la pensée, au lieu de l'expliciter ; mais des examens de conscience qui précéderaient toute action ne se feraient qu'au détriment de l'intérêt du spectacle.) Le spectateur saisirait le sens des paroles sans remarquer la forme du discours. En revanche, lorsque Marcel fils parle de l'avenir qu'il se promet avec Héloïse, il se réfère à une relation dont la terminologie avait été codée par la pensée philosophique des années 1750–1770 (traités sur les devoirs sociaux, sur les relations familiales, etc.), et que l'on exprimait alors selon une certaine rhétorique sérieuse. Mais c'était une rhétorique qui, même si sa qualité sérieuse semblait étayer la dignité du genre tragique, ne pouvait figurer au théâtre sans paraître discourir. La dignité de tel ou tel « traité des devoirs de l'homme » n'est pas celle de la tragédie, d'où la question de la littérarité (ou non) du spectacle. *Le Fils naturel* présente un problème stylistique analogue.

Des Personnages à résonances multiples

Les tragédies qui mettaient en scène l'histoire de France exploitaient les connotations traditionnelles des personnages ; le meilleur exemple est peut-être Bayard — « chevalier sans peur et sans reproche » — dont les actes de courage et de générosité faisaient partie de la mythologie nationale. Mais Maillard était, on l'a vu, dépourvu de toute réputation sinon de celui qui avait mis fin à la vie d'un usurpateur pour ouvrir les portes de Paris au fils du roi légitime. Voilà, apparemment, tout l'apport historique du personnage ; son histoire ne comportait ni épisodes ni détails, sinon qu'il soutenait Marcel jusqu'à un moment très tardif. Mais le peu d'histoire qu'il y a — surtout le revirement de Maillard — étaye un contraste dramatique avec le traitre Marcel. (Il est loisible de penser qu'un bon larron est toujours un larron, mais la mythologie n'en tient pas compte.) Marcel, mieux connu, passait pour un rebelle, mais Sedaine choisit, à quelques allusions près, de mettre entre parenthèses le détail de sa politique, qu'il connaissait certainement moins bien que les savants du siècle suivant, et de ne retenir que la situation de crise pour faire de lui un dictateur aux abois. Le personnage est totalement dépourvu de bonnes qualités, ce qui ne laisse pas de lui conférer un statut diabolique envoûtant, malgré des accès de remords sporadiques, assez conventionnels et assez peu convaincants. Il se méfie de Maillard autant que du dauphin, jugeant les autres à l'aune de sa propre infidélité, et s'allie avec Charles de Navarre, le personnage connu pour être le moins fiable de tous. Hypocrite, Marcel exploite le désir de son fils d'avouer son mariage afin de le faire entrer malgré lui dans le complot. Et c'est finalement le père qui tue le fils — forfait apte à suggérer l'affinité entre l'horreur classique et *Maillard*.

Adjuvant de Marcel, Laddit, le « ministre » (en fait le chancelier) de Charles de Navarre, se range aussi parmi les personnages particulièrement noirs qu'offre le répertoire tragique : Médée, Atrée, Iago, Narcisse... Lorsqu'il paraît pour la première fois, il se montre capable de flatter des conjurés revêches et sanguinaires avec un discours ciblée sur leurs intérêts et leurs craintes. Sa deuxième apparition se fait à la quatrième scène du cinquième acte. Là, c'est le laconisme de ses paroles et son emploi de la litote qui font un effet de menace d'autant plus marqué que la scène de son interrogatoire d'Héloïse se déroule en même temps que les conjurés fouillent la maison à la recherche de Maillard.[1] Il y a un contraste particulièrement dramatique entre la froide tranquillité de Laddit, élégant tortionnaire verbal d'Héloïse, et le remue-ménage que créent les mercenaires brutaux en passant d'une pièce à l'autre. Son trait le plus sinistre de loin se montre lorsqu'il ordonne qu'on lui apporte l'enfant que les conjurés ont découvert au cours des recherches des conjurés. Le spectateur sait qu'il ne peut avoir d'autre motif que de s'en servir, en le tourmentant sans doute, pour délier la langue d'Héloïse. Confrontation symbolique du Mal et de l'Innocence, peut-être. Mais, juste à temps, le tocsin sonne, Héloïse triomphe de Laddit, Maillard arrive, Laddit est pris. Terreur, suspense, soulagement. Plaisir du tourbillon vu du fauteuil. Les spectateurs de la Comédie-Française, ou plutôt les spectatrices, avaient déjà frémi devant le spectacle de l'enfant Tomi, endormi et prêt à succomber au poignard de son père dans la sombre prison du *Béverlei* de Saurin, drame représenté en 1768, et certaines œuvres dramatiques noires de Baculard d'Arnaud étaient déjà imprimées. Sedaine serait, paraît-il, bien dans le courant d'une littérature sombre, romans, nouvelles et spectacles, qui allait s'épanouir par la suite.[2] Les mécanismes de cette crise, la scène obscure, les voutes sinistres, les traitres infâmes, etc. seront

---

[1] V, 6 et 8 par exemple. Il est à noter que Laddit, en s'adressant au personnage éminemment sensible, la prie de s'épargner « le *spectacle* de la violence » et « la peine d'*entendre* ... » (sc.8). Le traitre qui torture la vertueuse héroïne est une figure de la littérature gothique, de même que les paroles de Maillard selon lesquelles, après l'assassinat de Marcel, « le peuple déchire[rait] ses entrailles » ; invention de Sedaine, de même que la description de ses derniers moments (sc. 10).
[2] Voir *Mélodrames et romans noirs, 1750–1890*, éd. par S. Bernard-Griffiths et J. Sgard (Toulouse : Presses Universitaires du Mirail, 2000).

maintes fois repris par le mélodrame, mais ici Sedaine crée la même ambiance sans se servir de ses multiples appareils.

Le personnage de Maillard est d'une composition moins nuancée que ceux des vilains. Il est généreux et modeste à l'égard de Marcel quoiqu'il s'en méfie. Il se montre tendre avec son petit-fils, qu'il « tenoit sur ses genoux [et] ne pouvoit lui faire quitter ses doigts qu'il serroit avec sa petite main » (« petit fait vrai » qu'Héloïse rapporte à Marcel fils). Il sait se montrer ferme dans sa résolution de séparer Marcel fils et sa fille pour un an, et c'est lui qui sauve la ville, partant le royaume, pour son souverain légitime. Sedaine focalise sur son protagoniste les vertus familiales aussi bien que civiques. Si on ne *voit* pas Maillard évoluer dans le cadre familial, celui-ci n'en est pas moins évoqué et fait de Maillard, non pas un héros de tragédie tel que le genre les présentait normalement, mais plutôt un père de drame bourgeois dont la « condition » est exceptionnellement importante. Pourtant, du moment de la crise jusqu'à la fin de la pièce, Sedaine le présente comme un exemple d'héroïsme patriotique. Non que ce rôle soit incompatible avec celui de digne vieillard qui joue avec les enfants (les tableaux et gravures d'Henri IV et l'ambassadeur d'Espagne de Fragonard et d'Ingres allaient bientôt faire fortune), mais son stoïcisme devant la mort de Marcel fils et l'effet sur sa fille semblent plutôt rappeler les personnages dramatiques de Brutus ou de Caton qu'aucune réalité vécue, même au Moyen Age. On dirait qu'il adopte avec sa fille les accents qu'il prend à la tribune et que des accents plus nuancés auraient affiné le personnage. On voit mal comment un personnage qui s'attendrit sur un enfant (auquel il ne se sait pas lié) se tromperait ainsi de ton dans une situation qui exigerait une réaction plus tendre. Nous invite-t-on à admirer sa fermeté (ou sa raideur) républicaine, ou à retenir une image du héros moins satisfaisante, sur le plan esthétique, que celles des traîtres ?

Les portraits de femmes dans le théâtre de Sedaine offrent autant de variété que de finesse. Ils vont de la très intelligente marquise de Clainville, de *La Gageure imprévue*, à la sœur noble et ridicule de M. Vanderk, en passant par des bourgeoises et des paysannes, parfois rusées, parfois très simples.[1] Héloïse incarne la sensibilité à l'épreuve. Sedaine fait d'elle un personnage incapable d'exercer une influence directe sur le déroulement des événements qui se trouve donc forcé d'avoir recours à une pression émotionnelle sur son époux. Soumise à la volonté de son père, elle est tendre jusqu'à frôler la mièvrerie avec Marcel fils et son enfant. Sa sensibilité rappelle moins spécifiquement une femme médiévale qu'une contemporaine de Sedaine et de Rousseau. Son père entend lui faire passer un an au couvent; cette pratique, courante au dix-huitième siècle, existait au quatorzième, mais à une moindre échelle. Sans être précisément infidèle à l'histoire, le dramaturge fait par là une légère entorse à la culture. Sedaine souligne

---

[1] Voir notre article : 'The Representation of the Female in the Dramas of Sedaine', in *Michel-Jean Sedaine (1719-1797): Theatre, Opera and Art* (Aldershot : Ashgate, 2000), pp. 52-67.

les caractéristiques du personnage en le faisant évoluer dans des situations opposées : sa tendresse ressort de ses entretiens avec son mari, tandis que sa fidélité à son père, son amour maternel, et finalement son héroïsme (contre-révolutionnaire) ressortent de sa confrontation avec Laddit. Elle est sauvée non par ses propres efforts mais par les coups de théâtre qu'amènent le tocsin et l'arrivée de son père. Si la coïncidence est un peu heureuse, le revirement de l'intrigue ne manque pas d'intérêt dramatique. Héloïse est une création dramatique difficile à rendre cohérente, tant les qualités qu'elle doit montrer sont antinomiques. Elle se lamente beaucoup sur sa situation, mais elle fait face à Laddit et, comme le souligne son père, c'est grâce à elle que la conjuration est finalement frustrée. Puis il l'envoie se coucher... Sedaine est tiraillé entre le portrait (sentimental) d'une jeune épouse et mère tendre, celui d'une femme politiquement efficace avec même un brin d'héroïsme, et celui d'une femme censée être fille, donc encore sous la coupe d'un père autoritaire qu'elle adore. Mais il se peut que ses incohérences mêmes contribuent à la rendre *intéressante*.

Les conjurés représentent les « Anglais » soudoyés par le roi de Navarre. Dans le texte imprimé, mais non dans le manuscrit Vu 60, ils portent des noms à résonances internationales, reflet véritable de la composition des armées médiévales.[1] Fondés sur la sinistre réputation des « Anglais » qui occupèrent Paris au temps de la crise de juillet 1358, ils ont dans la pièce la fonction de seconder Laddit et de terroriser Héloïse, donc de contribuer à l'ambiance de menace dont la tragédie est imprégnée. Leur entrée à la huitième scène de l'acte trois est particulièrement marquante à cet égard.

Voir et entendre : une expérience totalisante.

De même qu'il exploite les ressources du mouvement, en rupture avec la présentation plus statique de la tragédie classique orientée sur la rhétorique et la déclamation, de même Sedaine emploie celles du vêtement — notamment les chaperons — signe médiéval, qui faisait partie intégrante du spectacle. Sedaine utilise en plus des accessoires, tels que le poignard qu'Anderson enfonce dans la table (meuble sinistre où l'enfant sera posé plus tard),[2] et celui de Laddit, dissimulé sous son manteau, ainsi que la hache meurtrière que Maillard portera lors de son entrée à la dixième scène du cinquième acte. L'usage des accessoires se répandait, et les spectateurs les acceptaient, parfois avec quelques réserves. Leur emploi n'était pas sans risques, comme le prouva le serpent mécanique de

---

[1] Anderson est anglais, écossais ou (sous les formes Andersson ou Andersen) scandinave. Gors se prononce de la même façon que le nom anglais *gore*, mot qui porte aussi le sens de chairs lacérées, surtout les entrailles.
[2] La réunion des trois objets rappelle de manière subliminale les sacrifices païens.

Vaucanson, plus fatal à la tragédie qu'à Cléopâtre.[1] Accessoire sonore, le tocsin qui sonne (V. 9) constitue aussi un signe de danger (en l'occurrence, pour les conjurés) et souligne la topographie, l'urgence et la terreur de la crise, déjà préparée par le récit des bruits, de l'incendie nocturne et du cadavre anonyme que fait Alix lorsqu'elle revient auprès d'Héloïse après être sortie à la recherche de Maillard (V. 3). Le « costume » de la pièce est plutôt complexe. Les chaperons se rapportent spécifiquement au temps du révolte de Marcel, tandis qu'une hache d'armes, presque désuète au dix-huitième siècle, pouvait caractériser tout le Moyen Age, soit quelque cinq cents ans.[2] Le vocatif « Sire Marcel », « Sire Maillard » est du faux vieux à l'instar du langage « paysan » de la comédie. Des chambres sombres, des personnages mystérieux qui passent dans les « galeries longues et étroites, pratiquées sur les murs du Palais » en dissimulant leur poignard sous leur manteau, comportent quelque chose de vétuste et de troublant qui s'épanouira par la suite. On discerne dans les procédés de Sedaine à la fois sa participation à un renouvellement du genre tragique[3] et le germe d'une caractérisation conventionnelle du Moyen Age promise à la pérennité.

Les Avatars d'une tragédie exceptionnelle

Que *Maillard* ne fut jamais représenté à la Comédie-Française ne surprend pas. Même sans les défis manifestes que comporte la prétention de présenter une « tragédie en cinq actes en prose » dont le sujet s'annonce comme étant « tiré de l'histoire de France, année 1358 », la conjoncture politique des années 1770–1771 en aurait fait une pièce trop susceptible de provoquer des applications inconvenantes.

En 1775, les *Mémoires secrets* de Bachaumont font allusion aux difficultés que la pièce soulevait mais révèlent une ignorance totale du sujet et des démarches de l'auteur : « Il est a craindre que les émeutes dernières ne retardent la représentation du *Siège de Paris*, Tragédie en prose du Sr. Sedaine, qui devoit se jouer incessamment aux François. Ce sujet est tiré des *Maillotins*, révolte arrivée et punie en cette Capitale, en 1383, par Charles VI. Cette ressemblance empêchera

---

[1] Le spectacle de Bayard, porté sur un brancard, suscita des commentaires à la première représentation de *Gaston et Bayard* de Belloy, le 24 avril 1771. Pour le serpent de Vaucanson, voir Jean-Pierre Perchellet, *L'Héritage classique*, p. 62. Pour un poignard fatal à *Callisthène* de Piron, voir Dominique Quéro, 'Les Eclats de rire du public de théâtre', pp. 68–69.

[2] Il s'agit en toute probabilité d'une hache d'armes que Guillaume Le Blond (Q) décrit ainsi dans l'*Encyclopédie* : « espèce de hache dont on se servait autrefois dans les combats pour rompre les armes défensives des hommes d'armes. Elle ne sert plus guère aujourd'hui que dans la Marine, c'est-à-dire dans les combats sur mer. Le manche de la *hache d'armes* est souvent tout de fer : elle était taillée d'un côté en forme de hache ou cognée, et de l'autre en marteau ou en pointe »; article 'Hache' ; VIII, 19A.

[3] Voir R. Bret-Vitoz, *L'Espace et la scène*, passim.

sans doute l'auteur de songer à sa Piece en ce moment-ci. Vraisemblablement la même raison engagera M. du Rosoy à faire retarder aux Italiens son *Siege* [sic] *de Paris* sous Henri IV. »[1]

Treize ans plus tard, au moment de la publication du texte, Grimm prend en compte les deux difficultés principales : la résistance esthétique des acteurs, et la nature politique du sujet. Le Kain considérait que faire valoir de la prose constituerait une prostitution de son talent, et Grimm note que Sedaine avait à combattre « un respect trop religieux pour les chefs-d'œuvre de Corneille, de Racine et de Voltaire ».[2] Pourtant, la raison principale du refus de la représentation était, selon Grimm, « la prudence du ministère public, qui n'a pas cru qu'il convînt de présenter sur le théâtre de la nation des Français révoltés contre leur roi ». Il continue cependant en constatant sans ambages que le manque de bonne foi de Jean II, en refusant la Grande Ordonnance, si conforme à l'esprit de la Grande Charte qui garantissait la liberté des Anglais, justifiait la révolte. Ce fut donc des raisons d'ordre politique qui empêchaient toujours la représentation dans les treize années qui séparent les deux critiques. S'il y avait eu des raisons esthétiques de refuser la pièce, les comédiens les auraient articulées dès que Sedaine l'eut soumise au comité.

Le jugement esthétique de Grimm s'avère plutôt favorable. Le mariage secret, essentiel au plan de la pièce, serait une source d'intérêt et « un trait de génie » ; le délire d'Héloïse à la recherche de son père et l'arrivée de Maillard parmi les conjurés, à l'instant même où l'on vient d'enfoncer le poignard dans la table (III, 13-14), produirait un « grand effet » (Grimm est donc sensible à la réaction éventuelle du public au *spectacle*). Cependant, il prévoit la déception que ressentirait peut-être le lecteur éventuel devant le grand nombre d'allées et venues, qu'il juge inutiles, sans justifier son opinion. Il souligne aussi le manque d'éloquence de l'ouvrage, mais ne précise pas sa pensée. Le critique termine son commentaire par la réflexion que Catherine II, qui « n'use de son pouvoir absolu que pour le bonheur de ses peuples », n'a pas craint de faire représenter la pièce. A bon entendeur, salut. Les réactions de Grimm devant le texte imprimé sont largement les mêmes que celles que la pièce avait provoquées dès le moment de sa composition : réserves politiques et jugements de valeur personnels.

Une critique, largement favorable mais qui diffère sur des points d'ordre subjectif de celle du diplomate vient de la plume de la marquise Du Deffand dans une lettre qu'elle adressa à Horace Walpole en 1770.[3] Cette lettre est d'un intérêt capital, non seulement parce qu'elle illustre un point de vue critique

---

[1] *Mémoires secrets*, VIII, 39-40. Cette note est datée du 16 mai 1775.
[2] *Correspondance littéraire*, XV, 354, sous la date de décembre 1788. Les citations suivantes seront tirées des pp. 355-56.
[3] *Lettres de la Marquise Du Deffand à Horace Walpole*, II, 92-93 (Londres : Methuen, 1912) ; lettre no. 242, datée du 8 mars 1770.

particulièrement averti, mais aussi parce qu'elle prouve que Sedaine avait quasi terminé au moins une première version de la pièce dans les trois premiers mois de 1770, au moment précis où l'opposition parlementaire semblait sur le point de rendre la crise politique inévitable. Elle écrit :

> Je fus hier à six heures chez cette grand'maman pour entendre la lecture d'une tragédie en prose de Sedaine, l'auteur du *Philosophe sans le savoir*; il n'y avait que le grand Abbé, le Prince de Bauffremont et moi ; la porte était fermée, et le plus grand secret nous était imposé. Cette pièce a plus de ressemblance à celles de votre Shakespeare qu'aucune des nôtres. Nous avons décidé que le titre serait *Paris sauvé*. Les principaux personnages (et qui m'ont paru de la plus grande force) sont Marcel, prévôt des marchands, et Maillard, premier échevin ; le temps de cette tragédie est le jour où Marcel doit livrer la ville de Paris à Charles le Mauvais. Il y a deux personnages que je trouve insupportables, c'est le fils de Marcel et la fille de Maillard qui sont mariés secrètement, et qui ont un petit enfant au berceau qui doit paraître sur le théâtre, et qui fera un grand effet, selon Sedaine ; mais le mari, la femme, l'enfant et le berceau, au lieu d'intéresser, me semblent d'une importunité insupportable ; quand ils sont sur la scène on a une extrême impatience qu'ils en sortent pour s'instruire des projets et des mesures que prennent Marcel et Maillard. Il y a aussi un chancelier de Charles le Mauvais, qui joue un très bon rôle. Le sujet de la pièce est très bien choisi, et dans le deuxième et troisième actes il y a des choses très-belles et très neuves. Ce Sedaine a certainement du génie. Cet ouvrage n'est point fini et il ne le sera pas de sitôt, dès qu'il paraîtra vous l'aurez ; en attendant n'en parlez à personne.

Les précautions qu'elle prend pour assurer le secret prouvent que la pièce avait acquis, même très tôt, une réputation sulfureuse.[1] Si la marquise évoque Shakespeare, c'est probablement en raison du mélange des genres et des tons qu'elle discerne chez Sedaine. Mais elle apprécie peu le portrait du jeune ménage, peut-être parce qu'il tient du drame et constitue une intrigue secondaire, souvent mièvre, tandis que ses préférences vont nettement dans le sens du dynamisme de l'intrigue politique.

Mais ce même dynamisme entrava toute représentation de la pièce. Le « Dossier Sedaine », conservé à la bibliothèque de la Comédie-Française, nous permet de tracer les tentatives infructueuses que l'auteur entreprit auprès des comédiens presque vingt ans durant.[2] Certains documents du dossier sont entièrement ou partiellement consacrés à *Maillard*. Le dossier présente, semble-t-il, des lacunes, malgré lesquelles il est possible de reconstituer l'histoire de la pièce.

---

[1] La marquise craignait-elle vraiment les mouches et un état répressif, ou joue-t-elle la comédie ?
[2] Ce dossier très riche contient de nombreux documents, lettres, distributions, comptes, etc., qui se rapportent à plusieurs œuvres de l'auteur et à ses relations avec la compagnie.

Sedaine a dû terminer la composition et la soumettre aux comédiens au plus tard en 1771. Une lettre datée du lundi 15 juin 1772 et probablement destinée à Etienne-François Laporte, secrétaire-souffleur de la troupe, évoque la distribution des rôles :

> J'étois loin, Monsieur, de penser que le rang de ma tragedie etoit arrivé, on m'avoit dit quelques jours avant celui ou j'ai reçû votre lettre que ma piece ne passoit qu'apres Mrs de Voltaire, Renoud, et Le Favre ainsy je ne me tenois point preparé tant pour les copies de la Police, que pour la distribution des Roles je vous prie de vouloir bien dire a la Comedie que je demande qu'il me soit accordé jusqu'a lundy prochain pour rendre reponse a cet egard.

Or, cette lettre ne permet pas de savoir au juste les titres qui devaient passer avant *Maillard*. Il est inconcevable que la compagnie consacrât beaucoup de temps à la préparation de chacune des multiples remises qui constituaient l'essentiel de son travail.[1] Entre le 1er mai et le 1er octobre 1772 la compagnie représenta de Voltaire : *l'Ecossaise, Sémiramis, Tancrède, Œdipe, Mahomet, Alzire, l'Enfant prodigue, Adélaïde Du Guesclin* et *Brutus*, mais il semble peu probable que les remises de ces pièces dont la majorité figurait depuis longtemps au répertoire expliquent le délai. La seule nouveauté de l'auteur allait être *Sophonisbe*, mais elle ne vit les feux de la rampe que le 15 janvier 1774. Cette tragédie est l'ouvrage de Mairet « un peu retouché », selon le mot de Voltaire, et il ne semble pas s'en être particulièrement occupé une fois que la pièce était entre les mains des comédiens, à tel point qu'il était incertain, quelque temps après la représentation, de la distribution des rôles.[2] Si longue que paraisse cette programmation, il paraît probable que c'est effectivement à *Sophonisbe* que se rapporte la lettre de Sedaine, car la seule pièce à sortir de la plume de Renou, *Térée et Philomèle*, une tragédie en cinq actes en vers, reçut son unique représentation le 3 juin 1773, ce qui constitue un délai à peu près du même ordre. Il n'y a pas d'auteur du nom de Le Favre qui ait fourni une pièce aux Comédiens. Le nom le plus proche est celui de P.-F.-A. Lefèvre, dont le *Zuma* (une autre tragédie en cinq actes en vers) ne fut représentée que le 22 janvier 1777 — un délai particulièrement long.

Toujours est-il qu'en juin 1772, on contemplait réellement la représentation de *Maillard*. On peut écarter l'hypothèse selon laquelle on ne faisait qu'amuser l'auteur, vu qu'on aurait pu carrément refuser la pièce. Le « Dossier » contient cette lettre autographe de Sedaine, qui porte la date du 16 janvier 1775 :

---

[1] Voir à ce sujet l'indispensable étude de John Golder, 'Rehearsals at the Comédie-Française in the Late Eighteenth Century', in *British Journal for Eighteenth-Century Studies* 30, 3 (2007), pp. 325–61.
[2] Voir sa Correspondance pour l'année 1774, surtout les lettres D18753, D18772, D18773, D18780, D18783, D18784 et D18785. Sur plusieurs affaires, y compris le sort de *Sophonisbe*, il écrit à Louis-Claude Marin : « Tout ira comme il poura [sic] » (D18785).

Sedaine prie Messieurs les Comediens François de vouloir bien mettre a L'étude la pièce de Paris Sauvé reçeue depuis quelques années, et dont la representation a été arrettée par des ordres superieurs, lorsqu'il y a deux ans elle allait passer à son tour, Elle avoit eté lue en consequence dans un comité.[1]

Si cependant Messieurs les Comediens avoient un tres vif interest pour qu'un ouvrage posterieur au sien occupât le public il cedera son rang pourvû que ce soit le vœu unanime de toute la comedie.

Il y a cependant les raisons les plus fortes pour desirer de paroitre le plutot qu'il sera possible

Un auteur qui a fait un second Siege de Calais, qui vient de faire un second Henry quatre, menace a present de faire paroitre sur le Theatre italien un second evenement interessant pour les parisiens, evenement arrivé a Paris, et ce seroit oter a Paris sauvé son premier merite celui de produire a Paris des Parisiens sur la Scene

Dans la piece de cet auteur il y a un prevost des marchands et des echevins etc. La consequence est aisée a tirer sur le tort que peut faire a L'une de ces pieces la premiere des deux qui paroitra

Paris sauvé est reçu depuis quatre ans a La Comedie Françoise.

Au verso de cette lette figure la distribution suivante, « faite par M. Sedaine », et datée du 6 février 1775 :

	M^{rs}
Marcel P	Dalainval
Marcel F	Molé
Maillard	Brizard
Sir Laddy [sic]	Dauberval
Gois	Augé
Thibert / Anderson	Des Essarts
L'Agent du R de Nav	[ ]
Charles	Monvel
	M^{es}
Héloïse	St Val
Alix	Molé
Géneviève [sic]	La Chassaigne[2]

Deux autres copies de cette même distribution, qui ne présentent que des variantes d'orthographe, figurent aussi dans le « Dossier ».

Le personnage de Charles est muet, et sa seule fonction est de figurer au spectacle à la charnière du premier et du deuxième acte. Sur une des copies de la distribution, le nom d'Anderson est un ajout ultérieur d'une autre main. Ce changement de nom coïncide avec la présentation du manuscrit Vu 60 au roi

---

[1] Donc avant *Sophonisbe*, mais on ne peut dire que cette tragédie aussi ne souffrît pas de délais ni que le souvenir de Sedaine soit parfait.

[2] On se reportera à l'ouvrage d'Henry Lyonnet, *Dictionnaire des comédiens français* (réimp. Genève : Slatkine, 1969), pour des précisions sur la biographie et les spécialités des acteurs.

Gustave III de Suède, date où les conjurés s'appellent Thiberge, Gois, Le Coq, Saintion et Robert. (Un certain Le Flamand est évoqué dans le texte, mais le nom ne correspond pas à un personnage.) Il se peut donc que le repentir de l'auteur fût suscité par son contact avec les acteurs. A l'une de ces copies de la distribution est ajoutée une note selon laquelle : « La Comédie assemblée le 6 février 1779 a arrêté de jouer Paris Sauvé de M. Sedaine immédiatement après le Barbier de Séville de M. de Beaumarchais ». Une deuxième copie, semblable à la première et portant elle aussi la date du 6 février 1775, est aussi incorporée au « Dossier ». Elle porte les deux noms de Thibert et d'Anderson ; Laddit est orthographié de la manière normale ; et les noms de Dalainval et de Dauberval sont écrits l'un par-dessus l'autre à telle enseigne qu'on ne peut distinguer l'original de la correction. Ces documents donnent à penser que l'intervention « d'en haut » qui entrava le projet original de représenter la pièce (intervention survenue entre 1772 et 1774) s'appesantit encore sur la troupe lorsqu'elle projetait à nouveau de la monter en 1775. Cette fois, ce fut le Garde des Sceaux, Miroménil, qui interdit la représentation.[1] L'absence de documents entre février 1775 et février 1779 indique peut-être que l'intervention des pouvoirs se voulait discrète, ainsi que le demandaient les circonstances politiques de la restitution récente des anciens parlements.

Le projet de représentation n'aboutit pas, et le silence des archives ne fut rompu qu'en 1788 lorsque Sedaine écrivit une lettre pour accompagner l'envoi à la compagnie de quelques exemplaires de l'ouvrage imprimé.[2] (Le fait de faire imprimer un ouvrage, donc de satisfaire la curiosité du public, se répercutait sur le nombre de spectateurs éventuels, et signalait qu'un auteur renonçait à recueillir le bénéfice normal de la première série de représentations.)

> Messieurs,
> je vous prie d'accepter ces exemplaires de l'ouvrage qui vous est presenté
> Il n'a point dependu de vous qu'il n'obtint plus de celebrité qu'il n'en aura, puisque vous l'aviez reçû pour etre representé, et que, trois fois mis a l'étude, il a eté trois fois suspendu par des ordres superiurs, et sans doute infinment sages.
> Le plaisir que vous me ferez en recevant cet hommage rendu a vos talens me consolera de ce que jusqu'a ce jour je n'ai pû me glorifier de voir sur votre Theatre un sujet national, de la representation duquel il m'etoit plus aisé de

---

[1] Armand-Thomas Hue de Miroménil (1723-1796) était premier président du Parlement de Rouen de 1757 à 1771. Ce fut grâce aux bons offices de Maurepas que ce personnage fut nommé Garde des Sceaux, charge qu'il tenait jusqu'en avril 1787. Pour une description de cette charge, voir *Dictionnaire de l'Ancien Régime, Royaume de France XVIe-XVIIIe siècle*, pp. 591-93.

[2] La diffusion par l'imprimé, nécessairement restreinte, relevait du lieutenant de police qui déléguait le travail au directeur de la librairie. Jusqu'en octobre 1788, le directeur de la librairie était Vidaud de La Tour et ensuite Poitevin de Maisseny, personnages peu marquants ; voir Herrmann-Mascard, *La Censure des livres à Paris*, pp. 37-38.

prevoir l'utilité que de deviner le danger. je m'en remettrois a votre jugement Messieurs, si votre premier accueil ne l'avoit pas prononcé.

J'ai l'honneur d'etre,
Messieurs, Votre tres humble et obeissant serviteur
Sedaine
le 23 août 1788
A Messieurs et Dames du Theatre François

En décembre 1789, une nouvelle distribution fut inscrite au crayon sur un des exemplaires imprimés que Sedaine avait offerts :[1]

Maillard, échevin	Mr Vanhove
Marcel père, Prévôt des marchands	Naudet
Marcel fils	Saint Phal [sic]
Félix, son ami	Talma
Laddit, ministre du roi de Navarre	St Prix
Un Agent [du roi de Navarre]	Grammont
Héloïse	[Mlle] St Val
Alix, suivante	[Mlle] Suin
Geneviève	[Mlle] Charlotte

Le début de la Révolution, qui allait amener la fin du monopole de la Comédie-Française en 1789-1791 et le schisme de la compagnie, vit une accélération de la correspondance entre Sedaine et le théâtre.[2] Sa position au sein de la Société des Auteurs et les nouvelles circonstances politiques le rendirent moins réticent qu'auparavant, et ses lettres manifestent un peu la nouvelle liberté des auteurs que la compagnie avait toujours traités avec hauteur.[3] Le 23 février 1790, l'auteur lui communiqua la permission de la censure et l'encouragea à monter la pièce le plus rapidement possible :

Messieurs,
j'ay enfin obtenu la permission de faire representer Paris Sauvé signée de Monsieur le Maire et du censeur M. Suard. j'ay eté vingt ans a obtenir cette permission. puis-je esperer que vous voudrez, le plus tôt qu'il vous sera possible, me recompenser de mon travail en mettant cette piece a l'etude ?

assurement si l'apropos de circonstances applanit toute difficulté, Paris Sauvé a le plus grand droit pour passer, prouvons, je vous en prie, Messieurs, qu'il nous est enfin aussi facile de representer les choses qu'a la fortune de les executer.

---

[1] Cote : 2 SED Mai 1788. Dans la distribution qui suit, le nom de Talma fut substitué à celui de Dunant, qui est barré.

[2] Pour l'histoire du Théâtre Français pendant la période 1790-1799, l'ouvrage capital est celui de Barry Daniels et Jacqueline Razgonnikoff : *Patriotes en scène; le Théâtre de la République (1790-1799)* (Vizille : Artlys, 2007).

[3] Parmi bien d'autres plaintes, celle de Mercier est peut-être la plus véhémente ; voir le dernier chapitre de son traité, *Du Théâtre*, pp. 347-72. Pour une contribution de Sedaine, voir Louis de Loménie, *Beaumarchais et son temps* (Paris : Michel Lévy frères, 1873) ; II, 555-58.

Comme je desirerois voir cette representation avant de mourir, je vous prie de me faire dire si vous acquiescez a ma demande, afin que je ne cherche point les moyens d'employer des talens bien inferieurs aux votres, mais qui, au moins, me feroient voir sur la scene un ouvrage qui lui est destiné depuis si longtemps.

si votre deliberation m'est favorable, je me rendrai a votre assemblée, j'y distribuerai les Roles, pour la 3e fois, car cette piece, il y a 8 a 10 ans, a eté deux fois par vous mise a l'etude.

j'ay l'honneur d'etre avec la plus haute consideration, Messieurs, votre tres humble et tres obeissant serviteur,
Sedaine.[1]

Le texte de la réponse des Comédiens ne nous est pas parvenu, mais deux notes du « Dossier » indiquent des progrès. L'une, datée du 26 janvier 1790, porte la mention : « Répondre que la Comédie le prie de se rendre à son assemblée du Mercredi 27, ou à celle de Lundi comme il lui plaira, afin de statuer sur les objets de sa demande ». L'autre, du 26 avril, indique que : « La Comédie a chargé M. Dazincour de répondre à M. Sedaine, et de lui annoncer que Paris Sauvé sera joué incessamment, en lui observant cependant que Mlle de St Val, à qui il a demandé le rôle de [blanc] n'est pas à Paris. La lettre de M. Monvel remise à M. Dazincourt. »

Si les termes précis de la lettre de Dazincourt nous sont inconnus, la réponse de Sedaine, datée du 23 juillet 1790, en résume l'essentiel :

Monsieur
Vous m'avez toujours marqué tant d'interest pour ce qui me regarde que je n'hesite point de m'adresser a vous sur tout ce qui peut nous interesser, voicy ce dont il s'agit

Le Mardi 26 janvier de cette année j'ai reçu une lettre de Messieurs du Theatre françois, signée De laporte, en reponse a celle que j'avois eu lhonneur [sic] de leur ecrire

cette lettre m'invitoit de me rendre a l'assemblée le Mercredi suivant je m'y suis rendu. L'assemblée convint alors de mettre a L'etude Paris Sauvé, apres trois pieces que l'on me cita (La reprise de Makbeth en etoit une)[2] Le Theatre françois force [sic] par les circonstances et peut etre par l'empressement des auteurs qui crurent devoir saisir cet instant a donné plus que ces trois pieces et certainement il a tres bien fait

---

[1] Tous les exemplaires portent une adaptation de la formule traditionnelle : « Lu approuvé pour l'impression. A Paris le 7 Aout 1788. SUARD. Vu l'approbation permis d'imprimer, à Paris ce 8 Août 1788. DE CROSNE ». L'exemplaire de la Comédie-Française porte en outre les permissions manuscrites : « Lu et approuvé pour la representation. a Paris ce 14 Decembre 1789. [signé] Suard. Vu approbation, permis de représenter. Paris le 16 xbre 1789. Bailly ».

[2] De Ducis ; la pièce reçut douze représentations entre 1784 et 1790. Sur Ducis, on consultera John Golder, *Shakespeare for the Age of Reason: the earliest stage adaptations of Jean-François Ducis 1769-1792* (Oxford : Voltaire Foundation, 1992), et sur *Macbeth*, le chapitre 4.

> Or je desirierois a present que l'on voulut bien donner Paris sauvé cet ouvrage auroit bien pu se dire ouvrage de circonstances [sic] ne futce [sic] que le lieu de la Scéne. il est vrai que le Tocsin du 5e Acte ne sera plus une invention neuve mais cela m'importe peu
>
> je repeterai qu'il a eté plus aisé a la fortune de faire justice d'un prevost de Marchands qu'a moi de la faire representer cependant la representation il y a 3 ans auroit pû lui etre utile (c'est a dire au Prevost des Marchands)
>
> Ce Mercredi 26 janvier jai [sic] a L'assemblée distribué une partie des Roles, j'avois crû devoir prier Melle De St Val de conserver le sien (il y avoit seulement 14 ans que je le lui avois donné) elle est moins jeune de 14 ans, elle est absente, on ne sçait ou [sic] elle est et quand elle reviendra, ainsi, Monsieur, si votre assemblée decide que ce vieil ouvrage soit donné apres 20 ans de réception, je vous prie de donner le Role a Madame Petit fille de M. Wanovre ; que faisant le Role de Maillard, il n'aura pas a s'echauffer sur son role pour avoir les accens paternels
>
> si, Monsieur, L'assemblée decide que la pièce sera mise a l'etude je me rendrai a son invitation pour les arrangemens particuliers.
>
> Reponse, s'il vous plait, le plutot qu'il vous sera possible, afin que je puisse me promettre ou non quelques instans de vacances, dans le mois de septembre ; temps peu favorable alors si on me donnoit mais je ne doute pas que nous ne devenions tous justes les uns envers les autres.
>
> Je suis fraternellement, Monsieur, votre serviteur Sedaine.[1]

La nouvelle assurance de l'auteur affleure particulièrement dans la lettre suivante, datée du 1er septembre, où il reproche aux comédiens certains impairs. Notons toutefois que la compagnie traversait alors une période difficile, et qu'on ne peut lui imputer le totalité de la situation de Sedaine pour la seule raison que les acteurs avaient, quand le temps étaient plus favorables, traité les auteurs en simples fournisseurs. Il était victime d'abord de la censure de l'Ancien Régime — discrète, intéressée, mais parfaitement légale — et ensuite des effets de la Révolution sur un groupe en vue, en danger, et en manque de cohésion. La compagnie avait plusieurs fois démontré sa bonne volonté (vraie ou fausse) en programmant *Maillard*, mais si la nature du danger politique changeait selon l'évolution politique du pays, le danger lui-même restait constant et incontournable.

Sedaine écrit :

> Depuis trois semaines vous m'avez invité a trois repetitions de ma piece de Paris Sauvé et elles n'ont pas eu lieu
>
> Hier vous m'avez appellé a une seconde repetition apres celle qui a eté faite les roles a la main, vous avez trop d'esprit, Messieurs, pour n'avoir pas jugé que celle d'hier ne se feroit pas, aussi des 12 acteurs qui doivent y joüer, 5 seulement se sont présentés, a midi, lorsque l'invitation etoit a 11 heures et le principal acteur ne s'y est pas trouvé.

---

[1] Madame Peit était la future femme de Talma.

je ne fais aucun reproche a ce sujet, ce sont [sic] aux auteurs a ne pas se faire attendre et a s'y trouver.

avant de comencer cette repetition, pour laquelle vous me faites venir a l'heure indiquée, par vous, vous me proposez de faire des conditions, etoit-ce L'instant, est ce ainsi qu'on doit les faire ? un petit mot a moi addressé nous auroit mis tous a notre place, et j'aurois eu l'honneur de vous repondre, car je ne suis pas fier en affaire, j'ecris, et je signe tout ce que je pense

Je ne reconnois pas moins que vous avez le droit d'avancer la proposition que vous avez bien voulu me faire avec toute l'honneteté dont souvent vous donnez des leçons, si ma memoire ne se trompe pas ne m'avez vous pas fait l'honneur de me dire [:] Sous quelles conditions voulez vous que nous representions votre ouvrage ? et vous etes entreée dans quelques details qui en sont la suite.

mon caractere connu, et eprouvé, auroit pu, cependant, Messieurs, vous rassurer sur les discussions que l'interest auroit pu faire naitre entre nous.

Si de meme que dans le temps ou j'ai donné le Philosophe sans le sçavoir, j'etois un etre isolé, ne tenant a rien, et faisant des batimens pour vivre, je vous dirois, Messieurs, toutes les conditions que vous voudrez mettre, je m'y soumettrai, trop heureux que vos talens veulent bien taduire en public le délire de mes pensées, mais honoré de places dans deux Academies et du choix des Auteurs Dramatiques qui ont bien voulu (vû mon age) me nommer leur president, je ne peux rien proposer qui n'eut l'air de vouloir faire autorité, cela ne me convient en aucune maniere. j'attendrai donc les decisions de L'assemblée nationale pour la prooprieté des auteurs, et sur la cassation de tout privilege exclusif. depuis dix neuf ans mon malheureux ouvrage est baloté par les circonstnaces, je commence a m'y faire,
     la fortune me joue
mais je ne sais m'endormir au branle de sa roue
Ainsi suspendons encor la representation de ma piece

J'ai l'honneur d'etre avec tous les sentiments qu'inspirent les plus grands talens, Messieurs, Votre tres humble et tres obeïssant, frere, Citoyen Sedaine le 1er septembre 1790.

Il se peut que Sedaine se permît la nuance d'aigreur que l'on décèle dans cette lettre (compréhensible, mais la troupe avait depuis toujours les mains liées) parce qu'il détenait déjà l'accord du Théâtre du Marais de représenter *Maillard*. Le 26 octobre 1791, Sedaine écrivit à « Messieurs du Théâtre de la Nation » une lettre dont nous tirons l'extrait suivant.

Je vous avais prié, Messieurs, de mettre à l'étude Paris Sauvé vous me demandâtes alors des conditions, je crois qu'il n'y avait point a en faire entre gens honnnetes, je refusai d'en proposer, et pour achever la singulière destinée de cet ouvrage lu et reçu il y a 21 ans, mis a l'étude pour la 4e fois, il fut encore arrêté

Une anecdote dont me fait ressouvenir Mr Préville, c'est qu'autrefois, jadis, dans la distribution de mes roles, j'avois donné a Le Kain le Role de Marcel, il me le rendit, et me dit a qui le donnerez vous a present, a Préville, lui dis-je, il prit cela pour un sarcasame, et il se trompait, je le pensois; il n'est rien que Préville n'eut joué, pourvu que son Physique n'y eut pas mis trop d'opposition.

Je ne vous parle, Messieurs, de Paris Sauvé, que parce que desirant qu'il soit joué avant que je meure, Mrs Du Theatre du Marais veulent bien s'en occuper, a ce qu'on m'a dit, et il ne seroit pas honnete que je le permisse sans vous en prevenir.

Cette lettre fut sans doute communiquée à l'assemblée des comédiens dès sa réception, car le « Dossier » contient deux brouillons de réponse (aux recto et verso d'une même feuille), portant la même date du 26 octobre. Mais aucune lettre définitive n'est conservée, là ni ailleurs, et on ne peut donc ni affirmer ni nier qu'une copie au net fût envoyée à Sedaine. Le brouillon évoque une difficulté survenue entre Sedaine et la troupe à propos de l'octroi du quart des pauvres, et promet que Préville jouerait, le mardi suivant, dans *le Philosophe sans le savoir* et *la Gageure imprévue*. Mais les deux paragraphes les plus importants, dont le second annule le premier, sont ceux qui nous renseignent sur les difficultés politiques qui mettaient un point final à l'histoire de *Maillard* et de la Comédie-Française sous l'Ancien Régime :

> Vous nous invitez, Monsieur, à mettre à l'étude Paris Sauvé. Nous ne vous dissimulerons pas que l'éloignement de plusieurs des Auteurs célèbres qui nous avaient consacré leurs ouvrages, nous a mis dans la nécessité de prendre des engagemens avec ceux qui nous ont honoré [sic] de leur confiance et de leur amitié ; que [ces engagemens pourraient nuire vos *barré*] le délai qu'exigent ces engagemens pouvant nuire à votre intérêt, la Comédie s'en rapporte entièrement à votre honnêteté pour lui [laisser accorder *mots barrés*] donner le tems de remplir tous ces engagemens qu'elle a pris dans des tems bien difficiles.
>
> [*au verso*] La Comédie est on ne peut plus sensible à l'avertissement qui vous lui [faites que l'on va donner Paris Sauvé au Théâtre *barré*] donnez que l'on va représenter Paris Sauvé au Théâtre du Marais; elle aurait desiré que les engagemens que les circonstances [que] l'on [est] forcé de prendre avec plusieurs auteurs, qui, dans ces tems difficiles, l'ont honoré de leur confiance et de leur amitié, lui eussent laissé la possibilité de [pouvoir *barré*] représenter cet ouvrage; mais ne pouvant vous offrir qu'une jouissance trop reculée, [elle croit être *barré*] elle vous prie d'être persuadé de tous ses regrets.

Il n'a jamais été question depuis cette époque de représenter *Maillard*. La Révolution favorisait un théâtre plus immédiatement engagé dans l'évolution politique du moment, et on voit mal quelle interprétation la pièce aurait pu recevoir dans cette conjoncture. Sous l'Empire et la Restauration, il aurait été inconcevable de la représenter (pour des raisons différentes), même si, par hasard, le souvenir de la pièce restait dans la mémoire des acteurs.

Mais la fin de l'histoire n'est pas simplement une correspondance qui illustre bien les dessous de l'histoire des relations entre les auteurs, les acteurs et le pouvoir, et une pièce dont on permit l'impression mais non la représentation.

Elle ne se solde pas non plus par un échec, car nous possédons *Raimond V, comte de Toulouse*, qui constitue la réaction dramatique de l'auteur devant la prévarication officielle. C'est une « comédie héroïque » qui diffère totalement des petites comédies de l'époque que les auteurs utilisaient parfois pour se venger des critiques ou pour expliquer leurs intentions mal comprises (on pense à *la Critique du Légataire* ou de *l'Envieux*, par exemple). Il s'agit d'une pièce en cinq actes, assimilée à un genre passablement rare et en plus désuète, située à une époque encore plus reculée que celle de *Maillard*, où l'auteur s'acharne sur les préposés traditionalistes d'un souverain dont la facilité lâche se laisse manipuler et finalement vaincre, conservateurs sans autre philosophie que le maintien de leur influence pernicieuse dans une situation qui se dégrade progressivement.

MAILLARD : PRINCIPES DE L'ÉDITION

Notre édition de base est celle de Prault, publiée en 1788, que nous avons consultée dans l'exemplaire rangé sous la cote Rf. 13.764 du Département des Arts du Spectacle de la Bibliothèque nationale de France. Il n'existe pas de manuscrit olographe du texte. La tragédie ne fut jamais représentée à la Comédie-Française, mais il existe un « manuscrit de souffleur » qui avait servi d'exemplaire de la censure. C'est un exemplaire de l'édition imprimé qui porte cinq changements mineurs que nous rangeons parmi les variantes sous le sigle S. En bas de la page 147, il porte la mention manuscrite : « Lu et approuvé pour la representation. a Paris ce 14 Decembre 1789 [signé] Suard. [et] Vu approbation, Permis de représenter. Paris le 16 xbre 1789. Bailly. » Il porte la cote 2 SED Mai 1788. L'imprimé représente donc, d'une manière générale, la volonté définitive de l'auteur sur son texte. Nous notons les variantes du manuscrit Vu 60 de la Bibliothèque Royale de Stockholm, que nous désignons Ms dans les variantes. Ce manuscrit, présenté au roi Gustave III de Suède, n'étant pas olographe, est dépourvu d'autorité. Il est de la main d'un copiste extérieur au service de la Comédie-Française.[1] La feuille Z concept 57E, détenue par la Bibliothèque de l'Université d'Amsterdam, est de l'orthographe de l'auteur, et antérieur au manuscrit Vu 60 et à l'édition de 1788, et ne représente donc pas sa dernière volonté sur le texte. Il est probable que cette feuille est tout ce qui reste d'un manuscrit maintenant perdu. Son intérêt indéniable justifie sa présence en appendice.

Le texte imprimé de 1788 comporte de nombreuses erreurs typographiques manifestes, parmi lesquelles la plus fréquente est une confusion entre *Eh!* et *Et*. Le texte imprimé confond souvent le point d'exclamation et le point d'interrogation, et omet le trait d'union dans les inversions du verbe et dans les impératifs. Quelques fautes typographiques s'y sont glissés aussi (« empêchez on contenez », « à quelque pas de moi », etc.). Nous corrigeons ces erreurs manifestes, et réformons l'usage de la forme « aura t'elle », sans le signaler, afin de ne pas alourdir l'appareil critique de notre texte. Dans les cas où nous sommes intervenu sur le texte imprimé, nous avons adopté les leçons du manuscrit Vu 60. Nous imposons la distinction moderne entre *quoi que* et *quoique* et entre *Bon jour* et *Bonjour*. A ces exceptions près, nous gardons l'orthographe originale, y compris la perluète et les majuscules, vu qu'elles ne risquent pas d'entraver la compréhension du texte.

---

[1] Je remercie Madame Jacqueline Razgonnikoff, ancienne conservatrice de la bibliothèque de la Comédie-Française, de m'avoir communiqué ce renseignement.

Il existe des disparités marquées entre l'édition et le manuscrit Vu 60, qui est souvent correct là où le texte imprimé porte des erreurs manifestes. Quoiqu'il eût été surprenant que l'auteur ne surveillât pas de près l'impression d'un ouvrage qui lui avait coûté tant de peine, on remarque dans ses olographes des négligences analogues. Il n'y a toutefois que les *erreurs manifestes* qui autorisent les interventions de l'éditeur ; les simples particularités de l'auteur et l'évolution de la ponctuation ne les justifient pas. Il est possible, voire probable, qu'à défaut de pouvoir obtenir une représentation de la pièce, Sedaine ait cherché à incorporer dans son texte des didascalies virtuelles portant sur l'émotion du personnage, ce qui expliquerait les nombreux exemples de points d'exclamation et d'interrogation suivis de points de suspension, le plus souvent au nombre de quatre. Nous estimons que cette ponctuation porte directement sur le plein sens que la représentation aurait donné au texte, et il nous paraît essentiel de la maintenir.

MAILLARD : LEÇONS REJETÉES

I, 1	Eh! bien Felix ?
I, 3	empêchez on contenez
I, 4	C'est malglé moi que j'ai suspendu
I, 9	Vous auriez du vous jeter
I, 13	Mon pere ! est le premier à le caresser !
II, 3	Ciel | Ah !
II, 4	qui étoit à quelque pas de moi
II, 5	ses plus cheres intérêts
II, 6	tout à réussi
II, 7	vous conduire malgré cous-même à l'abus
II, 9	Vous, marié ! Eh ! comment se peut-il
II, 9	Le mariage s'accomplit. Quelques jours après je fis voir
II, 9	de mon ami de, Felix.
II, 9	s'en fie à d'autre qu'à lui-même ?
III, 5	LADDIT, l'AGENT
III, 11	dissipé l'armée Françoise
III, 14	doresnavant
III, 15	que tu n'aurois pas du permettre
IV, 5	Eh ! c'est un autre que moi
IV, 6	ce qu'il eût du savoir avant moi
IV, 12	Quel délire ! Ma fille, de votre mari !
V, 3	Je suis allée au de-là des murailles

MAILLARD

OU

PARIS SAUVÉ,

TRAGÉDIE

EN CINQ ACTES EN PROSE.

(Sujet tiré de l'Histoire de France, année 1358.)

PAR M. SEDAINE,
De l'Academie Françoise.

Tragicus Plerumque dolet sermone pedestri (Horace.)[1]

Prix trente sols, broché.

A PARIS,
Chez PRAULT, Imprimeur du Roi, Quai des
Augustins, à l'Immortalité. Ou chez l'Auteur, au Louvre.

1788.

---

[1] Le vers est cité d'un passage de *l'Art poétique* (v.95) où Horace constate qu'un auteur peut inverser les styles appropriés à la tragédie et à la comédie afin d'émouvoir le spectateur.

ÉPITRE
DÉDICATOIRE
A L'IMPÉRATRICE
DE TOUTES LES RUSSIES.[1]

MADAME :
LE plus grand de vos bienfaits envers moi, est la permission de vous dédier cet Ouvrage.

Il n'a pû dans ma patrie parvenir aux honneurs de la représentation ; mais vous voulez bien ordonner qu'il les obtienne sur votre Théâtre Impérial : le dedommagement est trop précieux pour que je me plaigne de sa premiere infortune.

Si on ne me permettoit qu'une seule question sur le mérite d'un Souverain, je demanderois, aime-t-il la vérité ? lui fait-il ouvrir toutes les portes de son Palais ? va-t-il au-devant d'elle ? & d'après la réponse, je bénirois le ciel, ou je gémirois sur le sort de ses peuples.

De tous les moyens que peut employer la vérité pour approcher du Thrône ; l'Art Dramatique est sans doute le plus respectueux, & d'autant moins fait pour blesser, que la leçon n'est jamais directe.

Le bon Roi Henri IV, disoit, j'ai appris dans les Comédies des vérités que je n'aurois jamais sçues sans elles.

VOTRE MAJESTÉ IMPÉRIALE, en daignant protéger & animer mes foibles talens prouve qu'Elle pense comme le bon Henri sur l'utilité du Théâtre. Mais, Madame, je n'entreprendrai point votre éloge, celui même d'un Prince parfait défigure ses traits en les grossissant ; c'est l'Apollon du Belveder qui, si on le doroit, perdroit de sa valeur ; cette magnificence indiscrete altéreroit la naïveté de ses formes & la pureté de ses contours. Le simple récit que l'Histoire fait des actions de Trajan, le représente bien plus grand qu'il ne le paroît dans le panégyrique de Pline.

En faisant le vôtre, Madame, je n'apprendrois rien aux Nations, (si vos bontés pour moi m'indiquent à leurs regards ;) je ne leur dirois que ce qu'elles savent, que, Souveraine du plus vaste Empire qui existe, non contente de faire la gloire & le bonheur de vos peuples, vous étendez sur les Arts & sur les Lettres votre bienfaisance protectrice, ainsi que Louis-le-Grand a manifesté la sienne.

Mais je finis, pour ne pas manquer à la loi du silence que m'impose la vénération due à votre Personne Auguste.

Je suis avec le plus profond respect,
MADAME,
De votre MAJESTÉ IMPÉRIALE,
Le très-humble & très-obéissant serviteur SEDAINE.

---

[1] L'Impératrice a bien voulu agréer cette Epître au mois de Mai 1781. [*Note de l'auteur.*]

PRÉFACE

Dix-sept années se sont écoulées depuis que j'ai fait lecture à la Comédie Françoise de cette Tragédie que je soumets au jugement du public ; elle fut reçue sans contradiction pour être représentée ; mais depuis que La Mothe avoit mis infructueusement Œdipe en prose, on avoit écrit qu'on ne pourroit jamais supporter la représentation d'une Tragédie qui ne seroit point en vers. La mienne, si elle avoit réussi, auroit été une réponse sans réplique ; je ne peux croire que ce fût pour supprimer cette réponse que l'on répandit l'allarme sur l'effet qu'elle pouvoit produire. Cependant un des plus grands hommes de notre siécle dans la littérature ne dedaigna pas de faire imprimer cette observation :

On me mande de Paris, au Mont-Krapac, que l'on va faire représenter des Tragédies en prose ; ce dernier coup manquoit à nos douleurs. Voilà donc l'abomination de la désolation dans le Temple Muses ! &c …

Le Tragique étonné de sa métamorphose,
Fatigué de rimer, ne va parler qu'en prose, &c …[1]

Cette dénonciation de la part de l'homme qui méritoit le plus d'être écouté, avertit les amateurs de la haute Tragédie, de ne pas souffrir un pareil sacrilége : des Acteurs ne voulurent point coopérer à l'œuvre de l'abomination de la désolation : Le Kain éleva la voix, & dit hautement, qu'il ne prostitueroit jamais ses talens à faire valoir de la prose ; quelques-uns de ses camarades plus humains, voulurent bien accepter des rôles, alors on mit ma piece à l'étude ; mais je ne prévoyois pas tous les obstacles qui s'opposoient à son entrée sur la scene, & ces difficultés n'étoient que le préliminaire de celles que j'ai éprouvées.

Un sujet de l'Histoire de France, présenté à la Nation comme Tragédie, sans qu'elle fût écrite en vers Alexandrins, ne pouvoit-il pas être d'une conséquence dangereuse ? devoit-on faire voir aux citoyens de Paris, qu'en 1358 la populace s'étoit révoltée, &c ….

Feu Monsieur le Duc d'Orléans, ce Prince si sage, que notre amour & nos regrets ont suivi au-delà du tombeau, avoit fait représenter plusieurs fois cette Tragédie sur son théâtre de la Chaussée d'Antin ; l'honneur qu'il lui faisoit auroit pu dissiper toutes les terreurs politiques ; mais la prévention donnée, est irrémediable. Ainsi je renonce malgré moi aux honneurs de la représentation. Si jamais nos neveux jettent les yeux sur cet Ouvrage, ils seront bien convaincus de la longue attention, qui, pendant seize années, a surveillé les productions

---

[1] Voltaire. La citation en prose est tirée des *Questions sur l'Encyclopédie*, article 'Rime' (édition Moland, vol. XX, p. 373), et le couplet, de *l'Epître au roi de la Chine* (Moland, vol. X, p. 429). Je remercie le professeur Russell Goulbourne de m'avoir communiqué ces informations.

dramatiques, & ils jugeront par cette prudence de l'encouragement donné à cette haute partie de la littérature.

On a allégué d'autres motifs de défense, c'est qu'il étoit dangereux d'admettre au Théâtre François une Tragédie en prose, par la facilité que tout homme de lettres auroit de profaner ainsi le Temple de Melpomene.

Je répons qu'une Tragédie fondée sur le plus grand intérêt national, une Tragédie asservie strictement aux trois unités, Une Tragédie dont les caracteres seroient conservés d'après l'Histoire, ou créés & soutenus jusqu'à la fin avec la rigueur & la dignité du genre, en observant de l'écrire, non d'un stile tel que le mien, mais de celui qui réuniroit la force, la noblesse l'élégance: je dis que cette Tragédie, par le concours heureux de toutes ces parties qu'il est si difficile de rassembler, seroit aussi rare que celle où les vers magnifiques couvrent souvent des invraisemblances de la conduite, la prolixité du dialogue, l'inexactitude des mœurs annoncées, le vague des caracteres ; on ne pardonneroit jamais à la Tragédie en prose de frapper fort, si elle ne frappoit pas juste.

Ce seroit une belle nature nue qui devroit satisfaire les connoisseurs dans toutes ses proportions, & qui par le manteau de pourpre dont elle seroit couverte ne fascineroit pas les yeux en leur dérobant ses imperfections.

Je conviens cependant qu'il est très-peu de sujets propres à la Tragédie qui puissent se passer de la pompe des vers & de la noblesse du stile Poëtique.

PERSONNAGES

MAILLARD, Échevin de la Ville de Paris.
MARCEL pere, Prévôt des Marchands.
MARCEL fils, marié secretement à Héloïse.
FELIX, ami de Marcel fils.
LADDIT, Ministre du Roi de Navarre.
Un Agent secret du même Roi.
Un Officier de ville.
Un Citoyen.
Un Garde.
ANDERSON.
GORS. } Conjurés.
LE FLAMAND.
HÉLOÏSE, fille de Maillard, mariée secretement à Marcel fils.
ALIX.
GENEVIEVE. } Suivantes d'Héloïse.
Plusieurs Conjurés.
Plusieurs Domestiques.
Un petit enfant au berceau.
Plusieurs Citoyens armés.

La Scene est à Paris, dans la grande Salle de l'Hôtel-de-Ville.

PARIS SAUVÉ,

TRAGÉDIE
EN CINQ ACTES, EN PROSE.

ACTE PREMIER.

Le Théâtre représente une des grandes Salles[1] de l'Hôtel-de-Ville de Paris. Cette Salle est supposée communiquer à des appartemens, à des galeries, & à d'autres lieux d'assemblée.

Scene premiere.

MARCEL *fils.*

Qui peut arrêter ses pas ? Ah ! que le tems est long, quand l'impatience compte les minutes ! Enfin je le vois…. Eh bien, Felix ?[2]

Scene II.

Felix, Marcel fils.

FELIX.

Aujourd'hui, Marcel, ce matin même, le Dauphin tient son assemblée ici.[3] Il a choisi l'Hôtel-de-Ville…. Mais ce n'est pas ton pere qui le recevra.

MARCEL *fils.*

Qui donc ?

FELIX.

Maillard.

MARCEL *fils.*

Et la santé d'Héloïse ?

---

[1] Ms une grande salle.
[2] L'édition Prault imprime souvent un point d'exclamation redondant après *Eh* ; nous le supprimons sans le signaler.
[3] On notera les multiples marqueurs du temps de l'action incorporés dans le texte.

FELIX.

Elle ne peut être meilleure : Héloïse[1] a passé la nuit la plus tranquille ; ton fils l'a laissé reposer. Elle m'a conduit à son berceau. Je ne connois rien de plus touchant que le réveil d'un bel enfant qui sourit à sa mere. Elle disoit : que son pere n'est-il présent ! Ce cher enfant ! Que ses caresses, que ses foibles accents ne peuvent-ils[2] lui exprimer sa tendresse & la mienne !

MARCEL *fils*.

Et pourrai-je la voir ?

FELIX.

Oui,[3] ce soir à dix heures, dans cette même salle. Maillard est de garde cette nuit à la porte Saint-Jacques. Mon pere, m'a-t-elle dit, quittera son poste de bonne heure, parce qu'il se trouve un peu indisposé ; ou il ne rentrera chez lui qu'à trois heures du matin.

MARCEL *fils*.

Enfin à dix heures elle se rendra ici ?

FELIX.

Oui.

MARCEL *fils*.

Enfin je pourrai jouir de la félicité que j'attends depuis cinq jours. Ah ! mon ami, si cette assemblée, si ce jour-ci pouvoit enfin ramener la tranquillité dans Paris, alors il me seroit permis d'espérer le bonheur où j'aspire.

FELIX.

Je le souhaite.

MARCEL *fils*.

Et sais-tu quels sont les mouvemens du Peuple ?

FELIX.

Toujours le même. Insolent ou timide, fier ou rampant, il n'attend pour agir que les impulsions de ses Chefs. Et quels Chefs ! Quant à la Bourgeoisie, sage & tranquille, elle reconnoît en silence les vues pacifiques du Dauphin ; ses malheurs, sa constance, la prison du Roi, les calamités de l'Etat, touchent le citoyen : mais, tant qu'il craint pour lui-même & pour sa famille, il ne se permet qu'une compassion stérile : ce n'est que retiré chez lui, au milieu de ses enfans, & derriere ses verrouils,[4] qu'il ose former des vœux pour la Famille Royale.

---

[1] Ms Elle a passé
[2] Ms ne puissent-ils
[3] Ms *omet* Oui
[4] Ms verroux [orthographe seule]

MARCEL *fils*.

Il peut se déclarer, il peut découvrir ses sentimens, & quitter ces indignes chaperons, qui dans ces dernieres séditions ont forcé la vertu de paroître approuver le crime en portant ses livrées.[1]

FELIX.

Les Chaperons ont disparu ; on peut marcher en sûreté dans Paris ; nulle apparence de sédition.

MARCEL *fils*.

Ah ! mon ami, cette assemblée, en développant nos besoins, en indiquera les remedes. Maillard obtiendra le pardon de mon pere ... Le Prince est si clément ! .... Et le bonheur de la France assurera le mien. Oui, je pourrai déclarer à Maillard que sa fille est ma femme ; oui[2] j'oserai lui faire l'aveu de ma faute & des honteuses ressources que j'ai employées. Mon repentir le touchera. Eh ![3] comment ne pardonneroit-il pas à sa fille ! Comment pourroit-il lui reprocher un mariage qu'elle a cru ordonné par lui-même ! .... Et, s'il résiste à nos humbles supplications, la vue seule de mon fils désarmera sa colere.

FELIX.

Je le desire ; mais que je crains encore quelques troubles.

MARCEL *fils*.

D'où pourroient-ils venir ?

FELIX.

Apprenez que Sire Thomas Laddit, apprenez que l'ami, le confident, le chef des entreprises du Roi de Navarre est ici.[4]

MARCEL *fils*.

Lui ! de qui le sais-tu ?

---

[1] Les partisans de Marcel portaient des chaperons mi-rouges mi-bleus, et les plus solides agrafaient aussi leurs manteaux de fermaux d'argent émaillés des mêmes couleurs (celles de Paris et de Navarre respectivement) ; voir d'Avout, *Le Meurtre d'Etienne Marcel*, p. 131.
[2] Ms *omet* Oui
[3] Ms Et comment
[4] Il y avait deux frères Laddit: Jean devint chanoine de Reims, et Thomas, celui qui figure dans la pièce, devint chancelier de Charles le Mauvais, aussi bien que chanoine de Paris et chantre de Chartres. Incarcéré le 4 août, après la chute de Marcel, il fut tué le 12 septembre, au moment où on le transférait du Palais (le Châtelet) pour le remettre entre les mains des préposés de l'évêque ; voir *Chronique des règnes de Jean II et de Charles V*, I, p. 211. L'adhésion de Jean au parti navarrais lui fut pardonnée en 1360. On notera dans le texte les multiples transitions du tutoiement au vouvoiement et *vice versa* selon les divers sujets soulevés dans une seule conversation.

FELIX.

Ce matin, à six heures, je marchois dans ces galeries longues & étroites, pratiquées sur les murs du Palais : j'ai apperçu un homme qui venoit à moi ; son bras droit étoit passé sous son manteau : il venoit à moi d'un pas vif, qu'il a ralenti sitôt qu'il m'a vu.[1] Ce mouvement m'a frappé ; je l'ai reconnu : c'est l'Agent secret du Ministre du Roi de Navarre. Nous étions seuls alors. Le passage étoit trop étroit, pour qu'il pût passer sans me toucher. Aux plis de son front, au mouvement de ses yeux, à la pression de ses lévres, il m'a semblé que sa main cachée s'armoit d'un poignard. Quelqu'un a paru : son visage a repris une sérénité affectée. Je te supplie, m'a-t-il dit, de ne point dire que tu m'as vu ; je suis forcé de me cacher : & il a passé. Oui, Marcel, cet Artisan de crimes n'est ici que pour tramer de nouveaux complots.

MARCEL *fils*.

Tu aurois bien fait de l'arrêter. Que craignois-tu ?

FELIX.

Le coup dont il me menaçoit.

MARCEL *fils*.

Un coup prévu n'est jamais mortel ... Et l'as-tu suivi ?

FELIX.

Non.

MARCEL *fils*.

Eh ! quels seroient ses moyens ? De quels ressorts pourroit-il se servir ? Du Peuple ? Son insolence, montée au comble, l'a indigné contre ses Chefs. Des Provinces ? Elles se sont réunies en faveur du Dauphin. La Champagne, la Normandie, ont donné l'exemple. Seroit-ce de mon pere ? Effrayé de ses témérités, il ne desire que de mériter par ses services le pardon qu'il obtient aujourd'hui des circonstances, mais que sa conduite justifiera. Ainsi, bannis tes craintes. Le Roi de Navarre, fatigué, rassasié d'intrigues inutiles, est allé attendre dans ses possessions le moment heureux de faire sa paix avec le Dauphin,[2] & d'employer enfin pour le bien du Royaume les grandes qualités qu'il a reçues de la nature.

FELIX.

Que[3] tu le connois peu ! Ta crédule facilité te fera-t-elle toujours des vérités de tout ce que tu desires ? Le Roi de Navarre ! Le Roi de Navarre, en quelque lieu de l'Europe, en quelque situation qu'il soit, à l'instant il médite un crime, ou il le commet.

---

[1] Ms *et* S apperçu
[2] Ms avec le Régent
[3] Ms Ah, que

MARCEL *fils*.

Ah ! puisse-t-il retomber sur lui ![1] .... Mais mon ami, ne m'abandonne pas ; ne me quitte point aujourd'hui, je t'en prie, je t'en supplie.

FELIX.

As-tu jamais eu besoin de prieres avec moi ?

MARCEL *fils*.

Depuis quelques années, quel[2] embarras je te donne, & principalement à ta femme !

FELIX.

Aucun. Ma femme a le plus grand plaisir de rendre service à Héloïse.

MARCEL *fils*.

Ah ! mon ami, je te l'avoue, je n'ai jamais cru aux pressentimens ; mais cette assemblée qui décide de mon bonheur ou de ma perte, ces cinq jours-ci de veilles, de fatigues & d'impatience,[3] Héloïse que je n'ai pu voir, ces mouvemens dans le Peuple, dans l'Etat, & mon pere, & Maillard, tout cela me jette dans un trouble que je ne conçois pas ![4]

FELIX.

Voici Maillard.

Scene III.

Marcel fils, Felix, Maillard, suivi de quelques Officiers de la Ville.[5]

MAILLARD, *aux Officiers*.

Que les Soldats se tiennent à leur poste ; faites observer l'ordre ; empêchez[6] ou contenez la foule ; retenez le peuple : aussitôt que la Garde du Dauphin paroîtra, vous viendrez m'avertir.
(Felix sort avec les Officiers.)[7]

---

[1] Ms Qu'il retombe sur lui !
[2] Ms quels
[3] Ms impatiences
[4] Hyperbole paradoxale ; le ton surprend dans une tragédie.
[5] Ms de Ville.
[6] Entendre : empêchez la foule d'avancer (sens vieilli ; voir *DFC* « Empêcher »).
[7] Ms *La didascalie manque.*

Scene IV.

Marcel fils, Maillard.

MARCEL *fils.*
Ah ! Maillard, quelle satisfaction ! Est-ce la paix que cette assemblée va nous donner ?

MAILLARD.
Que n'est-elle en mon pouvoir ! elle seroit bientôt répandue sur toute la France !

MARCEL *fils.*
Alors, dans une assiette plus tranquille, vous permettriez à mes vœux de reprendre leur cours ?

MAILLARD.
Crois, Marcel, que je le desire. C'est malgré moi que j'ai suspendu un mariage si près[1] d'être fait, un mariage qui, en faisant le bonheur de ma fille & le tien, peut donner à ma vieillesse les plus grandes consolations. Mais je devois interrompre tes assiduités. Etoit-il prudent qu'au milieu des plus grands troubles ma fille fût unie à un homme de qui le pere ? …. Je le respecte en toi, je souhaite qu'aujourd'hui le Dauphin, en lui pardonnant ses fautes, ne fasse pas craindre aux enfans que tu auras les ressentimens de l'injure faite à la Majesté Royale.

MARCEL *fils.*
Ce qu'il a fait est plus l'ouvrage de nos malheurs que le sien propre. Il fut arraché à ses devoirs par une populace insensée,[2] qui peut-être auroit fait plus, si mon pere eût fait moins. Qui sait jusqu'où la rage des séditieux auroit osé monter, s'ils n'eussent été appaisés par le sang de deux malheureuses victimes ! ….[3] Et mon père….[4] Mais le voici : il monte le perron. Maillard, oserais-je vous faire une priere ? Ménagez la fierté de son ame ; ne vous appesantissez pas sur ses torts : ses remords vous vengent assez… Pardonnez si je vous donne un conseil.

MAILLARD.
Ah ! vertueux fils d'un pere….. Ton[5] attention est trop raisonnable, pour ne pas me plaire !

---

[1] Ms prêt. En offrant la leçon *prêt*, le manuscrit reflète à la fois un usage courant au XVIIIe siècle (*prêt de*) et une confusion orthographique entre *prêt* et *près*. Grevisse consacre une ample note à l'usage littéraire de *prêt (de / à)*, encore courant dans le sens qu'on trouve ici (*op. cit.*, §357 b).
[2] Ms par un peuple forcené
[3] Voir d'Avout, *op. cit.*, pp. 149–51 sur le meurtre de Jean de Conflans, Maréchal de Champagne, et de Robert de Clermont, Maréchal de Normandie le 22 février 1358.
[4] Ms *omet* Et mon pere
[5] Ms Va, ton attention

Scene V.

Maillard, Marcel père, Marcel fils.

MARCEL *pere (présentant*[1] *la main à Maillard).*
Bonjour, Maillard.

MAILLARD.
Cette main que tu me présentes & que je tiens, est-ce celle du Prévôt des Marchands de la Ville de Paris, la main du premier Citoyen de la premiere ville de France, celle[2] de mon ami, de mon parent ; est-ce enfin la main de l'homme que tu dois être, que je tiens dans la mienne ?

MARCEL *pere.*
Oui, Maillard ; c'est un homme digne de toi. Je te jure, par tout ce que tu connois de plus sacré…. par la part que j'espere…

MAILLARD.
Ne jure pas ; laisse les sermens aux scélérats qui t'obsédoient, à ces infâmes assassins….

MARCEL *fils.*
Sire Maillard,[3] tiendrez-vous à l'instant à mon pere ce que vous lui avez promis ?

MAILLARD.
Oui ; je vais me jetter aux pieds du Dauphin, je vais lui demander à genoux l'oubli de tes fautes.

MARCEL *pere.*
Je ne les ai faites que pour le bien du Royaume. De vils corrupteurs de la jeunesse du Prince,[4] un Maréchal de Champagne, un Sénéchal de Normandie….

MAILLARD.
Ne prononce jamais leur nom ;[5] n'excuse rien ; repens-toi, reconnois ta faute.

MARCEL *fils.*
Mon pere, laissez agir Maillard : n'entrons pas dans des discussions sur des faits qui doivent être oubliés. Mon pere est homme ; il a pu se tromper ; il a cru bien agir….

---

[1] Ms présente
[2] Ms *omet* celle
[3] L'usage médiéval était soit le titre seul ('Sire'), soit le titre qualifié ('beau sire') ou, plus rarement le titre plus un prénom ('sire Gauvain'), mais non pas le titre plus un nom patronymique.
[4] Ms Prince, d'avides courtisans qui se partageaient les revenus de l'Etat, un Maréchal
[5] Ms leurs noms

MARCEL *pere.*

Taisez-vous.

MARCEL *fils.*

Je crois, mon pere....

MARCEL PERE.

Taisez-vous, vous dis-je. Maillard, je remets entre tes mains mes intérêts les plus chers, ceux du Roi, ceux du Peuple, & ceux mêmes[1] du Prince à qui tu vas parler. Je ne cherche point à m'excuser, quoiqu'il me soit[2] facile de prouver que les actions hardies auxquelles je me suis porté, étoient alors nécessaires.

MAILLARD.

Des crimes nécessaires !

MARCEL *pere.*

Oui, ils l'étoient : &, si j'ai franchi les bornes de mon pouvoir, de qui en ai-je reçu l'exemple ? n'as-tu pas vu, ainsi que moi, les plus grands Seigneurs condamnés au dernier supplice, sans nulle forme de justice, même apparente ;[3] les priviléges de l'université violés ;[4] nulle pudeur dans les moindres affaires ; nul respect même pour les saints autels ;[5] & dans toutes les occasions l'injustice donner des ordres, & la violence les exécuter ? Lorsque les Souverains observent & font observer les lois, ils sont[6] élevés au-dessus d'elles: mais, si, franchissant la barriere.....[7]

---

[1] Ms même. La présence ou l'absence du *s* dépend de sa fonction d'adjectif ou d'averbe, ce qui dépend, dans nombre de cas, du point de vue où l'on se place ; voir *Le Bon Usage*, §623, 3.
[2] Ms fût
[3] Un rapprochement entre le dauphin et Charles de Navarre avait éveillé les soupçons de Jean II, qui voyait sa vie en danger. Il fit irruption dans un banquet tenu à Rouen le 13 avril 1356, présidé par son fils et auquel assistait Navarre. Il arrêta ce dernier et fit décapiter Jean d'Harcourt et trois seigneurs de sa suite, sur le champ, sans procès. L'affaire devint notoire. Voir D'Avout, *op. cit.*, pp. 47–50. Ms *ajoute ici* : le peuple accablé d'impôts arbitraires.
[4] En 1355, l'université se constituait la voix, modérée, de l'opinion publique, et prit la direction spirituelle du mouvement de protestation contre les abus et de réforme des institutions avilies ; elle formait « une vertueuse conspiration pour le bien public », mais Jean II ne la prit pas en compte ; voir D'Avout, *op. cit.*, pp. 84–87.
[5] Le 24 janvier 1358 le dauphin apprit que son trésorier, Jean Baillet, venait d'être poignardé par Perrin Marc, valet d'un changeur, en raison d'un délai de paiement pour des chevaux. Celui-ci, se réfugia dans le cloître de Saint-Merri d'où Robert de Clermont, le soir venu, le tira de force et, le lendemain, lui fit couper le poignet et le fit pendre à Montfaucon, au grand mécontentement de la foule et de l'évêque de Paris, indigné de la violation d'une enceinte ecclésiastique. Voir D'Avout, *op.cit.*, pp. 140–41.
[6] Ms ils semblent élevés
[7] Ms *supprime* mais si, *etc. et porte*: Osent-ils les presser du poids de leur puissance, elles s'écroulent sous leurs pieds ; ils retombent au niveau du peuple, qui dès l'instant ...

MAILLARD.
Arrête. Si ton cœur est encore imbu de ces horribles[1] maximes....

MARCEL pere.
Non : elles m'ont trompé ; je les réprouve.

MAILLARD.
Tu le dois ; elles t'abusoient. Tu me parles de ces grands Seigneurs condamnés à Rouen, au dernier supplice, la célérité, la promptitude de leur punition n'en a prouvé que la nécessité ; & il est des tems malheureux où l'autorité peut forcer le ressort des loix, pour leur redonner de la vigueur.[2]

MARCEL pere.
C'est ce que j'ai fait.

MAILLARD, *avec une sorte d'emportement.*
Oses-tu te citer ? Et lorsque....

MARCEL *fils.*
Sire Maillard ! ....

MAILLARD, *réprimant sa colère.*[3]
Enfin, Marcel, toutes ces plaintes sur des objets trop au-dessus de nos yeux, toutes ces grandes idées de réforme, toutes ces raisons spécieuses du bien de l'État, n'ont jamais été que le langage des factieux, & ne doivent[4] plus être le tien.

MARCEL pere.
Il ne l'est plus ; je te le répete ; je ne cherche point à m'excuser. Ramene le repos dans Paris, la sureté dans les affaires du Prince, la tranquillité dans l'Etat, & surtout ... dans un cœur qui desire resserrer les nœuds qui unissent nos deux familles.

Scene VI.

Marcel pere, Marcel fils, Maillard, Un Officier de Ville.[5]

L'OFFICIER.
Le Dauphin est sorti de l'Hôtel des Tournelles, & sa Garde s'avance vers l'Hôtel-de-Ville.
(Il sort.)

---

[1] Ms ces pernicieuses maximes
[2] Argumentation aussi spécieuse que maladroite. La forme et la teneur de cet entretien laissent dans le doute les sympathies de Sedaine.
[3] Ms *sans didascalie*
[4] Ms factieux ; ce ne doit plus
[5] Ms *place en dernier le nom de Maillard, écrit d'une main différente.*

Scene VII.

Marcel pere, Marcel fils, Maillard.

MARCEL pere.

Allez, Maillard : vous êtes le premier Echevin ; c'est à vous de le recevoir, puisque ma présence…. *(à part)* le fait trembler,[1] *(haut)* puisqu'il ne m'est pas permis de me présenter à ses regards.

MAILLARD.

Dieu le sait, Marcel, si dans cette respectable cérémonie je n'aimerois mieux suivre tes pas que remplir[2] ta place ! Mais espérons tout de la bonté du Ciel & de la clémence du Prince.
(Il sort avec Marcel fils.)[3]

Scene VIII.

Marcel pere, Gors (Ce dernier approche avec défiance du[4] peuple qui peut le voir.)

MARCEL pere.

N'entendrai-je jamais parler que de clémence ! Qu'ils tremblent eux-mêmes : l'instant qui….[5] *(à Gors)* Eh bien ?

GORS.

Ils viendront.

MARCEL pere.

Tous les quinze ?

GORS.

Tous.

MARCEL pere.

Et le Député du Roi de Navarre ?

GORS.

Je ne sais.

MARCEL pere.

Qu'il m'envoie son homme de confiance. … Partez.
(Gors sort.)[6]

---

[1] Ms *la didascalie* (à part) *est placée après* « puisque ma présence le fait trembler », *et* (haut) *ne figure pas.*
[2] Ms que de remplir
[3] Ms *sans didascalie*
[4] Ms avec méfiance sur le peuple
[5] Ms eux-mêmes : l'instant qui … Eh bien? *(A Gors) est omis.*
[6] Ms *sans didascalie*

Scene IX.

Marcel pere, Marcel fils.

MARCEL *pere*.

Oui, il le faut. *(à son fils qui rentre)*[1] Je croyois que vous le suiviez ! ... Quoi ! vous n'allez pas humblement grossir son cortége & accompagner ses pas ? Cette respectueuse attention est digne du fils du Prévôt des Marchands.

MARCEL FILS.

Mon pere....

MARCEL *pere*.

Vous êtes bien audacieux, lorsque je lui adresse la parole, d'interrompre ce que je dis ! Vous auriez dû vous jeter à ses pieds ! Que ne lui demandiez-vous pardon des actions de votre pere, lâche que vous êtes ! Est-ce là mon fils ? Est-ce ainsi que vous vous disposez à remplir la charge honorable où vous allez entrer ?

MARCEL *fils*.

Mon pere, son amitié pour moi, l'alliance de nos familles, l'espoir que j'ai de devenir son gendre, l'intimité qui étoit entre vous, & qui va sans doute renaître, me permettent des égards que peut-être n'aurois-je pas pour un autre citoyen.

MARCEL *pere*.

Vos yeux fascinés par votre fol amour, ne voient pas les desseins secrets de cet ambitieux vieillard. Sa vigilance affectée, son intrépide fermeté, ses vues annoncées de pacification, ses bassesses envers la Cour, sont autant de moyens dont il se sert pour monter à ma place.

MARCEL *fils*.

Lui, mon pere ?

MARCEL *pere*.

Oui.

MARCEL *fils*.

O ciel ! que me dites-vous ? Maillard ambitieux ! Maillard[2] fourbe & perfide ! cet homme si simple, si droit, d'une probité si exacte, d'une honnêteté si profonde, que, souvent abusé,[3] souvent trompé, il n'imagine pas, il ne peut croire que la probité n'existe pas dans les autres !

---

[1] Ms qui revient
[2] Ms Maillard ambitieux, fourbe et perfide !
[3] Ms souvent abusé *est omis*.

MARCEL pere.

Elle n'est pas en lui, j'en suis certain. La confiance, la simplicité qu'il affecte, rend sa marche plus sûre pour faire réussir ses projets ; & ils réussiront. Alors croyez-vous que la fille de Maillard soit donnée au fils d'un proscrit ? pensez-vous ? ....
Mais j'entends un bruit ... j'entends des rumeurs....
(Il marque du trouble.)

MARCEL *fils.*

Je n'entends rien.

MARCEL pere.

Le Dauphin va paroître. Informez-vous avec exactitude de ce qui va se passer dans cette assemblée.

MARCEL *fils.*

Je saurai tout avec le plus grand détail : je peux[1] même espérer que la pensée du Dauphin[2] ne me sera pas cachée.

MARCEL pere.

Comment ?

MARCEL *fils.*

Le frere de mon ami,[3] le frere de Felix est à sa Cour, il est près de lui, & les confidens des passions des Princes le sont bientôt de leurs affaires.

MARCEL pere.

Par ce moyen, vous pourriez.... non ...[4]

Scene X.

Marcel pere, Marcel fils, Felix.

MARCEL pere.

Sais-tu s'il vient ?

FELIX.

Oui : le bruit augmente dans la place.

MARCEL pere, *à son fils.*

Restez, & faites ce que je vous ai dit.
(Il sort.)[5]

---

[1] Ms je puis
[2] Ms du Régent
[3] Ms Le frère de mon ami *est omis.*
[4] Ms *la didascalie* (à Felix qui parait) *est ajoutée.*
[5] Ms *la didascalie est omise.*

Scene XI.

Marcel fils, Felix.

MARCEL *fils (Il[1] regarde son pere aller).*
Ah ! Felix ! .....[2] Ah ! mon ami, que ce moment est précieux ! Il n'est personne à présent dans Paris qui ne soit occupé de ce qui se passe. Que cet instant peut m'être favorable ! Avant que l'assemblée soit formée, ne puis-je lui parler ? Vole à son appartement.

FELIX.
Ne jouiras-tu pas ce soir du bonheur que tu desires ? Tu goûteras le plaisir de la voir : ne risque pas….

MARCEL *fils*.
Ah ! mon ami, je l'aurai vue !

FELIX.
Tu le veux, j'y cours :[3] mais tu vas peut-être détruire les moyens qu'elle s'étoit ménagés pour l'entrevue qu'elle t'a promise.

MARCEL *fils*.
Non, non ; cours ; ou moi-même j'y vais.
(Felix sort.)[4]

Scene XII.

MARCEL *fils*.
Qu'ils sont cruels, ces hommes froids, dont le cœur insensible ne s'est jamais ouvert à la moindre passion ! Ils ne conçoivent rien ; rien ne les émeut ; ils sont de glace…. Ah ! mon Héloïse !…. Ah ! Dieux, qu'il va se faire attendre ! Si moi-même…. Oui, j'aurois pu tromper tous les regards ; j'aurois…. Dans ce moment-ci, qui peut s'occuper de nous ? Personne…. Elle va lui opposer mille raisons, qu'il n'aura pas la force de combattre ; sa scrupuleuse circonspection ne va lui montrer autour de nous, que des dangers [qui][5] n'existent pas…. & il la croira. Mon pere (lui dira-t-elle), mon pere peut venir, mon pere peut savoir… J'aurois levé toutes les difficultés…. Oui, j'aurois dû…. Ah ! je le vois !….[6] Eh bien ?

---

[1] Ms Marcel fils regarde son pere aller
[2] Ms Ah ! Felix ! *est omis.*
[3] Ms J'y cours, tu le veux, mais
[4] Ms *la didascalie est omise.*
[5] Il y a un blanc dans le texte imprimé, qui affecte aussi les caractères *r* et *e* du mot *pere* à la ligne inférieure. Le ms porte les leçons correctes.
[6] Ms Oui, j'aurais dû ….Il ne vient pas. Ah ! … Eh bien ?

Scene XIII.

Marcel fils, Felix.

FELIX.

Il semble qu'il y ait un Dieu qui tienne avec un même fil les cœurs de deux amans....[1] Elle me suit : elle avoit pensé comme vous ; elle sortoit ; elle espéroit vous voir ; elle disoit : je le recontrerai, je le verrai peut-être, du moins j'aurai.... La voici.

Scene XIV.

Marcel fils, Heloise, Felix, Alix.[2]

MARCEL *fils.*

Ah ! mon Héloïse !

HELOISE.

Marcel, ô cher époux !

MARCEL *fils.*

Enfin je puis....

HELOISE.

Prends garde.... Que de regards[3] à l'instant peuvent éclairer nos moindres mouvemens !

MARCEL *fils.*

Ah ! mon Héloïse !

HELOISE.

Crois, Marcel, crois qu'il m'en coûte pour ne pas me précipiter entre tes bras..... Voyez, Alix, voyez si nous ne sommes pas observés.

MARCEL *fils.*

Ah ! du moins ta main ! ....

HELOISE.

La voilà. Ah ! cher époux ! Quoi, cinq jours sans se voir !

MARCEL *fils.*

Cinq jours entiers ! Quel sombre ennui se répandoit sur toutes mes actions !

---

[1] S Il semble [...] deux amans entre crochets (à supprimer à la représentation ?)
[2] Ms *ajoute* Une Suivante (*non nommée*).
[3] Ms Prends garde que des regards

HELOISE.

De quelle inquiétude j'étois agitée !

MARCEL *fils*.

Au milieu du trouble & de l'embarras de mille affaires….

HELOISE.

Et moi, dans la solitude la plus profonde….

MARCEL *fils*.

Toujours présente à mes yeux ….

HELOISE.

Toujours ma seule & unique pensée….

MARCEL *fils*.

Non, Héloïse, non, il n'est pas possible que tu aies éprouvé mes agitations, mon impatience & mes tourmens ; non, tu y aurois succombé.

HELOISE.

Que tu es injuste ! Peux-tu comparer ta situation à la mienne ? Toi, Marcel ! …… Entraîné par le mouvement, par l'enchaînement de mille affaires différentes, un homme trouve en dépit de lui-même du soulagement dans la dissipation même qu'il redoute : mais une amante, mais une femme tendre & sensible, livrée au silence continu d'un appartement solitaire…. Oui, je te le jure, ces cinq jours-ci, sans la présence, sans les caresses de ton fils…. Ah ! c'est un ange que cet enfant ![1]

MARCEL *fils*.

Eh ! ton pere ne s'apperçoit-il pas de l'interêt que tu y peux prendre ?

HELOISE.

Mon pere est le premier à le caresser ! Hier, il le tenoit sur ses genoux ; il ne pouvoit lui faire quitter ses doigts qu'il serroit avec[2] sa petite main. Comme je desirois que tu fusses présent !

MARCEL *fils*.

Mon Héloïse, puis-je le voir ? Ne pouvons-nous entrer chez toi ? Qui peut avoir les yeux sur nous ?

HELOISE.

Nous-mêmes, mon ami ; point d'imprudence.

---

[1] L'hyperbole qui marque ces retrouvailles implique l'attendrissement amusé du spectateur-lecteur.

[2] Grevisse, *op.cit.*, §1007 a, note que l'emploi de la préposition *de* serait plus soigné dans de telles expressions.

MARCEL *fils*.
Pourquoi, mon Héloïse, pourquoi avoir asservi ta beauté au triste soin de le nourrir ; pourquoi t'es-tu imposé ce cruel devoir ?

HELOISE.
Il me l'étoit par la nature.

MARCEL *fils*.
Mais ces peines continuelles qui t'accablent....

HELOISE.
Il n'en est point : ce sont quelques mois de gêne ; & ces peines ne sont rien en les comparant aux plaisirs que je me prépare. Je fais germer dans le cœur de ton fils les sentimens d'amour & de reconnoissance qu'il nous devra jusqu'au tombeau. Tu le verras, cet enfant, tu le verras.

MARCEL *fils*.
Ce soir ?

HELOISE.
Non.

MARCEL *fils*.
Pourquoi ?

HELOISE.
Peut-être ne me sera-t-il pas possible.

MARCEL *fils*.
O ciel ! tu ne le pourrois pas ? Tu m'as promis de venir !

HELOISE.
Je m'y rendrai, moi.

MARCEL *fils*.
Ah ![1] du moins je te verrai ! Ah ! mon Héloïse, quand me sera-t-il permis ?..... Hélas ! ce tems n'arrivera-t-il jamais ! Quand pourrai-je, à toutes les heures du jour, jouir de ta présence ? Quand pourrai-je, le soir, rentré dans le sein de ma famille, déposer à tes pieds la sévérité de l'état que je vais embrasser ? Avec quelles délices je retrouverai dans tes yeux la récompense des travaux de ma journée !

HELOISE.
Et tous les desirs de la mienne.

---

[1] Ms Ah ! *est omis*.

MARCEL *fils*.

Tu seras près de moi le soutien de l'infortuné, l'appui de la veuve & de l'orphelin : & s'il étoit possible (je ne le crois pas) s'il étoit possible que la brigue, la faveur, ou l'éclat des richesses pussent jamais altérer mes principes, l'idée seule d'être moins digne de toi me rendroit à l'instant aussi pur que le souffle qui t'anime.

HELOISE.

Tu n'auras pas besoin de mon exemple.

MARCEL *fils*.

Je le crois : mais qui peut être sûr de soi ? Je crains tout de moi-même ; je crains tout de mes premiers mouvemens.[1] La facilité, l'intrépidité avec laquelle j'ai employé la fausseté & le mensonge pour t'obtenir me fait tout appréhender de mon cœur…. Oui, je ne peux te le cacher,[2] si on t'enlevoit de mes bras, si on nous séparoit…. Si jamais ton pere ou le mien….[3]

HELOISE.

On ne peut séparer nos ames ; & mon pere…. Mais, Marcel, est-ce enfin aujourd'hui que tout est pacifié, & que ton pere obtient le pardon[4] de ce qui s'est passé ?

MARCEL *fils*.

Oui, sois-en sûre.[5] Paris & la France vont retrouver le calme qu'ils avoient perdu, & peut-être même en ce jour….

Scene XV.

Les Précédens, Felix.

FELIX.

Le Dauphin s'avance ; la Garde s'est emparée des postes : je crois qu'il est prudent que vous vous éloigniez.

HELOISE.

Adieu, Marcel. Ici, ce soir, à dix heures….

MARCEL *fils*.

Adieu, mon Héloïse. Il n'est encore que neuf heures du matin !

---

[1] Ms *Cette phrase est omise.*
[2] Ms je ne peux te le cacher *est omis.*
[3] Ms ton pere ou le mien *est omis.*
[4] Ms, obtient l'oubli de ce qui. S *supprime le mot* pardon *et porte* l'oublie [sic] *en marge.*
[5] Ms sois-en sûre, et peut-être même en ce jour

HELOISE.

Nou nous sommes vus, mon ami ; nous nous verrons.

(Elle quitte Marcel, qui la regarde aller. Les Gardes se mettent en haie au fond du Théâtre, le dos tourné aux Spectateurs. Marcel & Felix, aprés avoir vu passer le Dauphin, la Cour, &c., suivent le cortége & paroissent entrer dans le même lieu d'assemblée.)[1]

Fin du premier Acte.

---

[1] Ms *(Alors Héloïse quitte Marcel qui la regarde aller. Les gardes se mettent en haie au fond du théâtre le dos tourné aux spectateurs. Marcel et Felix se mettent derriere eux pour voir passer le Dauphin et sa Cour et les Echevins. Le cortege se ferme. Marcel et Felix suivent par derriere et paraissent entrer dans le même lieu d'assemblée.)*

ACTE II.

Scene premiere.

(Sortie[1] de l'Assemblée, à-peu-près de la même maniere, mais avec un peu plus de confusion.)

MARCEL pere.
(Après avoir jetté les yeux sur le spectacle du fond.)

Que s'est-il passé ? …. Il semble qu'ils m'évitent tous ! …. Si on avoit agité ma perte ! si j'allois être arrêté, …. Arrêté ! ….

Scene II.

Marcel pere, Gors,[2] L'Agent du Roi de Navarre, la main enveloppée dans son manteau.[3]

GORS.

Voici son homme. Approchez.

L'AGENT.

Sire Marcel, votre parole : Sire Laddit la demande. Si votre pardon est accordé, si vous rentrez en grace, quelle est votre résolution ?

MARCEL pere.

La même.

L'AGENT.

Où vous verra-t-il ?

MARCEL pere.

Ici.

L'AGENT.

Quand ?

MARCEL pere.

Ce soir.

---

[1] Ms La sortie
[2] Le manuscrit porte systématiquement Gois, là où le texe imprimé porte Gors.
[3] Ms Le nom de Marcel pere a été ajouté à la liste des personnages, après son manteau.

L'AGENT.

Et les Associés ?

MARCEL *pere*.

Ils y seront.

L'AGENT.

Sera-t-il forcé[1] de leur parler ?

MARCEL *pere*.

Oui, il le faut ; sa présence applanit tout.

L'AGENT.

Quelles seront les assurances ?

MARCEL *pere*.

Portez ma réponse : je le verrai auparavant. Allez.
(L'Agent & Gors sortent.)[2]

Scene III.

MARCEL *pere*.

Mon pardon ! Mon pardon ! Est-il de réconciliation sincere entre un sujet & son Souverain ! ….. Oui, ce soir…. Que cette Assemblée m'a paru durer long-tems ! …. Je vois des gardes…. Ciel ! Ah !

Scene IV.

Marcel pere, Marcel fils, Felix.

MARCEL *fils*.

Ah ! mon pere, ceux qui vous ont donné des soupçons sur la conduite de Maillard vous ont trompé ! c'est votre ami, c'est votre meilleur ami. Je suis au comble de mes vœux. Vous serez l'un & l'autre les doux objets de mon respect ; je serai heureux….. Oui, sa fille pourra vous nommer son pere.

MARCEL *pere*.

Mon fils, j'attendois de vous le récit de ce qui peut m'intéresser, & non des exclamations indécentes sur votre bonheur.

MARCEL *fils*.

Mon pere ! ….

---

[1] Ms Sera-t-il obligé de
[2] Ms *sans didascalie*

MARCEL *pere*.

Quoi ! lorsqu'il s'agit de mon repos ! ….

MARCEL *fils*.

Je n'aurois pas pensé à ce qui me regarde si je n'étois convaincu que votre repos est assuré. Je vais vous satisfaire….

MARCEL *pere*.

Etiez-vous présent à ce qui s'est passé ?

MARCEL *fils*.

Oui. Quoique caché dans la foule, je n'ai rien perdu de ce qui s'est dit ; & Felix, que voici, & qui étoit à quelques pas de moi, est un témoin de plus, qui peut[1] rectifier ce que j'aurois mal entendu. Le Dauphin s'est assis ; il a ensuite fait un signe de la main, pour demander du silence, & il a parlé. Il a fait le tableau le plus fidele & le plus touchant des malheurs de l'Etat ; il a prouvé que les calamités de la nation n'avoient été produites que par la nation même ; que, sitôt que l'esprit de paix, de concorde & de soumission aux loix, seroit rentré dans tous les cœurs, la fertilité renaîtroit dans les campagnes, la tranquillité dans les villes, la sûreté sur les routes, la facilité dans le commerce, que[2] l'abondance, sans fouler[3] la nation, la remettroit en état de faire cesser la captivité du Roi, & de venger la France de la témérité de ses ennemis.

Il a ajouté qu'il n'étoit pas suprenant que des malheurs si grands & si imprévus eussent livré une partie du Peuple à cet esprit de vertige & d'erreur qui l'a entraîné dans des actions dont il a frémi lui-même après les avoir commises.

Maillard a saisi adroitement cette partie de son discours, pour représenter[4] que les plus honnêtes gens avoient été forcés de céder à ce torrent par prudence, & même par nécessité ; qu'en paroissant partager la fureur du peuple, ils l'avoient modérée ; & qu'il avoit fallu céder aux premiers mouvemens de la sédition, pour la réprimer.

Il a fait ensuite une peinture énergique de la situation terrible d'une ame droite & honnête, forcée d'ordonner le crime, pour prévenir l'atrocité d'un attentat inoüi.[5] Il vous a désigné, mon pere, sans vous nommer ; il a parlé de la sagesse de votre ancienne administration, de vos vues profondes & étendues, de l'utilité des réglemens dirigés & combinés par vous ; il a fait voir votre amour pour le bien public dans les fortifications que vous avez fait faire pour la sûreté de Paris, dans

---

[1] Ms un témoin de plus pour rectifier
[2] Ms et que
[3] Sens vieilli : opprimer, accabler (*DFC*).
[4] Entendre : *faire observer* (usage aujourd'hui uniquement littéraire).
[5] Il s'agit de l'assassinat de Jean de Conflans et de Robert de Clermont survenu le 13 février 1358 que Marcel aurait, selon Sedaine, ordonné pour devancer une atteinte éventuelle à la personne du dauphin.

l'acquisition même, avec vos propres deniers, de cet Hôtel-de-Ville, honoré de la présence du Dauphin, & dont la vente a été confirmée par lui ;[1] ensuite il a montré dans l'avenir le plus brillant la grandeur des services que vous pouvez rendre. Le Dauphin a accordé l'oubli de tout, & il a comblé Maillard de ses éloges.

MARCEL *pere*.
Il les desiroit bien autant que mon pardon.

MARCEL *fils*.
Non, mon pere ; il avoit éloigné de son discours tout ce qui pouvoit les lui attirer.

MARCEL *pere*.
Est-il permis à la prudence humaine de se fier à un pardon extorqué par la nécessité ?

FELIX.
Sire Marcel, permettez-moi de vous le dire: vous vous êtes, je crois, fait une fausse idée du Dauphin : il a autant de droiture dans le cœur, que de bonté dans le caractère & de sagesse dans l'esprit. Je voudrois que vous entendissiez celui de mes parens qui a l'honneur d'être près de lui. Quelqu'un disoit hier en sa présence qu'il falloit tromper par des caresses les sujets que l'on vouloit perdre. Non, a dit le Dauphin ; je pense comme mon pere: si la vérité étoit égarée sur la terre, il faudroit la retrouver dans la bouche des Rois. Moi, a-t-il ajouté, tromper par des caresses ! C'est le foible qui trompe, & la dissimulation d'un Roi ne doit pas s'étendre au-delà du silence.

MARCEL *fils*.
Oui, mon pere ; soyez assuré que ce qu'il a dit est sacré.... Mais oserois-je vous faire une priere ?

MARCEL *pere*.
Que voulez-vous ?

MARCEL *fils*.
Maillard va rentrer ; il va vous certifier tout ce que je vous ai dit....

MARCEL *pere*.
Je vous crois.

---

[1] Marcel acheta la Maison aux Piliers (que remplaça l'Hôtel de Ville de Cortone) le 7 juillet 1357. Il fallait que, pour être légale, la vente fût agréée par le dauphin parce que la maison faisait l'objet d'une donation sur le domaine royal à Jean d'Auxerre, officier royal qui, accusé de prévarication, et passible de déchéance, risquait la confiscation de ses biens ; pour de plus amples renseignements, voir Cazelles, *Etienne Marcel*, pp. 214–16.

MARCEL *fils*.

Pourrois-je espérer..... Voudriez-vous saisir cet heureux moment pour lui demander sa fille ?[1] Mon alliance avec elle, en confondant nos familles, en réunit les services, & ne peut que donner plus d'assurance....

MARCEL *pere*.

Je vous entens..... *(à Felix)*[2] Felix, ce parent que vous avez près du Dauphin, a-t-il sa confiance ?

MARCEL *fils*.

Mon pere, voici Maillard.[3]

Scene V.

Marcel pere, Marcel fils, Maillard, Felix.

MAILLARD *(Il a*[4] *alors la robe d'Echevin)*.

Sire Marcel, c'est avec bien plus de satisfaction que je ne les ai acceptées, que je vous remets dans les fonctions que je viens de remplir.

MARCEL *pere*.

Je sais, Maillard, je sais toutes le obligations que je vous ai. Soyez assuré que ma reconnoissance....

MAILLARD.

C'est l'Etat qui m'en devra, si vous remplissez nos espérances.

MARCEL *pere*.

En doutez-vous ?

MAILLARD.

Si j'en eusse douté, j'aurois laissé à quelque autre le soin de ce que j'ai fait.

MARCEL *pere*.

Et quelles sont le résolutions prises dans cette Assemblée ?

---

[1] Ms espérer. Voudriez-vous faire servir la joie que permet cet heureux moment à la demande de sa fille? Mon alliance
[2] Ms *sans didascalie*
[3] Ms Mon pere ! ah … mon pere, voici Maillard !
[4] MS ayant la robe

MAILLARD.
Le Dauphin part à l'instant pour son Gouvernement.[1] Il va donner les ordres pour convoquer les Etats-Généraux. Vous y paroîtrez, vous, comme Député du tiers-état. Si vous aviez entendu le Dauphin ; ah ! Marcel ! …. Quel spectacle plus attendrissant que celui de l'héritier du Trône, qui pour faire cesser la captivité de son pere, vient implorer lui-même[2] les secours de son peuple, d'un peuple ingrat, de qui la rage ![3] …. Enfin, il a parlé avec la plus grande sagesse. Mon ame voyoit avec joie se déployer dans l'avenir les heureux destins que son regne prépare à la France. Instruit à la seule école qui fait les grands hommes, l'adversité, ce n'est point par de vains discours & par des leçons stériles, c'est près de son peuple qu'il apprend à le gouverner, à le plaindre, & à lui pardonner. Rassurez-vous, Marcel, rassurez-vous ; il est trop grand pour ne pas sacrifier une animosité particuliere au bien public. Ceux qui n'ont offensé que lui n'en ont rien à redouter. Sa magnanimité est capable d'immoler même sa gloire personnelle au bonheur du Royaume. Il remet, Marcel, entre[4] vos mains ses plus chers intérêts, la garde, la sûreté & la tranquillité de Paris ; & c'est un premier moyen que le Ciel vous offre pour justifier mes promesses & votre repentir.

MARCEL *fils.*
Sire Maillard, ajoutez à ce bonheur…. Mon pere, parlez, je vous prie.

MARCEL *pere.*
Maillard, qui peut nous empêcher de renoüer le projet de l'union de nos familles ? Je vous renouvelle la demande que je vous ai faite de votre fille pour mon fils.

MAILLARD.
C'est avec plaisir que j'en contracte les engagemens : je les crois dignes l'un de l'autre ; ils sont vertueux.

MARCEL *fils.*
Eh ![5] quel jour, Sire Maillard, quel instant prescrivez-vous ? dites, je vous en prie.

MAILLARD.
Mon ami, votre vivacité ne vous permet pas de voir que ce n'est encore ni du[6] jour ni de l'instant qu'il convient de décider. Ma fille n'a pas encore dix-sept ans ; vous en avez à peine vingt-cinq. Entrez en charge ; étudiez-en les devoirs ; formez votre maison : alors ma fille est à vous.

---

[1] Pour l'explication de « gouvernement » on consultera M. Marion, *Dictionnaire des institutions.*
[2] Ms implorer les secours
[3] S la rage (*biffé*) la conduite (*substitué*)
[4] Ms Il remet, Marcel, il remet entre
[5] Ms Et quel jour
[6] Ms ni de ce jour

MARCEL *fils*.
Un mois suffit.

MAILLARD.
Non ; une année.

MARCEL *fils*.
Une année !

MARCEL *pere*.
C'est prescrire un tems bien long à l'impatience de mon fils, & peut-être aux vœux d'Héloïse.

MAILLARD.
Ils attendront.

MARCEL *pere*.
Sire[1] Maillard, je vois vos craintes….. Felix, écoutez moi ; vous avez, dites vous, près du Dauphin….
(Marcel pere se retire avec Felix dans le fond du théâtre : souvent même, on les perd de vue, parce qu'ils paroissent causer en marchant.)[2]

MARCEL *fils*.
Nous attendrons ! Quoi ! Sire Maillard, rien ne pourra vous fléchir ! Trois années entieres se sont déja passées depuis que je suis le joüet de mes desirs & de mes espérances. Quelques jours avant les troubles de Paris, lorsque, de votre consentement & de celui de mon pere, il ne restoit plus à Héloïse & à moi qu'à marcher à l'Autel ; les raisons que vous venez d'alléguer ne subsistoient-elles pas ? J'étois beaucoup plus jeune ; je n'étois pas en charge ; ma maison n'étoit pas formée, ou, pour mieux dire, celle que je desirois habiter, la vôtre[3] s'ouvroit pour recevoir vos enfans ; & j'allois passer près de vous des instans dont je ne craindrai jamais que vous soyez le temoin.

MAILLARD.
Mon ami, ce n'est pas sans y avoir réfléchi que j'ai pris une résolution qui me fait quelque peine.

MARCEL *fils*.
Ah ! Héloïse, joignez-vous à moi.

---

[1] Ms *omet* Sire
[2] Ms la vôtre, la vôtre s'ouvrait
[3] Effet curieux de la parole ?

Scene VI.

Maillard, Heloise, Marcel fils.

MAILLARD.

Ma fille, tout a réussi selon nos vœux ; le Dauphin veut bien oublier ce que la nécessité des tems a fait faire à Sire Marcel. Enfin le Prévôt va employer pour le bien public les talens que nous lui connoissons. Puissent ces murs, qu'il a bâtis, ne retentir que des éloges que sa conduite va mériter ![1] Ils rejailliront sur vous. Ma fille, j'approuve votre mariage.

HELOISE.

Ah ! mon pere, pardonnez si mon silence …

MARCEL *fils.*

Héloïse, qu'allez-vous dire ? Votre pere ne consent à notre mariage, il ne consent à nous unir que dans un an.

HELOISE.

Dans un an !

MAILLARD.

Oui, ma fille : mille considérations m'obligent à ce retard. J'ajouterai que, par les occupations municipales dont je suis chargé, contraint d'avoir le jour & la nuit mon logis ouvert à toutes sortes de personnes, il est imprudent que vous l'habitiez.[2] Je sais que, par le cœur & par l'éducation, votre sagesse est supérieure aux dangers ; mais elle pourroit ne pas être à l'abri des soupçons. Le séjour de l'affluence, du bruit & du tumulte n'est pas celui où doit se plaire l'innocence. Ainsi, pendant cette année, je vais vous mettre au couvent, près de ma sœur.

MARCEL *fils.*

Au couvent !

HELOISE.

Moi, mon pere ![3]

MAILLARD.

Oui, ma fille ; & vous devez m'approuver. Je vous y conduis demain ; & dites-vous adieu.

---

[1] Allusion aux fortifications entreprises sur la rive droite par Marcel, 1356-1358, et complétées sous Charles V.
[2] Jusqu'à la Révolution, les résidences personnelles des grands officiers leur servaient de bureaux. Cette perméabilité s'avérera cruciale dans les actes qui suivent.
[3] Ms Moi, mon pere, au couvent !

MARCEL *fils*.

Adieu ! Adieu ![1]

HELOISE.

Adieu, Marcel.
(*Elle sort.*)

Scene VII.

Marcel fils, Maillard.

MARCEL *fils*.

Elle me quitte, ah Ciel !

MAILLARD.

Dans quel chagrin vous me paroissez plongé !

MARCEL *fils*.

Vous nous séparez !

MAILLARD.

C'est pour vous unir.

MARCEL *fils*.

Jamais, je le vois, jamais cela n'arrivera.

MAILLARD.

Jamais ? Avez-vous déja vu Maillard manquer à sa parole ?

MARCEL *fils*.

Que ne la tenez-vous à présent ?

MAILLARD.

Cela est impossible.

MARCEL *fils*.

Impossible ! Hélas ! vous ignorez….. Pourquoi accabler de douleur deux personnes que vous aimez ?

MAILLARD.

Si je vous aimois moins, je n'entretiendrois pas votre espérance.

---

[1] Ms Adieu ! adieu ! Ah Ciel !

MARCEL *fils*.

Ah ! Maillard, vous ignorez ! …. Il faut que je vous l'avoue :[1] votre fille partage mon désespoir ; nous nous aimons : c'est nous ôter la vie de nous enlever le plaisir de nous voir.[2]

MAILLARD.

C'est une raison de plus pour vous éloigner l'un de l'autre.

MARCEL *fils*.

Une raison de plus !

MAILLARD.

Oui, Marcel, oui, mon fils, je vous aime ; & si je balançois, ce que vous venez de me dire affermiroit la résolution que j'ai prise de vous séparer. Quelque honnêteté qu'il y ait dans le cœur de ma fille & dans le vôtre, je ne dois pas vous exposer aux dangers de la plus folle des passions. L'amour que vous avez l'un pour l'autre, & qui sembleroit autorisé par moi, ne peut manquer de vous conduire malgré vous-mêmes à l'abus de ma confiance. Votre combat n'est pas douteux ; mais la victoire est peut-être au-dessus de vos forces. Croyez-vous alors que, moi vivant, votre mariage fût la récompense des désordres où mes occupations ou ma négligence vous auroient laissé tomber ?

MARCEL *fils*.

Ne l'appréhendez pas, Sire Maillard,[3] ne l'appréhendez pas. Si c'est là votre crainte, je vous jure, je vous promets de ne jamais porter mes pas, ni même mes regards vers elle. Du moins je la saurai ici ; du moins je saurai qu'elle respire dans la même ville que j'habite ; du moins le même air….

MAILLARD.

Non, Marcel, vos promesses sont inutiles.

MARCEL *fils*.

Cruel que vous êtes ! je le vois ; votre parti est pris ; ce n'est pas à moi que vous la destiniez.

MAILLARD.

Qui m'empêcheroit de vous le dire ?

MARCEL *fils*.

Que sais-je ? Peut-être attendez-vous des circonstances….

---

[1] Ms que je vous le confesse, votre fille
[2] Cela n'est guère un aveu ; Sedaine essaie pour la troisième fois de tenir le spectateur en haleine devant la perspective de l'aveu du mariage.
[3] Ms *omet* Sire

MAILLARD.

Je pardonne à la passion qui vous emporte ce que ce soupçon peut avoir d'injurieux ; mais il me force[1] de vous déclarer ce que j'avois tort de vouloir vous cacher. Quelque sujet que j'aie de penser que votre pere remplira ses engagemens envers le Prince & envers l'Etat, il s'éleve encore des soupçons dans mon cœur. Un homme qui a vu le crime de près ne revient que pas à pas vers la vertu qu'il avoit abandonnée. Je veux être assuré de la constance de Marcel dans ses promesses ; je veux voir s'il ne regardera pas en arriere. Tant que les scélérats dont il s'est servi braveront l'indignation des citoyens qu'ils effraient par leur présence, je crains que Marcel ne remplisse pas la carriere qu'il a devant les yeux. Si ce malheur arrive, je ne vous le dissimule pas, toute liaison est rompue entre nous, oui, toute liaison est rompue entre nous.[2] L'éclat de toutes les vertus rassemblées sur un fils ne porte que plus de jour sur l'ignominie de son pere ; & mes petits enfans ne la partageront pas. Je benis le Ciel à présent de ce que la passion que vous avez pour ma fille est assez violente pour vous plonger dans le plus grand chagrin : je voudrois l'augmenter : vous n'en serez occupé que plus sérieusement à suivre, à presser, à corriger, s'il est possible, toutes les démarches de votre pere. Vous dirigerez avec plus d'attention la tendresse qu'il a pour vous vers celle[3] qu'il doit à sa patrie. Au moins une passion folle aura-t-elle été[4] une fois utile à l'Etat. Adieu, Marcel. Ma fille part demain matin..... Dans un an.... Adieu, Marcel.
(*Il sort.*)

Scene VIII.

MARCEL *fils*.

Dans un an ! .... Et peut-être jamais ... C'est demain qu'elle me quitte ... Demain ! ... Eh ! je ne la verrois plus.... Je ne la verrois plus ! ....[5]
(*Ici, Marcel pere, qui s'étoit écarté avec Felix, pour lui parler de ce parent qu'il a chez le Dauphin, reparoît.*)[6]

---

[1] Ms mais il me contraint de vous déclarer
[2] Ms *omet* oui, toute [...] entre nous
[3] Ms vers ce qu'il doit
[4] Ms aura été
[5] Vu l'état d'esprit de Marcel fils, et aucune éventualité n'ayant été précisée, on s'attendrait à trouver ici le futur plutôt que le conditionnel. Le manuscrit Vu 60 porte la même leçon.
[6] Ms (Ici Marcel pere qui s'est arrêté dans le fond du théatre avec Felix, et qui est supposé lui avoir parlé de ce parent qu'il a chez le Dauphin, Marcel reparait sur le devant de la Scene.)

Scene IX.

Marcel pere, Marcel fils.

MARCEL *fils.*

Ah ! mon pere, je suis au désespoir !

MARCEL *pere.*

Quels sont tes chagrins ? As-tu des ennemis ?

MARCEL *fils.*

Je n'en ai pas d'autre[1] que moi-même.

MARCEL *pere.*

Confie-toi à moi, & sois sûr que je suis en état de te rendre heureux.

MARCEL *fils.*

Pouvez-vous m'unir à la fille de Maillard ?

MARCEL *pere.*

Il te l'accorde.

MARCEL *fils.*

Il la met au Couvent.

MARCEL *pere.*

Au Couvent !

MARCEL *fils.*

Oui ; & c'est demain qu'il me l'enleve, c'est demain qu'il nous sépare ; c'est demain qu'il la met au Couvent.

MARCEL *pere.*

Que t'importe ! Tu es jeune ; une année s'écoule[2] avec tant de rapidité ! ….

MARCEL *fils.*

Une année !

MARCEL *pere.*

Est-ce que dans Paris une seule femme ? …

MARCEL *fils.*

N'achevez pas ; elle est la mienne.

MARCEL *pere.*

La vôtre !

---

[1] Ms d'autres
[2] Ms coule

MARCEL *fils*.
Oui, elle est ma femme ; nous sommes mariés.

MARCEL *pere*.
Vous êtes mariés !

MARCEL *fils*.
Oui, nous le sommes. Je m'attends..... Je m'attends, mon pere, à toute votre sévérité ; mais je suis au désespoir : il n'est rien que je ne brave.

MARCEL *pere*.
Vous, marié [*sic*] !¹ Eh ! comment se peut-il que ce mariage ait été fait ? Quel est l'homme assez hardi, quel est celui qui, sans mon consentement, a osé vous unir ?²

MARCEL *fils*.
Il n'est pas coupable. Il vous souvient que je l'avois, ce consentement, & celui de Maillard. Nous devions être unis ; le contrat étoit signé, les accords passés, les publications faites, lorsque la fureur, la rage.... ou, pour mieux dire, ce que vous appelez l'intérêt de l'Etat, fit révolter le Peuple. Il court aux armes, il force le Palais du Dauphin. De-là, toutes ces actions commises sous vos yeux, ces forfaits inoüis (c'est le nom que leur donna Maillard) ; ces malheurs, dis-je, lui firent rompre les liaisons projetées. Je priai, je gémis, je pleurai : il fut inflexible. Il me tint alors une partie du discours qu'il vient de me confirmer. Maillard fut quelques jours après forcé de quitter Paris pour faire avancer des approvisionnemens : pour vous, mon pere, vous étiez trop occupé pour éclairer ma conduite. Je saisis cet instant. Hélas ! l'amour dont j'étois devoré, mes vœux trompés dans l'instant même qui devoit les combler, la certitude de votre aveu qui n'étoit que suspendu, peut-être aussi la fureur & l'illusion des desirs, tout prêta des couleurs favorables aux moyens que j'employai. Je suivis le conseil que Felix me donna :³ de votre part & de celle de Maillard, on porta des lettres à sa fille & à celui qui nous a mariés. Dans ces lettres, vous paroissiez exiger l'un & l'autre le plus grand secret.... Pardonnez à mon repentir.... (Ah ! mon pere, avez-vous connu l'amour ?) Le mariage s'accomplit. Quelques jours après,⁴ je fis voir aux intéressés la nécessité de prolonger ce mistere en leur avouant ce que l'amour m'avoit inspiré. Ah ! mon pere, pardonnez-moi !

---

¹ Ms Vous? marié? *omis*. Et comment
² Ms ait été fait? Quel est l'homme assez hardi pour avoir osé vous unir sans mon consentement?
³ Vers alexandrin. Vaugelas le proscrit dans la prose, surtout en début de phrase, tout en admettant qu'on ne pouvait l'éviter parfois, sauf au détriment de la naïveté de l'expression ; *Remarques sur la langue française*, pp. 102 et 416.
⁴ Ms Le mariage se fit quelques jours après. Je fis voir

MARCEL *pere.*

Je suis loin de te faire aucun reproche :[1] j'aime mieux voir dans mon fils les ressources adroites d'un homme de résolution que la foiblesse d'un citoyen qui ne sait pas se rendre maître des événemens.[2] Eh ! que puis-je faire pour t'obliger ?

MARCEL *fils.*

Je ne sais…. Si vous alliez trouvez Maillard, si vous alliez vous-même lui déclarer notre mariage ?

MARCEL *pere.*

Tu te trompes ; tu ne le connois pas. Ferme dans des préjugés dont il s'est fait des principes, il aimera mieux faire rompre le mariage & perdre sa fille que de l'accorder à un homme qui paroîtra s'être joué d'un ministere sacré.

MARCEL *fils.*

Laissez-moi donc tout à mon désespoir ; & si dans la fureur où je suis, il arrive….

MARCEL *pere.*

Eh ! qui peut te faire précipiter des démarches téméraires ? Le tems, qui soumet la France même à ses révolutions, ne peut-il en amener pour toi ?

MARCEL *fils.*

Hélas ! si ma femme n'étoit pas mere ! …

MARCEL *pere.*

Mere ? Eh ! aurois-tu un fils ?

MARCEL *fils.*

Oui ; & c'est ce qui doit faire à présent sa douleur. Elle a regardé comme un devoir sacré de le nourrir elle-même.

MARCEL *pere.*

Le nourrir ! Eh ! comment se peut-il que le vigilant Maillard ne voie pas dans sa propre maison ?….

MARCEL *fils.*

Notre enfant, mon pere, votre enfant est sous ses yeux ; il le voit à chaque instant ; il l'aime ; il semble que la nature s'empare déja de ses droits ; mais il croit que c'est l'enfant de mon ami, de Felix. Sa femme en prend le soin. Si vous voyiez sa mere, si vous voyiez ma femme, votre fille, avec quelle tendresse, avec quelles caresses ! …. Et demain on sépareroit & la mere & l'enfant…. Et demain on arrache de mes bras une femme que j'adore ! Non, cela ne sera pas. Vous m'avez écouté, mon pere … Donnez-moi quelques-uns de vos braves : moi & mon ami, nous l'attendrons ; je l'enleverai sur la route.

---

[1] C'est la première fois que Marcel tutoie son fils.
[2] Ms resolution que la probité rampante d'un citoyen imbécille. Et que puis-je

MARCEL pere.

Eh ! crois-tu que, pour la conduire, Maillard s'en fie à d'autres qu'à lui-même ?

MARCEL fils.

Lui ! Qu'il ne me la dispute pas…. Qu'il tremble ! C'est ma femme, c'est mon fils…. Je ne me connois plus ; je ne connois plus rien.

MARCEL pere.

Sois tranquille ; tu es digne de mon secret … Trouve-toi ici ce soir à huit heures.

MARCEL fils.

Ici ?

MARCEL pere.

Oui.

MARCEL fils.

A huit heures ?

MARCEL pere.

Oui, ici, à huit heures précises.[1]

MARCEL fils.

O ciel ! sois-moi favorable !

Fin du second Acte.

---

[1] Ms   MARCEL fils
Ici ! A huit heures ?
            MARCEL pere
Oui.
            MARCEL fils
O ciel ! sois moi favorable.

ACTE III.

Scene premiere.

MARCEL *fils*.

Toute liaison, dit-il, est rompue entre nous..... Toute liaison ! Honneur, vertu, devoir ! .... Non, je n'en connois qu'un, celui que m'imposent l'amour & la nature. Cruel Maillard, c'est toi qui le veux ; je ne fais qu'obéir à l'impulsion que tu me donnes. Eh ! que m'importe & Paris, & l'Etat, & la Cour ![1] Mon pere a sans doute des vues plus saines que les miennes, & des projets plus sûrs : son expérience, son amitié, ce qu'il a fait.... Ce qu'il a fait ! Quoi ! je pourrois ! .... Ah ! je la perds ![2]

Scene II.

Marcel pere, Marcel fils.

MARCEL *pere*.

Eh bien, mon fils, les réflexions que je vous ai donné le tems de faire ont-elles refroidi en vous la fureur qui vous agitoit ? Avez-vous gagné sur vous-même d'abandonner, & pour toujours, celle que vous aimez ?

MARCEL *fils*.

Moi, mon pere, l'abandonner ![3]

---

[1] « En faisant précéder d'une virgule la conjonction de coordination, le scripteur indique lui-même que l'on a affaire à une coordination différée, les donneurs qui suivent le premier étant des additions après coup » ; Grevisse, *op.cit.*, §435b. Cela explique peut-être pourquoi le verbe est au singulier.
[2] Style entrecoupé associé aux crises émotionnelles du *drame*. Un passage capital se trouve dans le 'Second Entretien sur le *Fils naturel*' de Diderot ; voir *Paradoxe sur le comédien* précédé des *Entretiens sur le Fils naturel*, éd. par Raymond Laubreaux (Paris : Garnier-Flammarion, 1967), p. 49. Les sources des théories de la déclamation dramatique au dix-huitième siècle sont nombreuses ; pour un choix de textes très éclairant, on consultera Diderot, *Paradoxe sur le comédien*, éd. par Jean Goulemot (Paris : Librairie Générale Française, 2001), surtout le *Paradoxe*, le chapitre 17 de *De la poésie dramatique*, l'article « Déclamation » de l'*Encyclopédie* (par Marmontel), et l'extrait des *Pensées sur la déclamation* de Louis Riccoboni, *loc. cit.*, pp. 252–54. On notera combien ces textes citent les grands *tragiques* du siècle précédent.
[3] Ms L'abandonner !

MARCEL pere.
Vous avez entendu les dernieres résolutions de Maillard ; vous avez reçu ses ordres. Son projet étoit médité ; je le savois. Doutez-vous à présent que cette année de séparation, qu'il demande & qu'il exige, ne soit un des moyens dont il se sert pour violer ses engagemens ? Doutez-vous que son projet ne soit de faire passer sa fille dans les bras d'un homme plus opulent ou plus fortuné que vous ? Déja un bruit sourd nomme celui qui doit vous succéder.[1] A quoi êtes-vous résolu ?

MARCEL fils.
A tout : je ne connois rien de sacré que les nœuds qui m'attachent à elle. Dites, que faut-il que je fasse ? Ma main est prête.

MARCEL pere.
Cela suffit. Jurez que le secret que je vais vous confier....

MARCEL fils.
Vous doutez de votre fils ?

MARCEL pere.
Non. Demain il est possible que vous viviez avec votre femme.

MARCEL fils.
Demain !

MARCEL pere.
Demain vous serez unis, quelque effort[2] que fasse le superbe Maillard.

MARCEL fils.
Demain ![3] Est-ce en faisant valoir les droits de la Justice ?

MARCEL pere.
Non ; ceux du plus fort : ce sont les seuls qui vous restent. Demain le Roi de Navarre.... Mon fils ?[4]

MARCEL fils.
Mon pere....

---

[1] D'après l'impression de Marcel que le texte a donnée jusqu'ici, on soupçonne qu'il débite un mensonge intéressé, mais rien ne le prouve. Marcel a cessé de tutoyer son fils.
[2] Le texte imprimé porte *quelqu'effort*, orthographe recevable en 1788, mais le manuscrit Vu 60 suit l'usage moderne. Voir Grevisse, *op. cit.*, §45, b 2.
[3] La répétition d'un mot par deux interlocuteurs, surtout dans les interrogations, est caractéristique du style de Sedaine. Le procédé sert, ici, à souligner le temps qui prépare la crise.
[4] Nous adoptons ici le point d'interrogation du manuscrit au lieu du point d'exclamation de l'imprimé, car le premier (mais pas le second) nous semble indiquer une réaction physique de la part de Marcel fils.

MARCEL *pere*.

Je m'en fie à votre probité & à ce que vous me devez. Si, après ce que je vais vous dire, vous osiez balancer, si le moindre doute.... Jurez à l'instant que jamais ....

MARCEL *fils*.

Il n'est point de serment qui puisse[1] vous rassurer autant que la situation de mon cœur. Que tout mon sang coule à vos yeux, si je ne vous suis fidele !

MARCEL *pere*.

Cela suffit. Demain ; demain le Roi de Navarre est maître de Paris.

MARCEL *fils*.

Lui !

MARCEL *pere*.

C'est de l'aveu de la Noblesse, & du consentement de toute la France.

MARCEL *fils*.

O ciel ! Et le Dauphin ? ....

MARCEL *pere*.

Qu'il rejoigne son pere. L'un violent, impétueux, sans frein, sans loi ; l'autre sans expérience,[2] foible, timide, indécis, livré à tout ce qui l'approche ; ils sont tous deux[3] incapables de tenir les rênes du Gouvernement.[4]

MARCEL *fils*.

Mon pere, il vous a pardonné.

MARCEL *pere*.

Avez-vous assez peu de connoissance des hommes, pour ne pas savoir le prix qu'il faut mettre à de tels pardons ? Ma soumission ne l'a pas plus trompé que je ne le suis par son indulgence.[5]

MARCEL *fils*.

Que de sang va couler !

MARCEL *pere*.

Non. A minuit frappant.... (Mon fils, vos jours sont attachés au secret que je vais vous confier : je le ferois à regret, mais ma main, ma propre main vous arracheroit la vie, si vous osiez parler....)

---

[1] Ms sermens qui puissent
[2] Ms l'autre, jeune homme sans expérience,
[3] Ms tous deux *est omis*.
[4] Ms *ajoute* : Il faut un homme à la France.
[5] Les pardons accordés par le vainqueur suivaient des formules consacrées sans tenir compte du rôle précis de chaque individu dans les événements antérieurs.

MARCEL *fils*.

Ne le craignez pas.

MARCEL *pere*.

En ce jour même, dans trois heures, à minuit, la porte Saint-Antoine est livrée au Roi de Navarre. Avant que le jour paroisse, des corps-de-garde avancés en silence, & posés avec tranquillité, ne permettront pas même le desir d'un soulevement. Je ne vous l'aurois pas dit, si je n'avois pas[1] craint pour vos jours, & qu'un zele inconsidéré pour un parti sans défense ne vous eût jeté dans un péril que vous ne pourrez plus courir : vous serez près de moi.

MARCEL *fils*.

Eh ! croyez-vous que le severe Maillard ? ...

MARCEL *pere*.

Maillard ! il sera arrêté à son poste : & son consentement au mariage de sa fille sera la condition mise[2] à sa liberté. Alors, des honneurs qui lui seront accordés, de la fortune ajoutée à la sienne, satisferont son ambition ou son avarice, & vous feront jouir en paix d'un hymen qui, sans cela, est impossible. Pour nous, soit que le Roi de Navarre se rende au vœu unanime de la Nation, & s'asseoye sur un Trône qu'il est en état de remplir,[3] soit que les Provinces, fideles au sang de leurs anciens Maîtres, rappellent & soutiennent le Dauphin, cette secousse nécessaire remettra le Royaume dans la situation où il doit être.[4] Tous les abus seront corrigés : ce ne seront plus les animosités particulieres d'une Noblesse inquiete, & du Connétable, & des Ducs de Bretagne, & des Comtes de Flandres ; ce ne sera plus le dessein formé d'enchaîner les loix, & d'abuser du pouvoir, qui armera la France ; mais une défense légitime ou une vengeance indispensable,[5] pour le soutien ou l'honneur du Trône. Et moi, ayant fait cause commune avec le Roi de Navarre, le pardon de mes fautes (si alors on leur donne ce nom) mon pardon sera aussi sûr & aussi authentique que les traités, & non accordé légerement par un Prince foible qui n'a peut-être de volonté à lui que celle de se venger un jour.

MARCEL *fils*.

Comment, mon pere, est-il possible que vous n'ayez pas prévu que tôt ou tard ? ....

---

[1] Ms si je n'avais craint
[2] Ms la rançon de sa liberté
[3] Son lignage était tel qu'il pouvait prétendre au trône de France ; voir D'Avout, *op. cit.*, p. 14.
[4] Ms ... doit être. D'avides courtisans n'abuseront plus de la facilité du Prince pour plonger leurs mains insatiables dans les finances de l'Etat. On n'osera plus, en altérant les monnoies, se jouer de la confiance publique. On n'excitera plus de guerres étrangères, sans que la nation sache par elle-même les raisons qui lui font verser son sang. Ce ne seront plus...
[5] Ms ou une vengeance indispensable *est omis*.

MARCEL *pere*.

Mon fils, c'est aujourd'hui, dans trois heures, à minuit,[1] que cela se consomme.

MARCEL *fils*.

Je me tais.

MARCEL *pere*.

Je n'ajoute qu'un mot : il n'est que ce moyen pour garantir l'Etat de sa perte, votre pere de l'échaffaud, & vous du malheur que vous redoutez. Hésitez à présent.

MARCEL *fils*.

Je n'hésite point.

MARCEL *pere*.

Je suis sûr de vous.

MARCEL *fils*.

Vous devez l'être.

MARCEL *pere*.

Passez dans cette salle. J'attends ici le Député du Roi de Navarre. Je vous présenterai à nos amis ; & vous irez vous préparer pour me joindre.

Scene III.

MARCEL *pere*.

Que ne suis-je convaincu qu'ils arriveront, ces événemens ? Populace insensée, pourquoi me suis-je laissé entraîner à vos perfides mouvemens !?[2] Ce qui n'est que folie en vous est un crime horrible dans un homme en place. Combien de fois le remords !…. Demain !…. Quelle nuit !

Scene IV.

Marcel pere, Un Garde.

LE GARDE.

Voici quelqu'un qui m'a dit, après le mot du guet : « Dites au Prévôt que je suis l'homme attendu ».

---

[1] Ms Mon fils, c'est minuit que cela se consomme.
[2] Entorse d'ordre politique que fait l'auteur à la complexité de l'histoire et à celle du personnage historique. Sedaine fait constamment la distinction perfide entre le bon peuple et la vile populace.

MARCEL *pere*.

Qu'il entre.
(Le Garde sort.)[1]

Scene V.

Marcel pere, Sire Laddit, L'Agent, qui reste au fond du Théâtre.[2]

SIRE LADDIT.

Pouvons-nous parler ici avec sûreté ?

MARCEL *pere*.

Oui ; ceci est la salle d'assemblée, & il n'y a personne que mon fils.

LADDIT.

Pourquoi ton fils ?

MARCEL *pere*.

Je te le dirai. Nous serions dans cette salle, si les fenêtres ne donnoient pas sur la place. Ce passage-ci conduit à l'appartement de Maillard :[3] mais il est à son poste : à cette heure personne n'y entre, & il y a un garde. Quant à cette fausse porte, c'est par là que nos amis doivent entrer ; l'issue en est gardée exactement.[4]

LADDIT.

Pourquoi avoir choisi l'Hôtel-de-Ville ?

MARCEL *pere*.

Les démarches les mieux combinées peuvent être dérangées par le plus foible obstacle : & si, par le plus grand des hazards,[5] cette assemblée-ci étoit inutile, & si elle étoit sue, la publicité[6] du lieu dérangeroit[7] les conjectures.

LADDIT.

Eh bien, Marcel, je te le répete ; cette nuit fait ta perte ou ta fortune ; elle te place à côté du Trône ou sur un échaffaud : demain, ami du Roi mon maître, ou envoyé au supplice par le Dauphin.

---

[1] Ms *omet la didascalie.*
[2] Ms Sire Laddit, et un homme qui a la main sous son manteau et qui reste au fond du théâtre
[3] Information topographique qui servira à l'acte V, scène 4 et suivantes.
[4] Didascalie inhérente au dialogue qui illustre la tendance très marquée de Sedaine à évoquer des ensembles architecturaux.
[5] Ms de tous les hazards
[6] L'emploi du mot « publicité » est attesté surtout dans le domaine juridique : « La publicité du crime le rend encore plus punissable » (*Dictionnaire de l'Académie*, 1762) ; « La publicité d'un crime » (Ferraud, 1787–1788). Le *Trésor de la langue française* cite des exemples datant de la charnière des 19e et 20e siècles.
[7] Ms dérangera

MARCEL *pere*.

Je le sais ; je sais tout ce que j'ai fait : l'examen intime de mes témérités a porté dans mon ame une lueur sombre qui me fait entrevoir le sort qui m'attend. C'est à moi de le prévenir &[1] de le changer. Comment le Dauphin me pardonneroit-il mon offense…. Je ne lui pardonnerai jamais de l'avoir offensé ![2] Qu'il périsse !

LADDIT.

Tout est dit. Lorsque le Roi de Navarre m'a envoyé vers toi, voici ses dernieres paroles : « Sire Thomas, assure Marcel de toute mon amitié. Je n'obtiendrai rien des droits de ma naissance ou des faveurs de la fortune, que je ne le partage avec lui. Je ne lui propose point de conditions : qu'il les fasse ; accepte-les ; j'y souscris ».

MARCEL *pere*.

Je te les ai dites : la mort de Maillard ; elle m'est nécessaire ; & celle de neuf autres, & la confiscation de leurs biens.

LADDIT.

Tu les auras. Maillard périt cette nuit, & de ma main, ou de celle de cet homme.

MARCEL *pere*.

Qu'à l'Assemblée des Etats le Roi de Navarre s'avoue l'auteur de tout ce que j'ai fait. Quant à ce qui va se passer, je le place à notre tête ; c'est son affaire. Pour les dignités dont il veut m'honorer, je l'en dispense : je ne desire que ma retraite, & je n'aspire qu'à la jouissance d'un repos qui me fuit, & à étouffer des remords qui m'accablent.[3]

LADDIT.

Des remords ! Ton salut assuré, tu n'en auras plus : le remords suit la crainte & se perd avec elle. Eh ! quels sont ceux devant qui je vais parler ?

---

[1] Ms prévenir ou de
[2] Le sens de la phrase est obscur. Doit-on entendre « Je ne lui *pardonnerais* jamais de *m'*avoir offensé » ? Le ms. Vu 60 porte la même leçon que l'imprimé.
[3] Le remords de Marcel n'est pas une simple invraisemblance, mais la mise en action d'une théorie énoncée dans l'*Encyclopédie* : « REMORDS : reproche secret da la conscience ; il est impossible de l'éteindre lorsqu'on l'a mérité, parce que nous ne pouvons nous en imposer au point de prendre le faux pour le vrai, le laid pour le beau, le mauvais pour le bon. On n'étouffe point à discrétion la lumière de la raison, ni par conséquent la voix de la conscience » ; XIV, 98.

MARCEL pere.

Ce sont ces mêmes hommes que nous avons employés dans tous les mouvemens qui ont agité Paris ; c'est ce brave Le Flamand, qui le premier, en présence du Dauphin, a percé de coups le Maréchal de Normandie ; c'est l'intrépide Anderson,[1] qui, près de Saint-Eloi, a ameuté le Peuple, & qui, suivi de ses amis, a de sa masse d'armes écrasé la tête de l'Avocat-général d'Acy ; enfin c'est Artaud, c'est Laltier, c'est Robert[2] & quelques autres ; tous gens du peuple, mais hommes terribles.[3] Ces hommes seuls, déja disposés par moi, peuvent d'ici à minuit, rassembler dix mille de leurs semblables, employer leurs fureurs & servir nos projets.[4]

LADDIT.

Eh ! quels discours puis-je tenir à de pareilles gens ?

MARCEL pere.

Tous ceux[5] qu'il te plaira. Leur ignorance est prête à recevoir toutes les impressions que tu voudras leur donner. Charge des couleurs les plus noires & les plus affreuses le tableau de ce qui s'est passé dans[6] Rouen. Attendris-les sur le sort de ton Souverain, flatte-les ; appelle-les par leur nom ; dis-leur qu'ils sont connus, qu'ils sont chéris du Roi de Navarre. Ces marques de bonté, de la part d'un Prince, leur feront tenter l'impossible : jamais, avec le peuple, un pareil moyen n'a manqué son effet ... J'entends quelque bruit....[7] Ils arrivent. Retire-toi dans cette salle ; tu y trouveras mon fils : j'irai t'avertir.

---

[1] Ms Aderson
[2] Ms enfin c'est Thiberge, c'est Laltier, c'est le Coq et quelques autres
[3] Ms *ajoute* : terribles, et qui la plupart dès l'enfance accoutumés au carnage plongent leurs mains dans le sang des hommes avec le même sang froid que dans le sang des animaux. Ces hommes seuls
[4] Sedaine tire certains noms de l'histoire et en imagine d'autres. Raymond Cazelles cite un certain Le Flament comme étant du parti navarrais, mais sans autres précisions. Un certain Gieffroy le Flament figure dans le 'Rôle de trois cens personnes qui avoient suivi le parti de Charles, Roy de Navarre, durant les troubles, et auxquelles le Roy Jean accorda le pardon', in *Recueil de pièces servant de preuves aux mémoires sur les troubles ...*, p. 184. Il ne faudrait pas le confondre avec Jacques le Flamand, maître de la chambre des comptes et partisan du dauphin en 1358 ; voir Siméon Luce, 'Du rôle politique de Jean Maillart', *loc. cit.*, p. 418. Le nom de l'assassin de Renaud d'Acy (qui représentait le roi et l'université, et qui avait critiqué celle-ci) est inconnu ; il fut lynché par une foule de Parisiens le 22 février 1358, avec la connivence du dauphin et — probablement — de Jean II ; voir respectivement 'Le Parti navarrais jusqu'à la mort d'Etienne Marcel', *loc. cit.*, p. 845, et *Société politique, noblesse et couronne ...*, p. 300.
[5] Ms Tout ce qu'il
[6] S dans le *est* barré et près de *y* est substitué.
[7] Ms quelques bruits

LADDIT.

Pourquoi lui as-tu découvert nos projets ?

MARCEL *pere*.

Il y est enchaîné par des circonstances que tu ignores, & que je te dirai. D'ailleurs, connu par son crédit dans le[1] Peuple, j'avois besoin que son association donnât plus de poids à nos desseins, & raffermît nos gens ébranlés & presque intimidés par l'Assemblée tenue ce matin. Va le joindre ; prouve-lui l'unanimité des vœux de la Nation ; affecte la plus grande tranquillité ; & surtout dérobe à ses regards toute idée de meurtre & de violence dans l'exécution de nos projets. J'irai vous chercher.

Scene VI.

MARCEL *pere*.

Oui. Tout est dit.

Scene VII.

Marcel pere, Gors.[2]

GORS.

Bonsoir, Sire Marcel.

MARCEL *pere*.

Bonsoir, Gors. Sais-tu s'ils viendront tous ?

GORS.

Oui ; ils me suivent.
(*Marcel sort.*)

---

[1] S dans le (*biffé*) ; près du (*substitué*).
[2] Ms Thiberge, Gois, le Coq et plusieurs conjurés. Gors *est désigné* Le Conjuré *dans cette scène, sauf lorsqu'il est interpellé.*

Scene VIII.

Anderson, Gors, Robert, & plusieurs autres Conjurés.[1]

(Ils entrent les uns après les autres, quelquefois deux & trois ensemble : ils ont tous l'air sombre ; ils rêvent & paroissent se chercher ; & quand ils se rencontrent, ils s'évitent.)[2]

ANDERSON.

Est-il arrivé ?

GORS.

Qui ?

ANDERSON.

Le Prévôt.

GORS.

Oui : il va rentrer.

ANDERSON, *tirant son poignard.*

Connois-tu un poignard d'une trempe plus forte ?[3]

ROBERT, *tirant le sien.*[4]

En voici un qui sera plus employé.

ANDERSON.

Que veux-tu dire ?

ROBERT.

Tu le sauras demain.

UN DES CONJURÉS, *qui se promène.*

Demain ! Demain est un grand jour.

UN AUTRE.

Oui ; cela finira tout.

---

[1] Dans les scènes où figurent les conjurés, le manuscrit donne à Anderson le nom de Thiberge, à Gors, celui de Gois, à Robert, celui de Le Coq.
[2] Ms *ils rêvent, ils paraissent se chercher et s'éviter.* Cette « pantomime » stylisée renforce l'ambiance de méfiance, de menace et d'inquiétude — indice de l'attention que Sedaine porte habituellement sur les possibilités spectaculaires de la scène.
[3] Ms *ajoute la didascalie* : (Celui à qui il parle tire le sien.)
[4] Ms *Cette didascalie est omise.*

Scene IX.

Les Precedens, Marcel pere.

MARCEL *pere.*

Couvrez-vous, mes amis. Bientôt vous serez respectés de ceux qui vous forcent au respect.... *(Il les compte des yeux.)* Vous êtes ici tous les quinze : mon fils sera le seizieme.

ANDERSON.

Votre fils !

UN AUTRE CONJURE.

Sire Marcel, quoi ? votre fils ? ....

MARCEL *pere.*

Oui ; il est si persuadé de la nécessité qui nous met les armes à la main, qu'il veut partager nos dangers & nos récompenses. Si j'étois de ces hommes foibles qui ne voient qu'eux-mêmes, & qui, tirés du péril, y laissent engagés les compagnons de leur fortune, j'aurois joui de la tranquillité qui se présente à moi. Ce matin, dans cet Hôtel-de-Ville, mon pardon a été accordé ; ma grace est sûre & ratifiée, & je n'ai plus rien à craindre : mais[1] la vie ne m'est rien, lorsque je vois la vôtre en danger. Hier, entre huit & neuf heures du matin, à l'Hôtel des Tournelles, il a été tenu un conseil secret.... permettez-moi de ne pas vous nommer celui de qui je tiens cet avis : dans ce conseil, la mort de vous tous a été résolue. Un seul de vous a été excepté : voulez-vous que je le nomme ?

TOUS.

Non, non, oui, non, non.[2]

MARCEL *pere.*

Demain le Dauphin....

ANDERSON.

Demain ! Que le tonnerre m'écrase ! ....

---

[1] Ms Mais, mes amis, la vie
[2] Ms Non, non, oui, non.

MARCEL *pere.*

Paix, Anderson.... Demain le Dauphin vous fait arrêter tous, & vous livre au supplice. Ainsi, mes amis, vous reste-t-il quelque doute[1] sur le parti que vous avez à prendre ? D'un côté, vous voyez les bourreaux, les tortures, une mort infame & cruelle ; de l'autre, le Roi de Navarre qui vous tend les bras, & qui vous accorde des immunités & des priviléges. Cette nuit, si nous savons l'employer, cette nuit présente à votre courage des fortunes immenses, des richesses inépuisables. Demain, vous êtes les Rois de Paris. Ce n'est point par des paroles vagues, par des discours en l'air, que le Roi de Navarre vous assure de son secours & de sa protection : il envoie vers vous l'homme à qui il doit le plus de confiance, & qui doit le plus en donner, son premier Ministre, l'âme de son Conseil, Sire Thomas Laddit. Vous allez l'entendre : écoutez-le en silence. Ensuite nous délibererons : &, le parti pris & assuré, à onze heures précises, assemblez-vous, & faites assembler vos gens, sans bruit, derriere les murs du Bourg-l'Abbé. Je ferai distribuer des armes à ceux qui en manquent ; & de là nous irons porter dans le sein de nos ennemis la mort qu'ils nous destinoient.

LES CONJURES.

Vive Marcel, vive le Prévôt !
(Marcel sort.)[2]

Scene X.

Les Conjurés.

ANDERSON.[3]

Il auroit dû écouter lui-même l'Ambassadeur du Roi de Navarre : nous l'aurions cru.

AUTRE CONJURE.

Non, non ; il est nécessaire que nous l'entendions.

Scene XI.

Les Conjures,[4] *Marcel pere, Marcel fils, Sire Laddit.*

MARCEL *pere.*

Voici Monseigneur Laddit, député par le Roi, son Maître, pour traiter avec nous.[5] Sire Laddit, voici nos amis.

MARCEL *fils (à part).*[6]

Quels amis !

---

[1] Ms quelques doutes
[2] Ms *sans didascalie*
[3] Ms Les deux interventions suivantes sont attribuées respectivement à Gois et à Thiberge
[4] Les précedens [...] Sire Laddit
[5] Ms vous
[6] Ms *sans didascalie*

LADDIT.

Quoi ! Sire Marcel, voici les défenseurs de la premiere Ville du Royaume ! Est-il bien[1] vrai que je jouis en cet instant d'un bonheur que le Roi mon Maître a souvent ambitionné, celui de voir, de contempler de ses yeux ces braves gens qui ont su s'affranchir de la tyrannie des Conseillers du Dauphin ! Avec quelle joie, m'a dit ce Prince, ne prendrai-je pas les mains d'Anderson, de Le Flamand, de Gors[2] & de vous tous, mes amis ! Avec quel plaisir il vous marqueroit l'admiration qu'il a de votre courage & de vos exploits ! Qu'il se console ; il n'est pas loin, l'instant où il jouira de ce bonheur ! Demain, si vous le secondez, demain, il est dans Paris ; demain, il est avec vous : & vous n'aurez plus à craindre la vengeance que le Dauphin tient suspendue sur vos têtes ; vengeance qu'il sait cacher sous les apparences de la plus grande & de la plus sincere modération. Eh ! quel est l'espirt assez foible, quel est celui de vous, quel est l'homme assez crédule pour hazarder sa confiance sur la parole du Dauphin, sur celle de l'homme le plus faux & le plus tompeur ? Faut-il d'autres preuves de sa perfidie que ce qui s'est passé dans Rouen ? Peut-être en ignorez-vous les circonstances. J'étois présent.

Au milieu d'un repas où le Dauphin avoit invité mon maître,[3] au milieu d'un repas qu'animoient la joie & la confiance, le Roi paroît ; il éleve une voix terrible : « Que personne ne se remue sous peine de mort ».[4] Il fait arrêter les premiers de la noblesse, les Seigneurs de Graville, Maubuet, Doublet, le Comte d'Harcourt.[5] On les charge de chaînes, on les enleve, on les entraîne. Le Roi lui-même,[6] au même instant ordonne leur supplice, & fait verser en sa présence ce sang noble, prodigué pour lui tant de fois dans les batailles.... Ah ! mes amis, le peuple de Rouen, aussi juste, mais moins brave que vous ne l'auriez été, le[7] Peuple s'indigne, il s'émeut, & ne peut croire que c'est le Roi. Il leve[8] la visiere de son casque, & dit : C'est moi, c'est le Roi ; n'en doutez pas.... Non, non, perfide,[9] la postérité n'en doutera pas, pas plus que de la vengeance. Va, Prince ingrat, traîne à ta suite quatre-vingt mille hommes qui te détestent ; va combattre seul au milieu des campagnes de Poitiers. Apprends-là qu'un Roi[10] ne doit pas abuser de sa puissance.

---

[1] Ms Est-il donc vrai
[2] Ms les mains de Thiberge, de Saintion, de Gois
[3] Ms *Ce début de phrase est omise.*
[4] Ms ... mort ». Et de quel droit? Il fait
[5] Ms *ajoute* : Le Dauphin arrête mon maître, il l'arrête de sa main, des satellites firent le reste.
[6] Ms Le Roi lui-même ... O ciel ! il ne lui manquait plus que d'être leur bourreau, il le fut. On a vu un monarque français accompagné du Dauphin marcher à côté du ministre infame destiné à punir les forfaits ; on l'a vu le long des rues de la ville de Rouen suivre à pas lents l'horrible tombereau qui conduisait au supplice l'illustre Comte d'Harcourt ; on l'a vu ordonner et conduire le mouvement de la hache et repaître ses yeux inhumains du sang qu'il faisait verser, de ce sang noble prodigué pour lui tant de fois dans les batailles ... Ah, mes amis
[7] Ms ce peuple
[8] Ms Cet homme sans pudeur leve la visiere
[9] Ms perfide assassin, la postérité
[10] Ms qu'un roi n'est rien sans sa noblesse et sans son peuple. Croira-t-on

Croira-t-on, croirez-vous, braves gens que vous êtes, que ce soit une poignée d'Anglois, quelques milliers d'hommes harassés, fatigués d'une longue marche & épuisés de travaux, qui ait dissipé l'armée françoise, dont quarante mille combattans se séparent, sans même avoir vu l'ennemi ?[1] Non, non, c'est la journée de Rouen, c'est l'abus de l'autorité, c'est la violation des loix, c'est le juste ressentiment de la noblesse irritée. L'Anglois en est si convaincu, que, satisfait de la proie qui lui est abandonnée, il se retire, il fuit. Le vainqueur s'estime trop heureux d'échaper aux vaincus.

C'est à vous à présent, mes amis, c'est à vous de justifier les décrets du Ciel, de vous rendre aux vœux de la Nation,[2] de partager la vengeance de mon maître, & de prévenir celle que le tyran exerceroit sur vous. Le barbare est à présent dans les prisons d'Angleterre.[3] Attendrez-vous qu'il accoure ici, la rage dans le cœur & le feu dans les yeux, tel qu'il est entré dans la ville de Rouen, & qu'il dise d'une voix terrible : mettez à mort, & Anderson, & Le Flamand, & Robert[4] & vous tous, mes amis, dont il fera couler le sang goutte à goutte, pour jouir de vos supplices, & pour se donner le plaisir atroce d'entendre les cris douloureux, les cris[5] que vous arracheront les tortures ? Non, non, vous ne le permettrez pas ; vous êtes des hommes. Jurons que demain....

MARCEL *pere*.

Seigneur Laddit, je réponds pour nous tous ; je ne serai pas démenti.

ANDERSON.[6]

Non, non ; parlez, parlez.

MARCEL *pere*.

Le Roi de Navarre tiendra-t-il toutes les conditions que vous avez signées ?

LADDIT.[7]

Oui ; je vous engage sa parole sacrée....

---

[1] Les chiffres varient d'un historien à l'autre. Selon Barbara Tuchman, l'armée anglaise comptait 16 000 hommes et l'armée française à peu près le double. 2 426 nobles français furent tués, mais les fuyards firent une plus forte impression sur la population, d'où le mépris que la noblesse s'attira par la suite ; voir Tuchman, *op. cit.*, pp. 143–54.

[2] Ms du ciel, des vœux de la nation, de partager

[3] Ms Attendrez-vous qu'il trouve en épuisant le royaume, le moyen d'échapper ? Attendrez-vous... Jean II fut incarcéré dans la Tour de Londres, qui réunissait prisons et résidences, jusqu'en 1360. Lorsqu'il retourna à Londres en janvier 1364, après le traité de Brétigny-Calais, il fut logé, toujours dans le luxe, au palais de Savoy, où il mourut le 8 avril. Le palais fut brûle lors de la révolte des paysans en 1381.

[4] Ms ... sa mort et Thiberge, et le Flamand et le Coq et vous tous

[5] Ms entendre les cris, les cris douloureux que

[6] Ms LES CONJURÉS : Non, non, parlez ; non, non

[7] Ms Sire Laddit

MARCEL *pere.*

C'est assez. Le tems qui nous reste suffit à peine pour nous préparer à exécuter ce que nous avons résolu de faire.[1] Avant que les guichets de la ville soient fermés, Seigneur Laddit, faites partir un homme vers le Roi de Navarre : que notre défenseur fasse avancer ses troupes. A minuit, la porte Saint-Antoine lui sera livrée. Mon fils, conduisez le Seigneur Laddit jusqu'en mon Hôtel. Sire Laddit, vous en sortirez à minuit. Pour vous, mon fils, revenez.
(Laddit sort avec Marcel fils.)[2]

Scene XII.

Les Conjures, Marcel pere.[3]

MARCEL *pere.*

Mes amis, est-il quelqu'un de vous dont le cœur se refuse à ce que nous allons faire ?

TOUS LES CONJURES.

Non, non, non.

ANDERSON.[4]

Que le Ciel m'écrase ! ….

MARCEL *pere.*

Ecoutez : à onze heures frapantes, trouvez-vous chez moi ; j'assignerai à chacun l'ordre qu'il doit tenir. Robert.

ROBERT.

Quoi ?

MARCEL *pere.*

Tu demeures près des prisons du Châtelet : il faut que ce soit toi qui en brises les portes : tu déchaîneras & tu armeras tous ceux qu'elles renferment.[5]

ANDERSON.

J'en fais mon affaire.

MARCEL *pere.*

Gors.[6] Tu mettras le feu aux Halles.

---

[1] Ms exécuter. Avant
[2] Ms *sans didascalie*
[3] Ms Marcel pere, les Conjurés
[4] Ms Thiberge [et *infra* pour les noms d'Anderson et de Robert]
[5] En décembre 1357, Charles de Navarre avait persuadé au dauphin, lors d'une réconciliation, de libérer tous les prisonniers de Paris ; voir d'Avout, *op.cit.*, p. 128 et les notes 1 et 2.
[6] Ms Gois

GORS.

Oui.

MARCEL *pere*.

Et toi, Artaud,[1] aux maisons du Pont-aux-Meûniers.[2] Laddit s'est chargé de nous délivrer de l'impétueux Maillard, & de neuf autres que je vous nommerai. Que cette nuit la désolation, le trouble & la terreur, répandus à la fois dans tous les quartiers de Paris, précipitent au-devant de nos coups ceux qui auroient eu la force de se défendre ! Que le flambeau dans une main & le fer dans l'autre, chacun de nous porte la flamme & la mort dans les maisons de cette ville immense ! Liaison, parenté, amitié, âge & sexe, ne doivent laisser nulle entrée à la pitié ; nulle miséricorde : n'en ayons pas plus pour eux qu'ils en auroient pour nous.[3] Les perfides ! Ils nous ont abandonnés. Que le sommeil de cette nuit soit pour eux le sommeil de la mort : & surtout n'épargnons pas les maisons de ces hommes de loi, dont la sévérité cruelle nous attend dans les supplices. Que le quartier du Palais ne soit demain qu'un monceau de cendre abreuvé de sang…. Mes amis, mon fils va rentrer : épargnons à sa jeunesse des détails que peut-être il n'auroit pas la force d'envisager. Il suffit qu'il sache & qu'il approuve que Paris soit soumis au Roi de Navarre. Gardez le silence sur tout le reste : qu'il ne prévoie aucune espece de violence…. Le voilà.

Scene XIII.

Les Memes, Marcel fils.

MARCEL *pere*.

Va-t-il faire partir un Courier ?

MARCEL *fils*.

Oui.

MARCEL *pere*.

Il ne vous a rien dit ?

MARCEL *fils*.

Il vous attend.

---

[1] Ms Le Coq
[2] Il sera question d'incendie à V, 3. Le Pont aux Meûniers était une passerelle qui reliait jusqu'à treize moulins. Il s'effondra le 22 décembre 1596, provoquant 150 morts. Pour une illustration, voir http://grande-boucherie.chez-alice.fr/Pont-meuniers.htm.
[3] Sur l'omission du *ne* explétif, fréquente aux XVIIe et XVIIIe siècles, voir Grevisse, *Le Bon Usage*, §983d et hist. Cf. J.-P. Seguin, *La Langue française*, p. 129.

ANDERSON.[1]

Sire Marcel, ne pourriez-vous nous dire celui de nous qui est excepté dans la liste de cette condamnation que le Dauphin à prononcée ?

MARCEL *pere.*

Eh ! si c'étoit toi, Anderson ...

ANDERSON.

Moi ! Cela ne se peut pas ; ce ne peut-être qu'un traître. Si je[2] connoissois le perfide, de même que dans cette table, je lui enfoncerois mon poignard dans le cœur.[3]
(Il enfonce son poignard dans la table.)[4]

TOUS LES AUTRES CONJURES.[5]

Et moi, & moi : Au même instant, il sentiroit....

Scene XIV.

Les Memes, Maillard.

MARCEL *pere.*

Maillard !

MARCEL *fils.*

Maillard !

TOUS LES CONJURES *marquent le plus grand étonnement, & disent de même :*
Maillard ! Maillard ![6]

MAILLARD.

Que vois-je ici, Marcel ? .... Marcel, que veut dire cette assemblée, à cette heure-ci, & dans ce lieu ?

MARCEL *pere.*

Ce lieu... Ce lieu n'est pas suspect.

---

[1] Ms Thiberge [*et infra*]
[2] Ms si je le connaissais le perfide
[3] Ms le coeur. (*il l'enfonce*) Oui, si je le connaissais ...
[4] Ms *sans didascalie*
[5] Ms Tous.
[6] Ms THIBERGE, LE COQ, GOIS, SAINTION : Maillard !
MARCEL *père* : Maillard !
(Ils marquent tous le plus grand étonnement, et disent, Maillard ! Maillard !)
MAILLARD : Que vois-je ?

MAILLARD.

Ces visages interdits, ces regards baissés, ce silence profond après ces clameurs…..
Et de tels hommes ! …. Que vois-je ? un poignard au milieu de cette table !
Marcel, qu'est-ce que cela veut dire ?

MARCEL *pere*.

Je te l'avouerai, Maillard, ta présence nous surprend, & les confond ; je ne
t'attendois pas ; je te croyois à ton poste : j'avois même pris des précautions contre
toi : j'avois ordonné qu'on m'avertît si tu paroissois. Il étoit ici cependant question
de toi ;[1] il n'étoit même question que de toi, de Maillard : ton nom doit avoir frapé
tes oreilles ….

MAILLARD.

Eh bien ?

MARCEL *pere*.

Les malheureux que tu vois m'ont supplié de les écouter. Tes prieres & ton crédit
près[2] du Dauphin ont ce matin obtenu ma grace. Ceux qui sont ici présens ont le
malheur d'être coupables des mêmes actions que les miennes : une fureur insensée
les a précipités dans les mêmes désordres. Ils voudroient obtenir par toi[3] le pardon
de leurs fautes ; &, résolus[4] demain d'abandonner Paris, leur patrie, leur famille,
ne pourrois-tu les retenir dans ces liens respectables, qu'ils chercheroient à rendre
utiles à l'Etat ; &, devenus citoyens, ne pourroient-ils chercher à remplacer ceux
dont le malheur des tems vient de nous priver ?... Que n'as-tu entendu
l'expression énergique du sentiment qui animoit ces infortunés ! Je n'aurois pas
à te convaincre de leur douleur & de leur repentir… Anderson, reprends cette
arme. Tu voulois l'enfoncer dans le cœur de celui qui, dorénavant[5] voudroit
troubler l'Etat : réserve-là pour toi, si tu manques au serment que tu m'as fait.

MAILLARD.

Puis-je croire ?

MARCEL *pere*.

Aurois-tu des soupçons ? ….

---

[1] Ms *phrase omise*.
[2] L'emploi de *près*, là où l'usage moderne demande *auprès*, se trouve chez les grands classiques. Il est probable que Sedaine suit un usage désuet pour donner au discours un air « ancien ». Voir Haase, *Syntaxe française*, § 132 a.
[3] Entendre « par ton intermédiaire ».
[4] *DFC* « Résoudre » : donne deux citations, tirées de Pascal et de Racine, de l'expression « être résolu de ». La construction de la phrase de Sedaine est vicieuse parce que le participe ne se rapporte pas au sujet du verbe principal.
[5] Pour l'étymologie et l'évolution de l'orthographe de ce mot, voir *Trésor de la langue française*, « Dorénavant ».

MAILLARD.
Non ; je vois ici ton fils.

MARCEL *fils, se cachant le visage.*
Dieux !

MAILLARD.
Puis-je croire en effet qu'un repentir sincere soit entré dans vos cœurs féroces ? Non, non ; c'est le désespoir de ce que tout vous manque à la fois, de ce que vous êtes abandonnés, & des grands qui vous ont conduits dans l'abîme, & du peuple que vous y avez entraîné. Insensés que vous êtes, qui n'avez pas vu que de simples citoyens comme nous, ne sont, dans les mains de ceux qui manquent à leur devoir,[1] que des instrumens dont ils se servent pour briser ce qui s'oppose à leur ambition ! Satisfaits, ils vous jettent à terre, & vous foulent aux pieds. C'est ce qu'ils font à présent…. Quelque raison que Marcel puisse alléguer, n'espérez pas que j'emploie pour vous un crédit inutile. Le pardon que vous demandez, je craindrois de l'obtenir. Votre existence est un scandale au milieu du peuple. Fuyez, dérobez-vous à la justice des hommes : mais où l'œil de Dieu ne vous poursuivra-t-il pas ? Dans Paris ? Hors vos complices, il n'est personne qui ne frémisse à votre aspect. Chez les Anglois ? Le récit de vos crimes a passé la mer ; & ils ne refuseront pas au Roi la vengeance qu'il demandera. Il n'est pour vous qu'un seul azyle sur la terre : le Roi de Navarre. O ! justice divine, qui punis les criminels les uns par les autres, c'est là que tu les attends ! Ce Prince, souillé des plus grands forfaits, ce perfide, qui, pendant la malheureuse captivité de son Souverain, déchire le Royaume par ses complots & par ses factions ; aura-t-il pour des gens qu'il méprise au fond de son cœur, le respect qu'il n'a pas pour son Roi ? Meurtres, empoisonnemens, assassinats ; nommez-moi un crime dont il ne soit pas coupable ! Allez, retirez-vous près de lui : vous avez le droit de l'approcher. Demain les portes de Paris vous seront ouvertes ; je vous en faciliterai toutes les issues.

MARCEL *pere.*
Maillard, j'espérois vous fléchir, & qu'auprès du Dauphin…..

MAILLARD.
Non, non : qu'ils se retirent ; je souffre trop de leur présence. Allez.

MARCEL *pere.*
Adieu, infortunés. Si vous aviez à balancer sur le parti que vous avez à prendre, Maillard vous y détermineroit. Adieu.
(Tous les Conjurés sortent.)[2]

---

[1] Ms leurs devoirs
[2] Ms *sans didascalie*

Scene XV.

Marcel pere, Marcel fils, Maillard.

MAILLARD.

Le Ciel ne pouvoit inspirer rien de plus favorable que la résolution qu'ils ont prise d'abandonner Paris. Laissons-les aller. Dans les ames feroces par nature, par état & par éducation, la cruauté a passé dans le sang & l'humanité a perdu les ressources de la pitié & des remords. Si le peuple est instruit de ceci, que demain il perde par leur départ les craintes que cette assemblée auroit pu inspirer, & que tu n'aurois pas dû permettre, Sire Marcel. *(à Marcel fils)*[1] Mon cher fils, tes yeux sont baissés, tu parois plongé dans des réflexions sinistres. Hélas ! le tems coule si vîte ! Ton chagrin est injuste…. Tu crains de me regarder ! ….
(Marcel fils s'en va pénétré & confus.)

Scene XVI.[2]

Marcel pere, Maillard.

MAILLARD.

O ! jeunesse, jeunesse ! …. Marcel, quelqu'un m'a dit avoir vu dans Paris un des Agens[3] secrets du Roi de Navarre. Demain, il faut l'arrêter.

MARCEL *pere.*

Sans doute ; bonsoir, Maillard.

MAILLARD.

Je[4] me suis trouvé indisposé : un autre a pris ma place. Je vais prier le Ciel d'affermir nos pas & de nous conserver dans le chemin[5] de l'honneur ; & après avoir donné quelque trève à ma lassitude, enveloppé dans mon manteau, je retourne à mon poste. J'y serai à trois heures. Adieu, Marcel.

MARCEL *pere.*

Adieu, Maillard.
(Maillard sort. Marcel pere le regarde aller,[6] *releve la tête, jette encore ses regards sur Maillard.)*
Il est tranquille : il va dormir, pour ne jamais se réveiller…. Et j'envie son sort.

Fin du troisième Acte.

---

[1] Ms (A Marcel fils) Sire Marcel, mon cher fils, tes yeux …
[2] Le manuscrit Vu 60 ne marque pas de changement de scène à la sortie de Marcel fils.
[3] Ms gens
[4] Ms Adieu. Je me suis trouvé […] Adieu. Je vais prier
[5] Ms les chemins
[6] Ms (Il le regarde aller, il releve

ACTE IV.

Le théâtre est dans l'obscurité ; c'est-à-dire, qu'il ne paroît éclairé que par de grosses lampes descendues des voûtes.

Scene Premiere.

Felix, Heloise, Alix.[1]

HELOISE, *à Alix.*
Veillez à la porte de l'appartement de mon pere : si vous entendez quelque bruit, venez aussitôt m'avertir.
(Alix sort.)[2]

Scene II.

Heloise, Felix.

HELOISE.
Ah ! Felix..... Il avoit promis à dix heures, vous[3] ignorez pourquoi son pere le retient ?

FELIX.
Je ne sais pas ; mais son retard ne peut être long.

HELOISE.
Dans quelle situation, dans quel état la triste nouvelle de notre séparation doit-elle l'avoir mis !

FELIX.
Tranquille & sombre, il n'a pas proferé une parole.[4] Abîmé dans des réflexions profondes, il n'en sort que pour lever les yeux au ciel, & les baisser vers la terre.

HELOISE.
Et, depuis ce matin que nous nous sommes quittés, où peut-il avoir porté ses pas ? Que peut-il avoir fait ?

---

[1] Ms Genevieve (*et infra*)
[2] Ms *sans didascalie*
[3] Ms et vous ignorez
[4] Ms une seule parole

FELIX.

Presque toujours avec son pere, il a été retenu par lui dans des occupations qu'il disoit ne pouvoir confier qu'à son fils.[1]

HELOISE.

Son pere ! Ah, Felix ! ne lui dites pas que vous m'avez trouvée pleurant : il a bien assez de ses douleurs ! Ce matin, quelle agréable & trompeuse espérance cette assemblée paroissoit nous permettre ! Ah, Marcel ! Ah, mon fils !

FELIX.

Il aura bien du chagrin de ne le plus voir.

HELOISE.

Il n'est pas sa mere. C'est[2] à vous, c'est à votre femme que je le recommande : elle m'a promis d'en avoir le plus grand soin.

FELIX.

N'en doutez pas.

HELOISE.

A l'égard de mon mari, votre amitié pour lui[3] n'a pas besoin de priere. Pendant tout le cours de cette année, ne le quittez que le moins qu'il vous sera possible. Je crains sa tendresse, sa vivacité, son emportement. La volonté de mon pere est irrévocable : qu'il n'emploie rien pour la forcer. Un seul moyen pourroit abréger la durée de notre exil,[4] les services que son pere rendroit à l'Etat.

FELIX.

Ne l'espérez pas.

HELOISE.

Est-ce qu'il y auroit à craindre ? ....

FELIX.

Non.

HELOISE.

Je crois qu'il nous sera permis de nous écrire ; & ses lettres.... Le voici.

---

[1] Ms confier qu'à lui-même. Une syntaxe moins contournée n'aurait peut-être pas porté préjudice au ton du dialogue.
[2] Ms Ah, Felix ! c'est à vous
[3] Ms Votre amitié pour mon mari n'a pas besoin
[4] Ms moyen pourroit donner à notre exil un temps moins long, les services

Scene III.

Heloise, Marcel fils, Felix.

MARCEL *fils.*

Héloïse, bonjour. Bonsoir, Felix, toujours toi, toujours ami, toujours toi-même … toujours….. Laisse-nous…… Eh bien, Héloïse, sommes-nous assez malheureux ! … Felix, écoute…… Dis que tu sais où je suis. *(Felix sort.)*[1]

Scene IV.

Heloise, Marcel fils.

MARCEL *fils.*

Hé bien, Héloïse !

HELOISE.

Soumettons-nous, mon ami. Lorsque ton impatience a précipité notre mariage, tu devois t'attendre à tous les chagrins que cette conduite ne pouvoit manquer de nous attirer. Souffrons, souffrons sans murmurer.

MARCEL *fils.*

Me le pardonnes-tu ?

HELOISE.

Si je te le pardonne ! Aurions-nous, sans cette faute, la consolation de penser que nous ne pourrons[2] jamais être forcés à de nouveaux nœuds ? Héloïse & Marcel sont jusqu'à la mort unis l'un à l'autre. Serai-je toujours dans ton cœur ?

MARCEL *fils.*

Est-il possible que tu en doutes ? …. Et ton pere ?

HELOISE.

Il prend quelque repos.

MARCEL FILS.

Du repos !

HELOISE.

Que veux-tu dire ?

---

[1] Cette didascalie est absente du manuscrit Vu 60, qui ne marque donc pas le changement de scène, ce qui se répercute sur la numérotation de toutes les scènes suivantes.
[2] Ms pouvons

MARCEL *fils*.

Rien.

HELOISE.

Mon ami, c'est demain que je pars ; c'est à cinq heures du matin…. A cinq heures du matin…. C'est mon pere qui me conduit…. Tu ne me réponds pas !

MARCEL *fils*.

Que puis-je te répondre ?

HELOISE.

Je ne crois pas que mon pere fût fâché de te voir si à l'instant de notre départ tu te trouvois chez lui.

MARCEL *fils*.

A cinq heures demain…. Demain ![1]

HELOISE.

Oui, mon ami.[2] Je te laisse un plaisir que je n'aurai pas dans ma solitude : tu pourras avoir l'œil sur la santé de ton fils…. On va te l'apporter : je ne veux pas qu'il se sépare de nous[3] sans que tu le voies ; il ne passera pas dans des mains étrangeres sans avoir reçu de toi des caresses qu'il te rendra dans un an, & que je partagerai. Allez, Alix, ne faites point de[4] bruit, ne le réveillez pas ; éloignez la lumière…. Felix vient de me dire…..

MARCEL *fils*.

Il vous a dit….

HELOISE.

Il m'a dit que tu étois plongé dans les plus sombres réflexions. Hélas ! elles ne servent qu'à aggraver le mal & ne peuvent l'empêcher ! Mon ami, les peines présentes nous préparent un avenir fortuné ; oui, nous serons heureux l'un par l'autre.

MARCEL *fils*.

Non, jamais, jamais.

---

[1] Ms *Le mot* demain *n'est pas répété*
[2] Ms Oui … Je
[3] Ms je ne veux pas qu'il parte sans que
[4] Ms Allez, Antoinette, ne faites nul bruit (Le manuscrit porte le nom d'Antoinette là où l'imprimé porte Alix.)

HELOISE.

J'ai obtenu de mon pere que tu l'accompagnerois[1] toutes les fois qu'il viendra me voir. Tu pourras m'écrire …… Ah ! voici ton fils ! Posez-le là : passez ici : craignez que la lumiere ne lui frape les yeux …. Donnez. Regarde.[2]

Scene V.

Heloise, Marcel fils, L'Enfant, Genevieve.[3]

HELOISE.

(Elle[4] *pose l'enfant sur la table ; il est dans un berceau ; un pavillon le couvre : elle le leve ; elle regarde l'enfant en cachant la lumiere avec sa main. Marcel fils est de l'autre côté de la table.)*[5]

Vois-tu[6] comme il est bien…. Comme il dort ! On diroit qu'il sourit…. Quel sommeil tranquille ! *(Elle le baise.)* Eh ! c'est une[7] autre que moi …… Et je le quitte ! *(Elle porte la main à ses yeux.)*

MARCEL *fils.*

Non, non, Héloïse…. Ah ! tu me caches ta douleur ! Tu fais bien….[8] Espere plutôt que bientôt sa mère…. Adieu, adieu, mon Héloïse.

HELOISE.

Quoi ! Sitôt ! Marcel,[9] vous me quittez !

MARCEL *fils.*

Adieu …. Adieu, mon fils. *(Il le regarde.)*[10] Que ne suis-je mort à cet âge !

HELOISE.

Tu ne m'aurois point aimée !

---

[1] Ms accompagneras
[2] Ici, le manuscrit porte *regardez*. Nous ne retenons pas cette variante, qui semble méconnaître le changement de destinataire des paroles d'Héloïse. Malgré la leçon de l'imprimé et du manuscrit, il est évident que la dernière réplique de la scène 4, à partir des mots « Ah ! voici ton fils ! », devrait être portée à la scène 5.
[3] Ms Genevieve, une femme qui en prend soin
[4] Ms Héloïse (pose
[5] Tableau attendrissant dans le style de Greuze que renforce un dialogue au style entrecoupé, caractéristique des drames.
[6] Ms Vois comme
[7] L'imprimé porte *un* autre, et le ms, *une* autre. Nous adoptons cette leçon-ci, en entendant : une autre femme que moi qui l'allaitera, en prendra soin, etc.
[8] Ms douleur ; tu fais bien … tu fais bien … Espere
[9] Ms Quoi, Marcel
[10] Ms *sans didascalie*

MARCEL *fils*.

Je ne ferois point[1] ton malheur.... Adieu, mon fils : que le Ciel (*il dit ceci en lui imposant les mains*) t'accorde une destinée plus heureuse que la mienne ! Aime ta mere ; fais-la souvenir de moi ; si le Ciel.... Si cette nuit.... Adieu, mon fils, adieu.
(*Il se baisse sur le berceau & paroit le baiser.*)[2]

HELOISE (*à part*).[3]

Si le Ciel.... Si cette nuit ! ....

MARCEL *fils*.

Adieu, Héloïse. On m'attend.

HELOISE.

Qui ?

MARCEL *fils*.

Mon pere.

HELOISE.

Quelle raison ? ....

MARCEL *fils*.

Je ne puis la dire.

HELOISE.

Pourquoi donc à cette heure-ci ?

MARCEL *fils*.

Il le faut.

HELOISE.

Tu disois *si le Ciel.... si cette nuit*.... Ah ! mon ami, vous avez un secret qui vous oppresse, & ce secret est terrible, il est affreux ![4] .... Enlevez cet enfant, reportez-le ; mettez-le dans mon lit.... Cette nuit.... Cette nuit, il la passera dans les bras de sa mere.
(*Genevieve emporte l'enfant.*)[5]

---

[1] Ms ferais pas ton
[2] Ms Adieu, mon fils. (*Il se baisse sur le berceau et parait baiser son fils.*) Puisses-tu avoir une destinée plus heureuse que la mienne ! Aime ta mere, fais la souvenir de moi, si le ciel ... si cette nuit ... Adieu, mon fils. (*Il dit ceci en lui imposant les mains.*) Adieu, Héloïse.
[3] Ms *sans didascalie*
[4] Ms *omet* il est affreux !
[5] Ms *La didascalie manque, et le changement de scène n'est pas marqué.*

Scene VI.

Heloise, Marcel fils.

HELOISE.

Mon[1] ami, vous avez un secret qui vous accable. Helas ! vous le savez, je ne suis pas de ces femmes dont la curiosité inquiete se plaît à tourmenter leur mari ! Un seul de vos sentimens a toujours suffi à mon cœur …[2] Mais j'ai des droits sur tout ce qui intéresse vos jours. Si ce que vous me cachez regarde les affaires publiques, ne me permettez qu'un mot, qu'un seul mot. Ce que vous me cachez le confieriez-vous[3] à mon pere ?[4]

MARCEL *fils.*

Non.

HELOISE.

Est-ce le vôtre qui vous force au silence ?

MARCEL *fils.*

Oui.

HELOISE.

Ce ne peut être qu'une action indigne de vous.

MARCEL *fils.*

Si votre[5] bonheur ? ….

HELOISE.

Je n'en veux point à ce prix.

MARCEL *fils.*

Héloïse ! ….

HELOISE.

Mon ami, mon ami, pourquoi hésiter de[6] me dire ce que j'ai intérêt de[7] savoir ?

---

[1] Ms Ah, mon ami !
[2] Ms Un seul de vos sentimens m'a toujours suffi ; mais
[3] Ms confierez
[4] On remarquera encore une fois les transitions du *vous* au *tu* et vice versa au cours de cette scène selon que la conversation porte sur la politique ou sur les relations conjugales.
[5] Ms notre
[6] Haase, *op.cit.*, §112 A, donne un exemple, tiré de La Bruyère, d'hésiter *de*.
[7] Au même paragraphe, Haase explique ainsi cet usage. « On considérait l'action exprimé par l'infinitif comme la source du plaisir, de la peine, de l'intérêt : tandis qu'aujourd'hui nous considérons l'acte exprimé par l'infinitif comme l'objet du plaisir, de la peine, etc., et nous le faisons suivre de *à* ».

MARCEL *fils*.

Je ne le peux, Héloïse :[1] j'ai fait le serment….

HELOISE.

On n'en fait pas pour les choses honnêtes. Voilà donc le premier refus que je reçois de vous ! Ajoutez-vous cette peine à toutes celles que votre présence suspend, mais qui vont m'accabler ! Ô Marcel,[2] ton Héloïse doit-elle te quitter avec le chagrin de penser qu'elle a perdu ta confiance ! Hélas ! ce que tu médites jette sur ton front quelque chose de si sombre & de si funeste que ce secret est devenu le nôtre ! Il est le mien…. Ah ! mon ami, je t'en supplie, dis-moi, que vas-tu faire ? Où vas-tu ?

MARCEL *fils*.

Moi, où je vais ?

HELOISE.

Oui, je t'en prie.

MARCEL *fils*.[3]

Je vais…. Que ne ferois-je pas pour faire ta félicité !

HELOISE.

Je te la demande.

MARCEL *fils*.

Qu'exiges-tu de moi ?

HELOISE.

Ma tranquillité.[4] *(Elle tombe à ses genoux.)* Mon ami, eh ! tu me refuses !

MARCEL *fils*.

Toi, à mes pieds ! Héloïse à mes genoux ! Ô Ciel ! que je suis malheureux ![5] leve-toi ; écoute, & crains de m'interrompre.

HELOISE.

Eh bien ?

MARCEL *fils*.

Eh bien, demain….

---

[1] Ms Je ne le peux pas ; j'ai fait
[2] Ms O Marcel ! ô mon ami ! ton Héloïse
[3] Ms MARCEL fils (Il la regarde.)
Que ne ferais-je pas
[4] Ms Ma tranquillité. Marcel … Marcel … (*elle tombe à ses genoux*) Ah, mon ami, et tu me refuses !
[5] Ms malheureux ! (*Il la regarde.*) Leve-toi

HELOISE.

Demain ?

MARCEL *fils*.

Demain nous serons l'un à l'autre.

HELOISE.

Comment ?

MARCEL *fils*.

Tout est changé. Le Roi de Navarre cette nuit s'empare de Paris.

HELOISE.

Et mon pere ? …

MARCEL *fils*.

Ne crains rien pour lui : mes jours répondent des siens. Toute la France, dit-on, desire cet événement. Maillard auroit su tout,[1] mais on a craint ses principes & son austérité.

HELOISE.

Eh ! comment se peut-il que, tranquillement, le Roi de Navarre ? ….

MARCEL *fils*.

A minuit, la porte Saint-Antoine lui est livrée.

HELOISE.

Je ne demande pas par qui. Ah ! Marcel, est-il possible que tu sois entré[2] dans un projet aussi téméraire !

MARCEL *fils*.

Je ne l'ai su qu'à l'instant. Adieu, adieu ; je te quitte. On m'attend : mon absence peut alarmer.

HELOISE.

Non, non ; je ne te quitte point.[3] Qui t'a confié ce projet ?

MARCEL *fils*.

Mon pere.

HELOISE.

Quels sont ses complices ?

---

[1] Ms aurait tout appris, mais
[2] Ms as-tu pu entrer
[3] Ms Non, non, je te suis. Qui

MARCEL *fils*.

Ses complices ! Quelle expression !

HELOISE.

Je tremble qu'elle ne soit juste. Hélas ! de qui peut-il être aidé dans ce complot, si ce n'est par les scélérats qui l'obsedent ! Viens, viens faire une action généreuse : viens à l'instant apprendre à mon pere ce qu'il eût dû savoir avant moi.

MARCEL *fils*.

Ô Ciel ![1] oses-tu abuser de mon amour & de ma félicité ? Si je croyois, si j'imaginois que tu eusses seulement la pensée de le dire à ton pere, ma mort me délivreroit à l'instant de la honte d'avoir trahi le mien.

HELOISE.

Il suffit ; je me tais : ne crains pas,[2] ne crains pas que je parle.

MARCEL *fils*.

Ah ! mon Héloïse, suis-moi plutôt ! Viens avec moi[3] à l'Hôtel de mon pere. Il sait tout. Son Hôtel servira d'azyle à ton enfant & à toi.

HELOISE.

Moi ? Que je quitte la maison paternelle ? Moi ? Que j'abandonne mon pere en un pareil moment ? Que le ciel me punisse par ta mort ou la mienne, si jamais j'y consens ! Quels que soient les événemens de cette nuit, je mourrai, s'il le faut, entre mon pere & mon enfant ! Cruel, que vas-tu faire ?

MARCEL *fils*.

Il n'est plus tems : je les ai vus, ces hommes atroces, je les ai vus : ils étoient ici. Entraîné par la fatalité, par mon désespoir, je les ai vus : c'est en ce lieu, c'est là que les résolutions ont été prises. Le farouche Anderson[4] a enfoncé son poignard dans cette même table, sur laquelle tu viens de poser ton fils. Ton pere a paru…. Ne crains rien pour lui : si tu trembles pour ses jours…. Non, non, ne crains rien…. Je te permets…. (Ah ! mon Héloïse, que l'homme qui s'est conservé vertueux ne s'applaudisse que d'être échapé aux circonstances ! ….) A minuit, à minuit frapant, je te permets d'avertir Maillard. Alors le Roi de Navarre sera dans Paris ; toute défense sera inutile. Si Maillard a quelque sujet d'appréhender, qu'il mette ses jours en sûreté. Dis-lui que c'est de moi, que c'est par moi que cet avis lui est parvenu. Peut-être pardonnera-t-il au fils le crime du pere.

HELOISE.

Ah ! Marcel !

---

[1] Ms Ciel ! que dis-tu ! Oses-tu
[2] Ms Ne crains pas, Marcel, ne crains pas
[3] Ms viens avec moi, viens à l'hôtel
[4] Ms Tiberge

MARCEL *fils*.

Plains-moi, plains-moi, mon Héloïse. Que les peres qui gémissent de leurs enfans viennent & me jugent : qu'ils voient quel est le tourment affreux d'un fils dont le pere est coupable. L'infortuné ! Il trouve armés contre lui, son âge, la nature & les loix ! Ses remontrances, sont une témérité, ses plaintes, un manque de respect ; son accusation seroit un crime ; & c'est le front baissé & les mains sur les yeux, qu'il est forcé de recevoir le poids terrible de l'ignominie dont son pere vient l'accabler. Voilà mon état cruel.

HELOISE.

Et je ne peux que le partager.

Scene VII.[1]

Les Memes, Alix.

ALIX.

Paix donc, paix donc ! Vous parlez si haut, que votre pere peut vous entendre.
(*Alix sort, & Héloïse passe avec Marcel de l'autre côté du théâtre.*)

Scene VIII.

Marcel fils, Heloise.

HELOISE.

Eh ! ne pouvois-tu t'opposer à leurs résolutions ?

MARCEL *fils*.

D'un coup de poignard, il me jettoit à ses pieds : il me l'avoit dit ; & ma mort n'étoit utile à rien.

HELOISE.

Le barbare ! …. Marcel, laisse-les agir ; reste avec moi.

MARCEL *fils*.

Avec toi !… Non, non : mon pere compte déja les momens qui m'ont séparé de lui. Laisse-moi expier le malheur d'avoir occasionné sa confidence ; laisse-moi tout entier à l'obligation où je suis d'empêcher par ma présence & par mes efforts les maux que peut-être cette nuit peut causer dans Paris. Adieu.

---

[1] Ms (*sans changement de scène, Genevieve entre*)
Genevieve
Paix donc, paix donc […] peut vous entendre.
(*Ils passent de l'autre côté du théâtre.*)

HELOISE.

Adieu, Marcel.

MARCEL *fils*.

Adieu, mon Héloïse.

HELOISE.

Ô ciel ![1] si j'allois ne plus te revoir !

MARCEL *fils*.

Dans deux heures je suis ici ; sois-en certaine ; & je t'enverrai Felix. Adieu.

HELOISE.

Adieu.[2] Je croyois voir un terme à nos maux, & c'est d'aujourd'hui qu'ils commencent.

Scene IX.

Heloise, Alix.[3]

HELOISE.

Quels nouveaux malheurs vont fondre sur nous ?[4] Où va-t-il nous précipiter ? Rien n'a pu toucher cet homme barbare : son pardon assuré, la bonté du Prince, l'amitié de mon pere, ce qu'il doit à son fils, à sa patrie, ce qu'il se doit à lui-même…. Malheureuse que je suis ! Pouvois-je me défendre de la fausse démarche où l'amour nous a jetés ? Mon pere approuvoit notre tendresse….. Mon pere … Mon pere ! Il étoit … Quelle heure étoit-il, lorsque je suis sortie, lorsqu'il est entré ici ?[5] Quelle heure peut-il être à présent ? …. Eh ! c'est à minuit que[6]…. *(Elle reste les yeux fixes.)*

ALIX.

Madame, si vous rentriez dans votre appartement[7]…. Ces voûtes sombres impriment je ne sais quelle horreur….

HELOISE.

Les scélérats n'y sont plus.

ALIX.

J'entends…. J'entends marcher à grands pas.

---

[1] Ms Marcel … Marcel … O ciel !
[2] Ms Adieu *est omis*.
[3] Ms Antoinette (*et infra*)
[4] Ms sur nous ! Pere criminel d'un fils vertueux, où va-t-il
[5] Ms ici *est omis*.
[6] Ms que *est omis*.
[7] Ms rentriez chez vous?

Scene X.

Heloise, Felix, Alix.

FELIX *crie de loin.*

C'est moi, c'est Felix ; n'ayez pas peur, Madame…. Il a paru. Son pere l'avoit déjà demandé deux fois…. Il a paru : il a jeté un coup d'œil sur ceux qui entouroient le Prévôt. Je vous l'avouerai : c'est en partie[1] cette populace infâme qui a causé tant de désordre.[2] Votre ami s'est approché de moi ; il m'a dit : cours vers elle ; qu'elle éveille son pere un peu avant minuit ; & qu'elle ne craigne rien pour elle-même.

HELOISE.

Etoit-il armé ? Va-t-il les suivre ? Qu'il vienne, qu'il vienne ici ; qu'il vienne près de moi.

FELIX.

Je cours les rejoindre ; ils vont partir.[3]
(Felix sort.)[4]

Scene XI.

HELOISE, *seule.*

Ils vont partir ! Ils vont partir ![5] Qu'a-t-il dit ? Qu'elle n'appréhende rien pour elle-même…. j'ai donc tout à craindre pour mon pere ! Et ce sont ces mêmes hommes, ce sont ces scélérats, Dieux ! …. Ils ont précipité les[6] Seigneurs du haut des marches du Palais, & sur les pointes de leurs piques…. Ils vont venir ; ils le tueront….. Qu'elle n'appréhende rien pour elle-même ! Pourquoi vouloit-il me faire quitter ce lieu ?[7] Pourquoi me conduire chez le Prévôt ? Qu'elle n'appréhende rien ! Tout, tout. Mon pere est en danger ; le péril presse….[8] Je les vois…. ils viennent, ils accourent, ils le poignardent dans mes bras, dans mes foibles bras…. Ils l'arrachent de mon sein palpitant ; &, le saisissant par ses cheveux blancs, ils l'entraînent, malgré mes cris, ils l'entraînent ; & son visage sanglant est couvert de la fange des ruisseaux dans lesquels ils le traînent ! …. Mon pere…. Mon pere, éveillez-vous…. Je ne peux marcher…. Eveillez-vous, mon pere….. Mon pere, éveillez-vous….. Eveillez-vous, mon pere…. Mon pere.[9]

---

[1] Ms c'est en partie, c'est en partie cette populace
[2] Ms désordres
[3] Ms rejoindre, ils sont partis
[4] Ms *sans didascalie.*
[5] Ms Ils sont partis ! Ils sont partis !
[6] Ms des seigneurs
[7] Ms ce lieu ? Pourquoi moi et mon fils ? Pourquoi me conduire
[8] Ms presse, dans un instant … Ciel ! je les vois
[9] Ms mon pere ! (*Antoinette est sortie et est supposée avoir frappé à la porte.*)
    Seconde femme
    Madame, rentrez vite, il va demander

ALIX, *survenant*.

Madame, rentrez vîte, rentrons. Il va demander pourquoi vous êtes ici.

HELOISE.

Mon pere, éveillez-vous.... mon pere, mon pere, éveillez-vous.

Scene XII.

Heloise, Maillard, Alix.[1]

MAILLARD.

Quel bruit ! O ciel ! .... Ma fille, que faites-vous ici ?

HELOISE.

Mon pere, sauvez-vous.... Les barbares ! ... Ils vont.... Ils vont vous tuer.... Le Roi de Navarre.... Ah ! mon pere, sauvez-vous ! Le Roi de Navarre s'empare de Paris..... Ils vont tout mettre à feu & à sang..... Sauvez-vous !

MAILLARD.

Je n'entends aucune rumeur. Qu'est-ce que cela veut dire ?[2]

ALIX.

Ah ! Sire[3] Maillard, c'est la vérité !

MAILLARD.

La vérité ? De qui savez-vous cela, ma fille ?

HELOISE.

Ah ! je le sais ! ....

MAILLARD.

De qui ?

HELOISE.

De mon mari.

MAILLARD.

De votre mari ? Quel délire, ma fille ! De votre mari ! Ma fille, rappelle tes esprits.

HELOISE.

Sauvez-vous, au nom de Dieu, sauvez-vous.... C'est à minuit.... Ils vont frapper.

MAILLARD.

Je ne vous écoute pas, que vous ne me parliez avec tranquillité.

---

[1] Ms Antoinette (*et infra*)
[2] Ms dire, Antoinette?
[3] Ms Sire *est omis*.

HELOISE.

Hé bien, mon pere….

MAILLARD.

Que voulez-vous dire ? Rappellez vos esprits.

HELOISE.

Eh bien, mon pere….

MAILLARD.

Parlez ; je vous l'ordonne.[1]

HELOISE.

Le fils de Marcel sort d'ici ; il me l'a dit à l'instant….. Les ennemis….. Le Roi de Navarre…. La porte Saint-Antoine va leur être livrée ; elle l'est à présent….. Et c'est son pere…. Ah ! barbare ! …. Ah ! malheureuse ! Et je ne pourrai plus regarder son fils ! …. Tout est perdu pour moi.

ALIX.

Oui, Sire Maillard ; il sort d'ici.

HELOISE.

Sauvez-vous, mon pere, sauvez-vous : ils en veulent à vos jours…. Anderson, Gors, Le Flamand,[2] tous les scélérats … Ils étoient ici : c'est ce soir, c'est en ce lieu qu'ils ont fait ce complot.

MAILLARD.

C'est en ce lieu, en ce lieu ! Ce soir, ce soir même ! Ô ! monstres d'iniquité !….. Thomas, Jacques, Mairet,[3] accourez, accourez tous…. Où êtes-vous ? appelez-les, appelez-les tous. Eveillez-les…. Eveillez mes domestiques…. *(Alix sort.)*[4] Il vous l'a dit ?

HELOISE.

Oui.

MAILLARD.

Quand ?

HELOISE.

A l'instant.

---

[1] Ms Que voulez-vous dire ? Parlez, je vous l'ordonne.
[2] Ms jours. Thiberge, Gois, le Coq, tous les
[3] Ms Thomas, Jaques [sic], Macret [sic], accourez
[4] Ms *sans didascalie*.

MAILLARD.

Le fils de Marcel ?

HELOISE.

Lui-même.

MAILLARD.

Où est-il ?

HELOISE.

Je l'ignore.

MAILLARD.

Et c'est son pere ? ….

HELOISE.

Son pere.

Scene XIII.

Les Memes, plusieurs Domestiques.[1]

MAILLARD.
Ô ! scélerats ! …… Apportez-moi mes armes, ma cuirasse, ma cotte de maille, ma hache…. La porte Saint-Antoine livrée au Roi de Navarre !

HELOISE.

Oui.

MAILLARD.

L'est-elle ?

HELOISE.

Je l'ignore.

MAILLARD.

A minuit ?

HELOISE.

A minuit.

MAILLARD.

Quelle heure est-il ?

---

[1] Ms Les précédens, des Domestiques.

ALIX.

Près de minuit.[1]

HELOISE.

Il sonne[2].... Je l'entends.... Il est minuit, il est minuit.... Je les entends.

MAILLARD.

J'y cours.... Armez-vous, armez-moi ... courons-y.
(Il jette son manteau.)

HELOISE.

Ah ! mon pere, qu'allez-vous faire ? Sauvez-vous.

MAILLARD.

Que je me sauve, quand Paris est en danger ! .... Quand des scélérats vont plonger leur poignard dans le sein des citoyens qui dorment sur la foi de ma vigilance ! C'est à travers ma poitrine que doivent passer les premiers coups ... Courez, éveillez[3] tous mes[4] gens.... Frappez chez les voisins ; allumez des flambeaux..... Mon épée est sur ma table.... Vous.... Eh, depuis quand savez-vous ce complot ?

HELOISE.

A l'instant.

MAILLARD *(Il s'arme)*.[5]

Ah ! les scélérats !

HELOISE, *se jettant aux genoux de son pere.*[6]

Ah ! mon pere, ayez pitié de votre fille ; ayez pitié de vous-même ; mettez vos jours en sûreté ! Que pouvez-vous opposer à leur troupe en furie ? Pourrez-vous briser le fer des lances que vous allez rencontrer ? Qui peut vous sécourir ?

MAILLARD.

Dieu, qui m'entend, & qui ne souffrira pas que cent mille victimes malheureuses soient noyées dans leur sang. Ah ! mon Dieu ! je vous implore ! c'est un peuple innocent, c'est un peuple malheureux, qui est à présent plongé dans le sommeil..... *(Il met un genou à terre.)*[7] Mon Dieu ! Mon Dieu, veillez pour lui ! .... Etes vous prêts ? Partons.... Ah ! mon Dieu, mon Dieu, que puis-je vous demander ? *(Il paroit prier bas.)*[8] Vous voyez nos maux ; secourez-nous ! .... Partons.

---

[1] Ms minuit. Je ne sais.
[2] Ms Ils sonnent
[3] Ms éveiller
[4] Ms tous nos gens
[5] Ms *sans didascalie.*
[6] Ms *(se jette à genoux.)*
[7] Ms *sans didascalie.*
[8] Ms *sans didascalie.*

HELOISE.

Mon pere.... Ah ! je me meurs !

MAILLARD.

Ma fille ! Ma fille ! *(Il fait un pas vers elle.)*[1] Ayez-en soin ...... Marchons.

Fin du quatrième Acte.

---

[1] Ms *sans didascalie*.

ACTE V.

Scene Premiere.

Sire Laddit, Anderson, L'Agent Et Un Autre.
Ces deux derniers sont armés : l'un porte un flambeau.[1]

(Deux hommes entrent l'épée à la main. Quelqu'un leur crie : arrêtez, attendez ! Ils se retournent, & s'arrêtent.)[2]

LADDIT.
Marchez sans faire aucun bruit ; posez ce flambeau derriere ces piliers. Voici la chambre de Maillard…. Et vous m'assurez qu'il est rentré ?

ANDERSON.
Quand je vous dis que le tonnerre tombé au milieu de nous tous, nous auroit moins effrayés que n'a fait sa présence.

LADDIT.
C'étoit à cet instant qu'il falloit ne pas hésiter, l'enlever, ou vous en défaire.

ANDERSON.
Je n'attendois pour cela qu'un signal du Prévôt.

LADDIT.
Qui pouvoit l'arrêter ?

ANDERSON.
La présence de son fils.

LADDIT.
Son fils ! Au reste il a bien fait ; tout étoit manqué…. Minuit est sonné par-tout ?

ANDERSON.
Oui.

LADDIT.
Je vais voir si le signal se donne : aussitôt je frapperai à sa porte : s'il ouvre, vous entrerez après moi. Alors, qu'il se mette en défense ou non, frappez, & par ses fenêtres précipitez-le dans la place. S'il ne répond pas, vous briserez sa porte. Retirez-vous en attendant sous ces voûtes sombres qui conduisent aux

---

[1] Ms *Sire Laddit, Thiberge (et infra) et deux hommes dont l'un est celui qui a le bras droit passé sous son manteau ; ils sont armées, l'un porte un flambeau.*
[2] Ms *Cette didascalie suit directement les mots Scene premiere.*

souterrains…. Mais j'entends du bruit. Si c'est lui qui sort, suivez-le ; & par-tout où vous le joindrez, donnez-lui la mort….. Ecoutez…. Non, non….[1] Aux premieres rumeurs, accourez…. Retirons-nous ; on vient …. J'entends…. Ciel, c'est sa fille ! Qui peut l'amener ici à cette heure ?
(Ils sortent tous.)

Scene II.

Heloise, Genevieve.[2]

GENEVIEVE.

Madame, où voulez-vous aller ?

HELOISE.

Les chercher, m'informer, voir quel est le sort de mon pere.

GENEVIEVE.

Eh ! Madame, si vous aviez le malheur de le trouver, vous ne feriez qu'augmenter son danger.

HELOISE.

Va, cours à l'Hôtel du Prévôt ; examine tout ce qui s'y passe ; demande, observe, vois si tout y est[3] tranquille. Tu y porteras mon fils. Il n'est à l'instant de sûreté dans Paris que dans la maison des scélérats.

GENEVIEVE.

Madame, je ne vous quitterai point. Alix va revenir ; elle vous dira ce qui se passe, & nous saurons….

HELOISE.

Que tout a péri : elle ne tarde que parce qu'ils l'ont tué.

GENEVIEVE.

Vous vous faites de fausses terreurs : elle va rentrer.

HELOISE.

Non, non ;[4] & moi-même….

GENEVIEVE.

Ah ! Madame, ne quittez pas ces lieux ! Où pouvez-vous être mieux que dans l'Hôtel-de-Ville ?

---

[1] Ms Ecoutez … Non, aux
[2] Ms Héloïse, Une Suivante (*et infra*).
[3] Ms si tout est
[4] Ms Non, non, j'y vais, et moi-même

HELOISE.

N'est-ce pas ici qu'ils ont fait leurs complots ? Ah ! mon pere, où pouvez-vous être ? Ah ! que je suis malheureuse ! Je ne le verrai plus…. Infortuné Marcel !

GENEVIEVE.

Ah ![1] Madame, je vous l'ai déja dit, vous ne devez plus avoir aucun sujet de crainte ! Votre pere n'a-t-il pas su le complot à l'instant même qu'ils partoient ? Il les aura joints. A l'aspect de Sire Maillard, le Prévôt s'aperçoit que tout est découvert ; il n'ose s'emparer des clefs, il n'ose faire entrer les ennemis. Votre pere est trop prudent pour lui faire sentir qu'il sait tout ; & vous allez les revoir, vous allez les revoir à l'instant.

HELOISE.

Je donnerois ma vie pour que cela fût.

GENEVIEVE.

Ma compagne ne tarde même à revenir que parce que tout se passe avec tranquillité. Le moindre bruit des armes l'auroit fait accourir, & aussitôt….[2] La voici…. Eh bien, les as-tu vus ?

Scene III.

Heloise, Genevieve, Alix.

ALIX.

Ah ! Madame, la frayeur me coupe la voix ! Je les ai suivis autant que les chemins, la crainte & les ténèbres ont pu me le permettre. Je suis allée[3] au-delà des murailles de l'ancienne clôture. Toute la ville m'a paru dans le plus grand calme. Mais, en revenant, j'ai entendu ouvrir des boutiques : on mettoit aux fenêtres des flambeaux que le vent éteignoit. Alors, un bruit sourd de voix étouffées, de cris venus de loin, une rumeur plus forte s'est fait entendre vers l'Hôtel-des-Tournelles. J'ai précipitamment passé sur les bords de la riviere, de l'autre côté de l'eau, dans la Cité. J'ai vu le spectacle affreux d'une maison qui brûloit : les flammes s'étendoient au loin. A la lueur terrible de cet incendie, qu'un coup de vent a semblé porter vers nous, la rue entiere m'a paru remplie de sang ; j'ai vu un cadavre étendu[4] sur la terre.

---

[1] Ms Eh, Madame
[2] Ms aussitôt … Eh bien ! Eh bien ! les as-tu vus ?
[3] Ms J'ai été
[4] Ms *Le mot* étendu *a été ajouté en interligne.*

HELOISE.

Un cadavre ! Ciel ! ….. As-tu remarqué ? …..

ALIX.

J'ai fui : alors j'ai vu courir vers moi des gens effrayés, qui sans doute étoient poursuivis. L'un d'eux a dit en jurant : il l'a tué : tout est perdu.

HELOISE.

C'est mon pere ! …. C'est lui sans doute. Allons-y ; suivez-moi, j'y cours…. Si mon fils…. Ah ! Ciel !….

GENEVIEVE, *qui s'est éloignée, & qui rentre avec précipitation.*

Madame…. Madame, je viens de voir quelqu'un qui s'est approché à pas lents, & qui ensuite s'est retiré avec la plus grande vitesse. Qui pourroit-ce être ? Madame, rentrez : nous sommes ici seules ; des femmes, sans secours, nous devons appréhender….

HELOISE.

Ah ! Ce n'est pas ici que sont mes craintes ! ….

Scene IV.

Les Mêmes,[1] *Sire Laddit.*

ALIX.[2]

Madame, Madame, c'est quelqu'un.

HELOISE.

Qui êtes-vous ? Ciel ! Sire Laddit !

LADDIT.

Ne craignez rien, Madame. N'est-ce pas là que demeure Maillard ?

HELOISE.

Oui. Pourquoi ?

LADDIT.

Faites frapper chez lui, & que je puisse lui parler.

HELOISE.

Lui parler ? Par quelle raison ? Pourquoi, Sire Laddit, pourquoi demandez-vous mon pere ?

---

[1] Ms Les Précédentes, sire [*sic*] Laddit.
[2] Ms Antoinette *effrayée*.

LADDIT.

Par ordre du Roi de Navarre.

HELOISE.

Il est donc dans Paris ? …. Ah ! malheureuse ! …. Eh ! dites-moi, je vous prie, de quel lieu, de quel quartier de Paris venez-vous ici ?

LADDIT.

De l'Hôtel du Prévôt, où j'ai reçu l'ordre qui est adressé à Maillard.

Scene V.

Les Memes, Les Hommes de la suite de Laddit.[1]

ANDERSON.[2]

Le bruit se fait entendre ; il redouble : ils sont entrés dans Paris. Dépêchons.

LADDIT.

Attendez…. Faites, je vous prie, ouvrir sa porte : il ne lui sera fait aucun mal.

HELOISE.

O Ciel ! ce sont eux qui vous accompagnent ; *(Ils ont des chaperons.)*[3] & c'est vous qui le dites !

LADDIT.

Vous ne le voulez pas ? *(aux assassins)* Frappez-y, vous autres.

HELOISE.

Mon pere n'est point ici, il n'y est pas ; et sa chambre est ouverte.

LADDIT.

Allez !
(*Les assassins sortent.*)[4]

---

[1] Ms Les précédens […] Sire Laddit.
[2] Ms Un Assassin
[3] Ms *sans didascalie.* (L'insertion de la didascalie implique une pièce destinée à la lecture plutôt qu'à la scène.)
[4] Ms *sans didascalie.*

Scene VI.

Heloise, Laddit.

LADDIT.
Madame, ne vous effrayez pas de ce qui va se passer. J'ai appris du Prévôt les nœuds qui vous attachent à son fils. Vous n'avez rien à redouter, ni pour vos jours, ni pour votre honneur.

HELOISE.
Sire Laddit, apprenez-moi quel sera le destin de mon pere.

LADDIT.
Vous le saurez. Il est des malheurs inévitables...... Mais la tranquillité qui vous attend.....

Scene VII.

Les Mêmes, Anderson.[1]

ANDERSON.
Nous avons cherché partout ; nous ne l'avons pas trouvé.

LADDIT.
Il y est : courez de chambre en chambre, parcourez l'appartement ; voyez dans celui de sa fille.

HELOISE.
Ah ! Dieu ! .... Quoi ! vous iriez ! .... Attendez....

LADDIT.
Il y est... Elle est effrayée.

HELOISE *fait un mouvement.*

LADDIT.
Arrêtez, Madame.[2]
(*Anderson sort.*)

---

[1] Ms Un Assassin (*et infra*)
[2] Ms Madame *est omis.*

Scene VIII.

Heloise, Laddit.

HELOISE.

O Ciel ! Sire Laddit, ils vont ! …. Je vais les suivre.

LADDIT.

Non, Madame, non ; restez ici : vous ne les suivrez pas. Si votre pere se met en défense, s'il arrive quelque malheur, épargnez-vous le spectacle de la violence qu'ils seront forcés d'employer.
(*Héloïse a les yeux tournés avec effroi vers le lieu où sont les assassins : elle craint pour son fils, & écoute avec des mouvemens de douleur & de frémissement ce qui peut s'y passer. Laddit continue.*)[1]
Mais, Madame, ne portez point votre attention sur ce qui peut se passer ; épargnez-vous la peine d'entendre…. Venez plutôt, suivez-moi chez le Prévôt.

HELOISE.

Ah ! laissez-moi ! Il n'est pas coupable.

Scene IX.

Heloise, Laddit, Anderson, & autres.[2]

ANDERSON.[3]

Nous avons cherché partout : Maillard n'y est point : nous n'avons trouvé qu'un enfant[4] qui dormoit.

HELOISE.

Ce n'est pas le mien. C'est celui d'une femme qui demeure ici.

LADDIT.

Retournez-y.

ANDERSON.

Il n'est pas,[5] vous dis-je, un seul endroit où nous n'ayons porté nos regards.

LADDIT.

Il nous échapperoit ! Ô rage ! …. Dis-nous à l'instant où est Maillard ; ou ce poignard, enfoncé dans ton sein….

---

[1] Ms (Héloïse pendant ce complot a les yeux effrayés, tournés vers le lieu […]) Laddit continue *est omis.*
[2] Ms Héloïse, sire Laddit, les Assassins.
[3] Ms Un Assassin
[4] Ms un seul enfant
[5] Ms point

ALIX[1] & GENEVIEVE, *couvrant*[2] *Héloïse de leur corps.*
Madame ! ô Ciel !

HELOISE.
Frape. Crois-tu, barbare, qu'une fille indiqueroit aux assassins de son pere le lieu de sa retraite ?

LADDIT.
Il est donc ici : cherchez, cherchez encore…. Apportez-moi cet enfant.

HELOISE.
Cet enfant ! Ciel ! Non, non ; arrêtez ; écoutez, écoutez-moi.[3] Il n'y est pas…. Tremblez, scélérats ; mon pere sait tout ; il a su & vos projets & vos complots aussitôt qu'ils ont été formés. C'est en ce lieu même, c'est ici qu'ils l'ont été. Mon pere a volé au secours de Paris, menacé par vos pareils. Je peux trahir son secret : il ne l'est plus à présent. Il a rassemblé sous ses ordres un corps nombreux de citoyens & de troupes armées pour la défense de la ville. Les cloches ! le tocsin ! Le tocsin ! Entendez-vous le tocsin ? *(On entend sonner le tocsin.)*[4] Tout est en armes à présent dans Paris. Courez : il est à présent à la porte Saint-Antoine, que vous devez livrer.[5]

LADDIT.
Seroit-il vrai ?

ANDERSON.[6]
O Ciel ! il seroit vrai ! Allons voir.

HELOISE.
Allez, allez l'y chercher ; osez vous présenter devant lui ; allez recevoir de sa main[7] la mort que vous méritez…. Mais non, non ; fuyez, fuyez ;[8] évitez par la fuite le supplice qui vous attend…. Et toi, digne agent du Prince cruel qui t'envoie, voilà donc le but des caresses dont je t'ai vu accabler mon pere !

LADDIT.
O fureur ! …… Et de qui dites-vous qu'il a appris ? ….

---

[1] Ms Antoinette
[2] Ms ensemble couvrant
[3] Ms arrêtez, écoutez-moi. Il n'y est pas.
[4] Ms *sans didascalie.*
[5] On remarquera le portrait très nuancé d'Héloïse, assez sentimental avec son mari en présence de leur enfant, mais très capable de lui faire la leçon, tourmentée par l'anxiété (dans un monologue (IV, 11), donc elle se maîtrise), esprit organisateur, et ici, femme de tête.
[6] Ms Les Assassins
[7] Ms de sa main *est omis.*
[8] Ms non, fuyez, évitez

HELOISE.

De moi.

ANDERSON, & *Les Autres assassins.*

Sauvez-vous, sauvez-vous, Sire Laddit.¹

HELOISE.

Ciel ! le voici, mon pere !²
(*Elle se range à côté de lui. Les assassins fuient en repassant sur la scene. Laddit reste, & remet son poignard dans le³ fourreau.*)

Scene X.

*Heloise, Laddit, Maillard, accompagné de gens armés &c.*⁴

MAILLARD.

Que vois-je ! Courez après ces gens-là ... Laddit ! Arrêtez-moi cet homme. (*Le montrant, puis parlant à lui-même.*)⁵ Que fais-tu ici ?
(*Une partie des gens armés se détache & entoure Laddit.*)⁶

LADDIT.

Par ordre du Prévôt.....

MAILLARD.

Va le voir entre les mains du peuple qui déchire ses entrailles.

LADDIT.

Quoi ! Marcel ! ....

MAILLARD.

Oui ; exécuteur de l'infâme complot que ta méchanceté a conduit, il étoit près de faire entrer dans la ville les troupes de ton maître ; cette hache l'a étendu à mes pieds.

LADDIT.

Il est mort !

---

¹ Ms *L'exhortation des assassins est omise.*
² Ms *ajoute*: Les Assassins en repassant sur la scene
Sauvez-vous [...]
³ Ms son
⁴ Ms gens armés portant des flambeaux, des haches, des épées.
⁵ Ms homme (*en montrant Laddit.*) Que fais-tu
⁶ Ms [...] armés se détachent ; d'autres entourent Laddit.)

MAILLARD.

Je l'ai vu, le perfide, se rouler dans son sang, arracher la terre, qu'il déchiroit avec ses ongles, & mordre de rage les clefs de la ville, qu'il tenoit encore à[1] sa main : supplice trop doux, mort trop prompte pour un François traître à son Roi & à sa patrie. Pour toi, l'échaffaud t'attend…. Qu'on le descende dans les prisons.

LADDIT.

Je suis envoyé par le Roi de Navarre : respecte le droit des gens.[2]

MAILLARD.

Qui le viole y renonce. Va joindre les scélérats que j'ai fait arrêter.

LADDIT.

O Ciel !
(*On l'emmene.*)[3]

Scene XI.

Maillard, Heloise, & suite.[4]

HELOISE.

Ah ! mon pere !

MAILLARD.

Oui, ma fille…. Oui, ma fille…. A-t-on éveillé les Magistrats ? A-t-on envoyé un courier vers le Dauphin ? Amenez-moi des chevaux : je vais faire le tour des remparts…. Oui, ma fille…. Paris te doit son salut. Retire-toi, calme tes craintes, va prendre du repos.

HELOISE.

Et son fils ? ….

MAILLARD.

Remercie le ciel de ce qu'il a daigné te choisir pour révéler le complot le plus affreux que l'enfer pût inventer.

---

[1] Ms en sa main. Mouvement difficile à exécuter, mais qui illustre bien la rage de Marcel. Cf. le langage parfois hyperbolique : « tout cela me jette dans un trouble que je ne conçois pas » (I, 3), « Je donnerais ma vie pour que cela fût. » (V, 2).
[2] Le droit des gens était un concept familier depuis les travaux de Pufendorf (1632–1694), mais les paroles de Laddit ne sont pas un anachronisme, car il parle après la publication de la Grande Ordonnance du 3 mars 1357, en fait peu appliquée. Coïncidence : le 3 mars 1766 vit la Séance de la Flagellation.
[3] Ms *sans didascalie*.
[4] Ms la même suite

HELOISE.

Hélas ! c'est le fils de Marcel qui m'a dit de vous l'apprendre !

MAILLARD.

Ma fille, sois citoyenne ; que ton cœur ne soit sensible qu'à la joie de nous[1] revoir. Est-il un chagrin que ne doive appaiser la consolation de penser à la grandeur du service que tu as rendu à l'Etat ? Sans toi, ma fille, sans toi, à l'instant où je te parle, la plus infâme populace plongeroit ses mains dans le sang des citoyens ; ils égorgeroient les peres de famille entre les bras de leurs femmes, les enfans sur le sein de leur mere ; ils livreroient cette malheureuse ville à toutes les horreurs de la plus affreuse désolation.... Le Ciel t'a fait naître, ma fille, le Ciel t'a fait naître pour le salut de ta patrie. Jouïs de ta félicité ; que rien ne la trouble.... On m'apporteroit à tes yeux,[2] on m'apporteroit mourant des coups que j'aurois reçus dans cette glorieuse occasion ;[3] j'emploierois mes derniers momens à t'embrasser, à te remercier, à te baigner des larmes de joie que je ressens du service que tu viens de rendre à ta[4] patrie.

HELOISE.

C'est à son fils que nous devons ce bonheur.

MAILLARD.

Que l'éternité soit sa récompense !

HELOISE.

L'éternité ! Dieux ! L'éternité ! Que dites-vous, mon pere ?

Scene XII.

Maillard, Heloise, Felix, suite.

HELOISE.

Ah ! Felix, ne me le cachez pas ! ...... Vous pleurez ! Votre ami est mort ?

FELIX.

Non, il respire.

MAILLARD.

L'infortuné ! Il a vu tomber son pere. Il s'est jeté sur lui, pour le couvrir de son corps, ou pour le secourir. Malheureux, tu m'as trahi, s'est écrié ce monstre ; & il lui a plongé son poignard dans le sein.

---

[1] Ms me revoir
[2] Ms yeux, oui on m'apporterait
[3] Ms reçus, j'employerais
[4] Ms la patrie

HELOISE.

Ah ! Ciel !

MAILLARD.

Horrible effet de la rage d'un scélérat qui se voit arracher le succès de son crime !

HELOISE.

Malheureuse que je suis !

MAILLARD.

Console-toi, ma fille ; jamais le fils d'un tel pere n'auroit été mon gendre.

HELOISE.

Il étoit mon mari !

MAILLARD.

Votre mari !

FELIX.

On l'apporte…. Ah ! mon ami !

Scene XIII.

Les Mêmes,[1] *Marcel fils.*

(*Il a dans le corps le poignard de son père :*[2] *on en voit la garde.*)

HELOISE.

Ah ! Marcel ! Ah ! mon cher époux !

MARCEL *fils.*

Ah ! Héloïse ! …. Maillard, j'ai dit…. J'ai dit qu'on m'apportât ici….. Je n'ai pas voulu qu'on m'arrachât ce fer qui me perce les flancs, avant que…. Ah ! que je souffre ! …. Héloïse, mon Héloïse, retirez-vous…. Maillard, j'ai mérité mon sort : j'ai trompé votre fille…. Elle étoit ma femme : elle a cru…. Ah ! Ciel !

HELOISE.

Ah ! Dieux ! ….

MARCEL *fils.*

Elle a cru, en m'épousant, obeïr à vos ordres.

MAILLARD.

Mon fils, je te pardonne : c'est par toi que Paris est sauvé.

---

[1] Ms Les précédens
[2] Ms de Marcel

MARCEL *fils.*
Et que mon pere est mort. Maillard, approuvez notre mariage : que je meure avec la consolation d'avoir obtenu votre aveu.[1]

MAILLARD.
Je l'approuve, mon fils, mon cher fils,[2] je prends le Ciel à témoin de la sincérité de mon cœur.... Vivez, vivez ! .... Courez promptement, courez chercher tous les secours....

MARCEL *fils.*
Ils sont inutiles : la mort va me dérober à la honte des projets de mon pere.

HELOISE.
Ah ! Marcel, c'est moi, c'est moi qui suis la cause de ta mort !

MARCEL *fils.*
Non ; tu as fait ton devoir. Adieu, mon Héloïse. Nous avons un fils ; conserve-toi pour lui. Maillard, soyez son pere, & pardonnez au sien. *(à Felix)* Adieu, mon ami ; adieu, mon Héloïse ; retirez-vous ... Ce fer me brûle ... épargnez-vous la douleur de voir....

HELOISE.
Que je te quitte ? Non, non ; mon bonheur est de mourir avec toi.

MARCEL *fils.*
Que je voie mon fils.... Allez, allez le chercher, Héloïse.
(*Héloïse fait un mouvement pour sortir.*)[3]

MARCEL *fils.*
Maillard, ce fer ... *(Il l'arrache.)* Ah ! Ah ! mon Dieu ! ....
(*Héloïse revient au cri de son mari. Felix se jette au-devant d'elle.*)[4]

FELIX, *à Héloïse.*
Il n'est plus !
(*Elle se trouve mal.*)

MAILLARD.
Que le Ciel, indulgent pour ses fautes, ne voie que ses vertus ! .... Conduisez ma fille chez elle. Portez son mari chez moi...... Qu'entens-je ?

---

[1] Ms avec la consolation de votre aveu.
[2] Ms mon cher fils, je l'approuve ; je prends
[3] Ms sortir de la scene.
[4] Ms (*Se jettant au devant d'Héloïse qui revient au cri.*)

UN CITOYEN.

C'est le peuple qui vient voir son libérateur.[1]

Scene XIV.

Maillard, Suite,[2] *Un Citoyen.*[3]

On emmene Héloïse ; on emporte Marcel fils. Il entre des citoyens de différens ordres, qui se jettent aux pieds de Maillard.[4]

Scene XV & derniere.

Maillard, groupe de[5] *Citoyens.*

MAILLARD.

Oui, citoyens, je vous ai sauvé la vie au péril de la mienne. Faites pour le Roi, faites pour l'Etat ce que j'ai fait pour vous. Que cette ville soit toujours la premiere du Royaume par sa fidélité, comme elle l'est par sa puissance ! Il étoit mon parent, il étoit mon ami, & je l'ai tué. Puisse périr ainsi tout perfide qui voudra troubler la tranquillité de la France ; & plaise au Ciel que, sous des régnes fortunés & paisibles, les siécles à venir ne connoissent jamais de pareilles alarmes !

Fin du cinquieme & derniere Acte.

---

[1] Ms *La réplique du Citoyen est omise.*
[2] Ms *Sa suite*
[3] Ms *Le Citoyen*
[4] Ms *pieds de Maillard, ils lui baisent les mains, ils embrassent ses genoux.)* La répartition de ce spectacle entre deux scènes de l'imprimé implique un genre de cérémonie où l'orateur n'entame son discours qu'une fois l'assistance placée et le silence établi.
[5] Ms *et des*

APPENDICE
MANUSCRIT Z CONCEPT 57E
(UNIVERSITÉ D'AMSTERDAM)

MARCEL.

Ils sont inutiles. La mort va me derober a la honte du crime de mon pere et a la presence de celui par qui il est mort [*à la ligne* l'a tué *biffé*]

HELOÏSE.

Ah Marcel ! C'est moi, c'est moi.

MARCEL.

Adieu mon Heloïse, nous avons un fils, conserve toi pour lui, Maillard, soyez son pere, et pardonnez au sien, … Adieu mon ami … Adieu mon Heloïse, retirez vous, ce fer me brule, epargnez vous un spectacle

HELOÏSE.

Que je te quitte, non non je veux mourir avec toi

MARCEL.

Que je voye mon fils allez allez le chercher, Heloïse,
Heloïse fait un mouvement pour sortir de la scene
Maillard je vous rends ! *il arrache l'epée* ah, mon Dieu !
Charles se jette au devant d'Heloïse qui revient au cri (didascalie non soulignée)
Il n'est plus.

MAILLARD.

Que le ciel indulgent [a *biffé*] pour [*en interligne*] ses fautes ne voye que ses vertus conduisez [la *biffé*] ma fille [*en interligne*] dans son appartement, portez son mary chez moi, Qu'entends je ?

Scene 13ᵉ et dernière.

Les Precedens, un Citoyen.

LE CITOYEN.

C'est tout le peupple [*sic*], qui crie, vive Maillard, il accourt en foule, il remplit la place, il demande une grace [*ajouté dans la marge* la satisfaction] de voir son liberateur

MAILLARD.

Mon Dieu ! Mon Dieu ! ce n'est pas moi, c'est toi, [*ajouté dans la marge* qui as enflammé mon coeur] c'est ta force qui as armé mon bras, puisse perir ainsi tout perfide [citoyen, *biffé*] homme qui voudra troubler le repos de la France et plaise [*mot barrés illisibles*] [au souverain maître des Destinées, *biffé*] plaise au Ciel que Les siecles a venir ne connoissent jamais de pareilles allarmes

Commentaire

Les remarques suivantes se fondent sur l'étude d'une photographie du document original que m'a aimablement fournie Monsieur André Evers, conservateur à la Bibliothèque de l'Université d'Amsterdam, à un moment où des travaux de réaménagement le rendaient inconsultable. Qu'il trouve ici l'expression de mes profonds remerciements.

La feuille (365mm × 240mm) porte le numéro 57E. Sa provenance originale nous est inconnue. L'écriture très petite et cursive est celle de l'auteur.[1] Elle offre un dénouement autre que celui de Vu 60 et de 1788. Le nom de Charles ne paraît ni dans le manuscrit Vu 60 ni dans l'édition de 1788, où ses paroles sont attribuées à Félix. Le numéro de la dernière scène a été modifié à deux reprises : de 9(?), il est devenu 12, et finalement 13. Il semble donc que ce fragment soit antérieur aux deux autres documents, et qu'il constitue un fragment d'une troisième version de la pièce, peut-être du manuscrit d'auteur, dont on ne retrouve que cette trace. L'état de la feuille permet certaines hypothèses. Les coins du coté droit sont écornés, et on remarque deux importantes déchirures sur les deux côtés latéraux (comme celles que subit la coiffe d'un livre maladroitement sorti d'un rayon). Il y a aussi une troisième déchirure oblique de 2cm de long à 2cm du bas du coté gauche. On se permet de constater que la feuille fut la dernière d'un cahier plié en deux, d'une épaisseur probable de 15mm approximativement. La photographie que nous avons consultée ne permet de détecter ni filigranes, ni la présence éventuelle des trous qui indiqueraient une couture, ni d'une déchirure entre eux.

---

[1] Ma constatation personnelle a été confirmée par l'expertise de Madame Jacqueline Razgonnikoff, qui s'est montrée, une fois de plus, la plus généreuse des collègues.

RAIMOND V : INTRODUCTION

Face à l'obstination du duc de Duras à interdire *Maillard*, Sedaine composa cette comédie héroïque qui met en scène les tribulations d'un troubadour qui cherche à faire représenter une pièce irréprochable quoique d'un style nouveau, face à l'opposition des courtisans et des professionnels de théâtre qui, à la longue, contrôlent les volontés du prince.[1] C'est, bien sûr, sa propre histoire. La comédie héroïque était, en 1778, un genre plutôt désuet. Faudrait-il voir, dans le choix de ce genre, un défi fondé sur sa relative popularité dans la première moitié du dix-septième siècle — autrement dit, avant l'hégémonie de l'esthétique classique ? Ou s'agit-il simplement d'une démonstration de plus de la maîtrise de Sedaine dans plusieurs genres dramatiques ? La pièce ne reçut que deux représentations à la Comédie-Française, le mardi 22 et le samedi 26 septembre 1789, la première eut lieu seize jours après la mort du duc. Deux représentations ne dénotent pas une réussite. Ces deux représentations valurent au théâtre 3 555 livres, 18 sols, 4 deniers, et Sedaine en reçut 223 livres, 14 sols, 6 deniers comme part d'auteur. Selon les registres, les représentations n'entraînèrent pas de dépenses extraordinaires ; tout le matériel nécessaire (peu considérable selon le texte) a donc dû sortir des magasins du théâtre.

Il paraît que la composition de *Raimond V* date de 1778, car une lettre de l'impératrice Catherine datée du 7 décembre 1778 y fait allusion et exprime son désir de recevoir une nouvelle comédie de Sedaine parce que celles qu'elle était déjà à même de voir (sorties d'autres plumes) l'endormaient, disait-elle. Et Grimm, l'ami de l'auteur, de l'envoyer le 15 février suivant tout en rapportant la surprise que l'auteur éprouva à recevoir une commande de la part de l'impératrice.[2] Malgré les réserves qu'abritait le diplomate à propos de *Raimond V*, il n'en fit pas part à Catherine et, au contraire, désigne Sedaine (excessivement modeste à son avis) comme « aujourd'hui le seul homme en France qui connaisse

---

[1] Voir Mark Ledbury, *Sedaine, Greuze and the Boundaries of Genre*, p. 242 et n.60. Pour un résumé de l'intrigue, voir ibid., pp. 242-43, n.63. L'étude de Ledbury est indispensable. Nous nous permettons cependant de ne pas le suivre dans tous ses arguments. Pour des précisions plus amples sur la commande que Catherine fit transmettre à Sedaine par le truchement de Grimm, on consultera l'indispensable étude d'Auguste Rey, *La Vieillesse de Sedaine* (Paris : Champion, 1906).

[2] Rey, *op.cit.*, pp. 11-12. La Bibliothèque municipale de Besançon détient une autre lettre, rangée sous la cote ms 1442 (355), que l'auteur adressa probablement au censeur Suard le 8 mai 1789, qui évoque une commande reçue de Catherine II « il y a neuf ans » ; voir Ledbury, *op. cit.*, p. 242 et n.60. Allusion du même genre dans des documents publiés par Ch. Nodier dans *Théâtre choisi de G. de Pixerécourt* (Paris : Tresse, 1843), IV, p. 501, n.1 et p. 515.

véritablement le théâtre, qui ait du génie et de l'invention ». L'ensemble de l'œuvre de Sedaine ne dément pas cette assertion. Mais, aucune représentation n'eut lieu, pour des raisons évidentes, que Rey expose amplement. Sedaine reçut néanmoins douze mille livres de gratification de la part de l'impératrice. Rey offre un long compte rendu de la lecture de la pièce que Betsky, le conseiller privé de l'Impératrice, lui fit « [en grommelant] entre ses dents », et de son verdict une fois la lecture finie : « cette pièce était irreprésentable parce qu'elle choquerait trop de monde ».[1]

Le texte de la pièce n'a jamais été imprimé et n'existe qu'en deux manuscrits. L'un est détenu aux archives de la Comédie-Française (ms 368). Ce manuscrit est le texte de base de notre édition. Il fut rédigé par Bouthier (connu aussi comme Bouthier Darcourt), copiste et secrétaire de la compagnie dans les années de la Révolution.[2] On y repère aussi une intervention de la main de Delaporte. Le manuscrit comporte des béquets et une certaine confusion dans l'ordre et la numérotation des scènes.

Le visa du censeur, Suard, figure au bas de la dernière page, où on lit :

> En conséquence de la commission que j'ai rçue du Comité de la Ville, j'ai lu l'*Epreuve intuile*, comédie en cinq actes et je n'y ai rien trouvé qui m'ait parru devoir en empêcher la representation. A Paris le 7 août 1789. [*signé*] Suard.
> Nota
> Dans la scene 3 du 3e acte, j'ai cru devoir effacer un vers dont on pourrait faire un aplication facheuse, ce que l'auteur peut changer aisément.
> Vu l'approbation permis aux comediens français ordinaires du Roy de representer [faire au comité *barré, suivi d'un mot illisible*] a la charge d'en remettre incessamment une copie au comité de la police.
> Fait au comité à la charge ce 21 7bre 1789.
> [*Signé*] Desjardins [,] secrétaire, le Cte de Miroménil, Bourdon de la Croniere.

Pourtant, derrière ces formules consacrées se profile encore une dispute épistolaire entre l'auteur et les autorités dramatiques et administratives. Une lettre de Sedaine, datée du 4 août 1789, où il répond à une lettre perdue de Suard, révèle sa tentative de faire représenter *Raimond V* à la place de *Maillard*. Il paraît que Suard tardait à accorder son visa et qu'il s'attira ainsi des reproches d'une franchise peu commune :

> C'est Monsieur et cher confrere avec la rougeur sur le front que je reponds a la lettre que vous me faites l'honneur de m'ecrire.
> D'apres votre avant derniere ou vous me dites *qu'il n'y aura nulle chicanne pour l'approbation et que j'en dois etre bien Sur* [.] Les Comediens ont leurs

---

[1] Voir Rey, *op. cit.*, pp. 13–15.
[2] Selon un document du Dossier Sedaine dans les Archives de la Comédie-Française, Sedaine versa à Bouthier la somme de 58 livres,17 sols, 6 deniers pour la copie de la pièce et des rôles.

Roles distribués [.] Mrs Florence et Dazincourt m'ont dit lundi qu'ils allaient apprendre jour et nuit pour donner ma pièce aussitot[.] elle est bien, (Grace aux Censeurs) la première en datte puisqu'elle prend celle de Paris Sauvé lû et reçu il y a 18 ans.

Vous ne passeriez pas dites vous, Monsieur, les bornes de la liberté qu'on veut etablir [.] est ce a vous Monsieur qu'il faut dire que les bornes de la liberté sont où commence la licence sur la religion, les mœurs, ou l'interest national [?] et je crois qu'il n'y a rien de licencieux dans mon ouvrage et vous en etes bien convaincu.

Vous avez (dites vous) vos principes[.] permettez moi de vous le dire, c'est peut etre un malheur[.] il est impossible que vous vous soyez depouillé entierement de ceux dont vous vous etiez revêtu ; Quiconque a servi longtemps d'agent a la surveillance soupçonneuse du despotisme ministériel en est marqué toute sa vie, et si j'avais eu cet honneur, j'aurois refusé la place de censeur, en donnant cette raison.

Enfin, Monsieur, faut il que je vous prie de me remettre mes deux manuscrits afin qu'il ne se perdent point encor ? Faut il que je m'adresse a Mr Le Maire (il connoît l'ouvrage il y a longtemps) faut il que je demande au comité provisoire qu'il me nomme deux citoyens pour censeurs ? Enfin quel doit etre le parti que j'ai a prendre ? il me seroit plus doux de m'en rapporter totalement sur l'amitié dont vous m'honorez, et sur la promptitude que vous voudrez bien mettre a ma satisfaction.

J'ai l'honneur d'etre avec un tres sincere attachement,
Monsieur, et cher confrere
Votre tres humble et tres
obeissant serviteur
M. J. Sedaine
le 4e Aoust 1789 j' envoyerai demain le matin prendre votre reponse.[1]

Un autre manuscrit, qui est une mise au net du premier sortie de la plume de Lemazurier (ms Douay 1114), se trouve au Département des Arts du spectacle de la Bibliothèque nationale de France.[2]

D'une main inconnue, une note qui figure sur la dernière page de ce manuscrit n'éparge ni Sedaine ni Suard :

> J'espere [sic] qu'il n'est pas Malplaisant que les patriotes de 1789 qui avaient tant crié contre la Censure, la trouvassent bonne et la conservassent du moment où elle tombait en leurs mains et surtout qu'ils la fissent exercer par l'ancien Censeur.

---

[1] Je remercie mon ami et collègue Monsieur François Moureau de m'avoir communiqué cette lettre, qui figure dans sa collection personnelle. La forme « envoyerai » se trouve chez les auteurs classiques mais devient rare à l'époque de Sedaine.
[2] Le ms Douay 1114 figure au numéro 1956 du catalogue de Soleinne (A. Boës, *La Lanterne magique de l'histoire*, p. 151). Pierre-David Lemazurier, né en 1775, était secrétaire du comité d'administration de la Comédie-Française. Son ouvrage principal, *Galerie historique des acteurs du Théâtre-Français*, parut en 1810. *La France littéraire* lui consacre un long article.

Suard approuvait une satire contre les premiers gentilshommes de la chambre et les intendants de Menus plaisirs (cette détestable Comédie n'est pas autre chose) [.] Mais aurait-il approuvé une pièce où le fouet du ridicule eut [sic] atteint les révolutionnaires? Non sans doute : La Censure n'avait que changé d'objet. Sous le regne de Louis XVI, il censurait au profit des grands ; sous le regne de la révolution, au profit de la canaille.

Perspectives politiques contemporaines

Une première question se pose : celle de savoir pourquoi Sedaine choisit comme cadre le règne du comte Raimond V de Toulouse. Que ce fût pour pouvoir émettre une critique de la situation actuelle sans citer ouvertement le régime sous lequel il vivait ne peut fournir une réponse adéquate, car ni une période reculée dans le temps ni un pays éloigné ne suffisaient à occulter une critique que l'usage des transpositions rebattues avait rendu transparente.[1] Il ne pouvait savoir non plus, aux alentours de 1780, pendant combien de temps encore le duc de Duras allait vivre, et son office de premier gentilhomme ne devait finir qu'avec sa vie. Il semble donc probable que l'auteur ne comptât jamais, au moment de la composition, voir représenter sa pièce sur aucune scène officielle française. Sedaine n'avait sûrement pas non plus l'ingénuité de croire que le texte commandé par Catherine II serait plus acceptable à la cour de Saint-Pétersbourg qu'à celle de Versailles.[2] On comprendrait l'avantage *moral* qu'aurait pu recueillir Catherine si elle avait permis une représentation de *Maillard* que le ministre français n'avait pas voulu envisager, mais l'avantage *politique* paraît fort douteux. En revanche, une comédie ayant trait aux machinations (anachroniques-allégoriques) d'une cour toulousaine du Moyen Age semble en fait offrir peu d'intérêt à la cour de Saint-Pétersbourg dans la décennie de 1780, sinon des analogies peu bienvenues. On est porté à conclure qu'en lui offrant *Raimond V*, Sedaine destinait à l'impératrice seule une esquisse de programme moral et idéal plutôt que pratique, assez conventionnel d'ailleurs, couché dans une comédie sérieuse. Démarche apte à flatter une « despote éclairée » et à souligner la distance qui la séparait de la monarchie absolue française ; démarche payante même, mais sans lendemain. *Raimond V* est le pendant de *Maillard* et ne peut être pleinement compris sans le prendre en compte, ce que la majorité des contemporains ne pouvaient faire. Peut-être le simple fait de composer *Raimond V* soulageait-il l'auteur impuissant des multiples contretemps qu'il avait essuyés avec *Maillard*.

---

[1] Cette transparence ne constituait pas toujours un obstacle, comme le prouve *Les Philosophes* de Palissot, mais tout dépendait des personnes concernées et du moment.
[2] « […] too controversial to perform on Catherine II's stage […] unperformable », selon Ledbury, *op. cit.*, p. 246. Cf. Rey, *op. cit.*, p. 13.

Le choix du règne de Raimond V et du lieu dramatique ne peut être fortuit. Il est possible que Sedaine ait décidé de répondre à la suppression de *Maillard*, situé comme il est à un moment du Moyen Age qui offrait des parallèles avec la période de 1770, en choisissant comme cadre une époque encore plus reculée dans le temps qui, elle aussi, pouvait fournir des analogies avec la conjoncture actuelle. Ou presque actuelle, car la longueur du règne de Raimond V (1148–1194) rappelait, en 1780, plutôt celui de Louis XV que celui de Louis XVI, et Constance, telle que la pièce la présente, montre plus d'affinités avec Madame de Pompadour qu'avec Marie-Antoinette. Le Raimond de la pièce est un hybride, car la longueur de son règne rappelle Louis XV, et son tempérament, Louis XVI. Mais en ce qui touchait la vie théâtrale, qui est le centre conceptuel de la pièce, rien n'avait encore changé. D'autres facteurs rendent le choix encore plus pertinent : l'hérésie albigeoise qui marquait particulièrement les quinze dernières années du règne (que la pièce n'évoque pas), et la place privilégiée des troubadours à la cour toulousaine. La turbulence politique que provoqua l'appel que Raimond devait lancer (bien tardivement) au chapitre de Cîteaux en 1177 pour supprimer l'hérésie albigeoise, et qui en fait scella la disparition du comté une cinquantaine d'années plus tard, trouve peut-être (mais on ne peut l'affirmer) son reflet (dans l'esprit de Sedaine) dans la restitution, après Maupeou, des anciens parlements, donc de la suppression de « l'hérésie » des nouveaux. A cela, il faudrait ajouter le cadre manifestement symbolique de l'action, le Palais Narbonnais, résidence principale des comtes, présentée au début de la pièce comme étant délabrée et déserte après l'époque glorieuse de Raimond IV.[1] Versailles avait perdu un peu de son éclat au cours des années, et Sedaine connaissait sans aucun doute *Le Siècle de Louis XIV*.

Perspectives politiques médiévales

Le règne de Raimond V est marqué par des campagnes et surtout par ces alliances très complexes qui caractérisent le Moyen Age. Ses contemporains lui reconnurent un esprit d'entreprise, une ampleur de vues et un tenace courage.[2] Sedaine, qui était manifestement attiré par des figures historiques fortes et sous-estimées, n'y fait aucune allusion mais porte son attention exclusivement sur la vie de cour, domaine propre de la comédie héroïque. La cour de Raimond, telle

---

[1] Il n'y a en fait rien qui justifierait une comparaison aussi défavorable à Raimond V, mais tous les spectateurs éventuels n'étaient pas spécialistes de l'histoire. Des fouilles entreprises par l'INAP en août 2005 ont révélé une partie des soubassements du Palais Narbonnais sous l'aile sud en démolition et le parking de l'actuel Palais de Justice. Voir les sites web cités dans notre bibliographie.

[2] Pour un résumé lapidaire des enjeux politiques que devait affronter Raimond V, voir *Histoire du Languedoc*, sous la direction de Philippe Wolff (Toulouse : Privat, 1988), pp. 179–80.

que nous la dépeint l'histoire, se caractérisait par ses déplacements et par sa laïcité — et cela à une époque qui voyait la montée de l'hérésie et l'augmentation des pouvoirs seigneuriaux des évêques.[1] Selon le mot de Laurent Macé, qui note l'absence de personnages ecclésiastiques de la cour : « la cour laïque du prince baigne [...] dans une culture exclusivement profane ».[2] Un seul personnage faisait exception à cette règle, Aldebert, évêque de Nîmes de 1141 à 1182 et oncle du comte, qui jouait un rôle de premier plan dans certaines négociations diplomatiques.[3] Dans le contexte turbulent de l'époque, le comte avait à consolider des alliances et à se rendre visible à ses vassaux, dans le but surtout d'affirmer son influence dans les domaines languedociens et provençaux et de limiter les ambitions de la maison de Barcelone. Pour ce faire, il voyageait beaucoup, séjournait dans ses diverses résidences et fréquentait la noblesse locale de manière à s'en faire soutenir au besoin.[4] Cette politique de l'intimité, des liens personnels, comportait des avantages indéniables mais apportait aussi l'inconvénient de priver le comtat d'un véritable centre de pouvoir reconnu de tous car, forcément, le comte était souvent absent de Toulouse. En revanche, sa présence dans plusieurs châteaux attirait nombre de troubadours capables de l'apprécier et de répandre des éloges de sa personne lorsqu'ils circulaient ailleurs. Sedaine n'évoque pas les périples du comte, mais ceux du troubadour sont évidents dès le début de la pièce.

Le personnage de Constance était marquant. Quoique Sedaine mette l'accent sur l'amour, plus raisonneur que fou, de Constance et du comte, l'histoire retient une image moins sentimentale du mariage et des raisons — purement dynastiques — pour lesquelles il fut contracté. Veuve d'Eustache, comte de Boulogne et sœur de Louis VII, elle devint l'épouse de Raimond en 1154. Il l'associa à nombre d'actes officiels, mais ces actes étaient de nature surtout domaniale, religieuse ou charitable. Son rôle avait un caractère essentiellement féminin selon les critères du temps. Cependant, Sedaine renverse totalement le personnage historique. Le personnage qu'il crée ne comporte rien de religieux ; elle est philosophe et, selon les critères dramatiques, masculine, car elle dirige le jeu.[5] La période du mariage de Raimond et de Constance coïncide en fait avec un déclin dans le statut de la

---

[1] Ibid., p. 182.
[2] Voir *Les Comtes de Toulouse et leur entourage, XIIe–XIIIe siècles* (Toulouse : Privat, 2000), p. 143.
[3] Voir Laurent Macé, 'L'Entourage aristocratique de Raimond V, comte de Toulouse (1148–1194)', in *Les Voies de l'hérésie*, vol. 1, p. 107.
[4] Il possédait, en plus du Château-Narbonnais, le palais de Saint-Gilles, le château de Beaucaire, l'ancienne résidence des comtes de Mauguio, et l'ancien palais vicomtal de Nîmes ; la multiplicité de ses résidences renforçait l'image de son autorité ; voir Macé, *Les Comtes de Toulouse*, pp. 48–49.
[5] Elle rappelle la Marquise de Clainville de *La Gageure imprévue*, qui porte encore plus loin ce talent.

femme au profit des fils aînés.[1] Le comte se réservait la politique fondamentale. Il commença à négliger Constance dès 1164 et, suite à des traitements indignes, elle se réfugia chez son frère en août 1165. Le pape Alexandre III tenta de réconcilier les époux en 1174, mais Constance ne pouvait tolérer la polygynie du comte. Elle ne choquait pourtant pas les chroniqueurs qui acceptaient les relations extra-conjugales pour les hommes de la haute aristocratie entre deux unions régulières, ou durant la jeunesse ou la viduité. Les comtes ne se contenaient pourtant pas dans les limites agréés par l'Eglise. Constance mourut le 3 septembre 1190. En 1166, Raimond épousa Richilde, riche veuve et unique héritière du comte Raimond-Bérenger III de Provence.[2]

Le rôle du troubadour dans la vie de cour était capital, et il exerçait une influence politique marquée. La partie érudite du parterre de la Comédie-Française savait peut-être que les troubadours étaient plus que de simples chanteurs ou chansonniers, mais on ne peut rien affirmer à propos d'un groupe aussi hétéroclite. C'est grâce aux travaux de l'historien moderne, Laurent Macé, que nous sommes maintenant à même d'apprécier l'ensemble de leur rôle. Les archives de Toulouse furent sinistrées à deux reprises, en 1737 et en 1793. Ainsi disparurent des fonds de documents sans doute capables de nous offrir des renseignements capitaux sur les cours médiévales. Mais, comme le précise Christopher Gardner dans son compte rendu du travail de Laurent Macé, l'historien a su en partie suppléer à cette carence en interrogeant précisément l'œuvre des troubadours.[3] Leur importance dans le contexte politique est capital ; Macé écrit :

> Les différents protagonistes [...] multiplient les efforts pour attirer à eux les plus grands troubadours occitans de leur temps car ces derniers constituent un enjeu culturel et politique d'importance. [...] La cour du prince brille aussi autant par l'éclat et la diffusion de l'esprit de la lyrique courtoise que par sa capacité d'attraction : le seigneur doit réunir les conditions matérielles et sociales nécessaires à la constitution d'une cour, lieu de création et de réception de la poésie. [...] Les troubadours, membres à part entière de l'entourage du comte, constituent un groupe singulier qu'il est nécessaire de voir évoluer autour de la personne du prince.[4]

---

[1] Martin Aurell I Cardona attribue ce déclin à la crise de la puissance publique avant 1030 qui entraîna aussi une détérioration du statut des cadets et des filles et l'apparition du patronyme qui remplaçait le nom de la mère dans les documents officiels. Le nom de la mère avait figuré pour des raisons de clarté, car les prénoms de garçon étaient moins nombreux que ceux des filles. Le statut de la femme commençait à reprendre son importance après 1180 ; voir 'La Détérioration du statut de la femme aristocratique en Provence (X^e–XIIe siècles)', in *Le Moyen Age* 91 (Bruxelles : La Renaissance du Livre, 1985), pp. 5–32.
[2] Voir Macé, *Les Comtes de Toulouse*, pp. 58–60 et 174–78. La réconciliation entreprise par le pape était sans doute d'ordre purement politique, vu que Raimond s'est remarié en 1166, mais « Qui peut sonder de Dieu l'insondable pensée ? » (Lamartine).
[3] Voir *Speculum*, vol. 78 no. 3 (juillet, 2003), pp. 951–52.
[4] *Les Comtes de Toulouse*, p. 138.

Les troubadours étaient souvent (pas toujours) de souche noble et, en chantant les louanges des comtes, évoquaient leur prouesse et leur vaillance (*pretz* et *valor*), valeurs qu'ils partageaient eux-mêmes. Macé précise : « Le *pretz*, à la fois, prix, estime, mérite, est la vertu suprême de l'absolu chevaleresque. Cette notion est omniprésente dans les portraits esquissés pour brosser l'image du prince idéal. C'est d'ailleurs la principale qualité attribuée à Raimond V ».[1] L'intimité des comtes et des troubadours s'étendait à un point inimaginable sous la monarchie absolue des derniers Bourbons. L'usage réciproque du *senhal* (un surnom poétique servant à se désigner de manière exclusive et parfois mutuelle) entre les comtes et les troubadours témoignait de leur solide et étroite amitié, et les troubadours prenaient une part active aux débats sous une forme poétique.[2] Ils se faisaient donc vraiment écouter dans le domaine politique, ambition que partageaient les esprits éclairés du tiers état de 1780. Cependant Sedaine renferme Gavaudan dans un rôle beaucoup plus étroit, conformément peut-être à l'image à laquelle les spectateurs éventuels s'attendaient. Le troubadour regrette la gloire des temps passés et s'attendrit sur le souvenir de l'enfant Raimond, réunissant ainsi une mièvrerie de vieillard et une indécence sociale, comme si l'auteur ne pouvait s'affranchir des poncifs du drame bourgeois tout en composant une comédie héroïque. La raideur de la probité de Gavaudan, un peu lassante peut-être, qui fait qu'il se répugne d'abord à réclamer la composition de la pièce issue de la plume de Constance, est conçue pour faire contraste avec la souplesse ignoble des courtisans rangés contre lui.

La Constance de la pièce dit avoir chanté les tensons et les sirventès de Gavaudan, ce qui, avec la pièce qu'elle écrit, sert à suggérer chez elle deux traits de caractère, conformes d'ailleurs à la part qu'elle prend à l'intrigue. La tenson était un dialogue poétique où deux participants soutenaient des positions opposées ; selon l'*Encyclopédie*, elles traitaient des questions galantes sur l'amour.[3] Le sirventès était un poème moral ou satirique inspiré le plus souvent de l'actualité politique. Les attributs du troubadour incluent donc l'intelligence, une capacité de défendre un point de vue selon un schéma conventionnel, et une compréhension de la politique à l'échelle comtale. Sa portée politique rebondit inévitablement sur la lutte philosophique pour la représentation bourgeoise au sein de l'état.

---

[1] Ibid., p. 305. L'auteur cite aussi les noms des troubadours issus des milieux bourgeois. Les fortunes de certains leur permettaient d'accéder à une culture littéraire. L'éminence des universités de Toulouse et de Montpellier renforçait le niveau culturel et le prestige du comté.
[2] Ibid., pp. 139–43. Voir aussi Jean-Luc Dejean, *Les Comtes de Toulouse, 1050–1250* (Paris : Fayard, 1988).
[3] VII, p. 140B. L'*Encyclopédie* ne mentionne pas les sirventès.

Les Incarnations dramatiques des courtisans (1780)

Le censeur Suard trouva prudent, dans son examen du manuscrit de la pièce, de supprimer certaines paroles dans la troisième scène de l'acte trois parce qu'il trouvait possible qu'on y discernât une allusion personnelle — une « application ». Son visa daté du 7 août 1789 porte en note : « Dans la scène 3 du 3e acte, j'ai cru devoir effacer un vers, dont on pourrait faire une application fâcheuse, ce que l'auteur peut changer aisément ».[1] Mark Ledbury reconnaît, dans son étude, que le personnage du grand sénéchal est une satire personnelle dirigée contre le duc de Duras, ce qui expliquerait les représentations permises seulement (et assez promptement) après sa mort dans les tout premiers mois de la Révolution.[2] Il rappelle aussi, à juste titre, que la pièce s'attaque surtout à nombre d'institutions théâtrales et, plus généralement, politiques. Le moment était crucial, car on ne pouvait savoir, en septembre 1789, jusqu'à quel point ces institutions allaient persister dans leur voie traditionnelle, évoluer, ou même disparaître.

Si l'identification du sénéchal avec le duc de Duras est évidente, le courtisan qui se profile derrière le personnage du Grand Référendaire a échappé à la perspicacité du critique moderne. Mais la note ajoutée au manuscrit Douay 1114 (pp. 85-86) permet de l'identifier : « Suard approuvait une satire contre les premiers gentilshommes de la chambre et les intendants des Menus plaisirs … ».

Il s'agit donc de Papillon de La Ferté, intendant des Menus Plaisirs depuis 1756, et de ses associés. Né en 1727, La Ferté fut guillotiné le 7 juillet 1794. En 1756, il acheta une des trois charges d'intendant des Menus, et exerçait seul la fonction après 1762. Il s'occupait du détail de l'administration théâtrale (à laquelle fut ajoutée celle de l'Opéra après 1780) sous la tutelle des Premiers Gentilshommes. Son biographe, Ernest Boysse, le désigne comme : « intermédiaire et agent d'exécution des Premiers Gentilshommes de la Chambre ».[3] Selon Martine de Rougemont, le *Journal* que La Ferté tenait « pour démontrer à la postérité qu'il a

---

[1] Ms 368, f.162. Pour les changements apportés au manuscrit, voir notre texte, *infra*.
[2] Ce fut en fait Raimond VI qui commença l'introduction des sénéchaux pour assurer le gouvernement des diverses régions, mais le processus était toujours incomplet avant 1229 ; voir Malcolm Barber, *The Cathars ; dualist heretics in Languedoc in the High Middle Ages* (Londres : Longman, 2000), p. 46. Une sénéchaussée était un gouvernement civil et militaire, royal, donc en dehors du réseau féodal, ce qui rend la désignation particulièrement apte pour évoquer Duras. Des sénéchaux figurent dans *Nanine* de Voltaire (1749), dans *Le Bal de province* de Carmontelle (1775) et dans *Richard, Cœur de Lion* de Sedaine (1786). Le côté militaire de leur rôle n'y est pas évoqué ; le titre semble y figurer pour la seule raison qu'il permet d'éviter l'allusion à une fonction précise dans l'administration contemporaine.
[3] Voir *Journal de Papillon de La Ferté, intendant et contrôleur de l'argenterie, menus plaisirs et affaires de la chambre du roi, 1756-1780* (Paris : Ollendorf, 1887), p. 3. Voir aussi le résumé concis de sa carrière et de ses ambitions dans l'étude de Martine de Rougemont, *La Vie théâtrale* (réimp. Genève : Slatkine Reprints, 1996), p. 241.

été impuissant à agir convainc peu ».[1] Au contraire, elle note que La Ferté était partout et contrôlait tout. Pour les représentations à la Cour, il surveillait les répétitions et la mise en scène, ce qui n'est pas sans intérêt pour l'intrigue de *Raimond V*. Il entretenait de bonnes relations avec Madame de Pompadour, et la faveur royale dont il jouissait sous Louis XV se maintenait sous le règne suivant. Le Contrôleur des Finances était le ministre qui figurait le plus dans la vie de La Ferté, probablement parce que les Menus avaient une réputation de prodigalité. Boysse le dépeint plutôt comme s'évertuant à contenir celle du Maréchal de Richelieu.[2] Ses relations avec Sedaine devaient être celles d'un haut fonctionnaire noble avec un homme du peuple, distingué certes, mais peu intégré à la haute société, et dont l'intendant faisait finalement peu de cas, car on note que La Ferté s'attira la réflexion, de la part du roi et de la reine (qui appréciaient beaucoup certaines des pièces de l'auteur), qu'il fallait le désigner, non pas comme Sedaine, mais comme *Monsieur* Sedaine.[3] Sedaine connaissait aussi la censure de La Ferté, qui avait déjà coupé le texte du *Déserteur* pour une représentation à la Cour le 14 octobre 1769.[4] Le portrait du personnage qui précède le texte de la pièce dans le manuscrit Ms 368 indique quelqu'un de grave et d'empesé, dépourvu de talents, qui devait sa place uniquement à son protecteur.[5] Sa fonction à l'intérieur de la comédie est de seconder le sénéchal et de faire mettre en application ses ordres. Il remplit aussi la fonction de proxénète (III, 2). Selon Adolphe Jullien:

> L'Opéra était encore, à la fin du siècle dernier, le refuge légal de toutes les filles ou femmes qui voulaient échapper à l'autorité paternelle ou maritale. *Filles du magasin*, tel était le nom des demoiselles du chant et de la danse, qui, n'ayant pas encore achevé leurs études, figuraient sur la scène avant d'être engagées. Dès qu'elle était inscrite au magasin, une fille ou une femme, si jeune fût-elle, ne dépendait plus de sa famille, et l'autorité du père, de la mère, du mari, s'arrêtait au seuil de ce lieu d'immunité d'où la jeune indépendante

---

[1] Un but aussi contraire à la norme s'explique par son désir d'établir une version personnelle des événements pour s'exculper devant les révolutionnaires. Il rédigea son *Journal* en prison, peu avant son exécution.

[2] Voir Boysse, *op. cit.*, 'Les Dépenses', pp. 45–53. La Ferté travailla sous cinq Contrôleurs au cours de sa carrière. Ceux-ci ne restaient pas longtemps en fonctions, en raison de l'impossibilité de la tâche qu'ils affrontaient.

[3] Auguste Rey cite la princesse Constance de Salm, qui note le mot du maréchal de Maillebois (voir ci-dessus) et évoque la réserve et la froideur de l'auteur (*op. cit.*, pp. 45–46). La réaction de La Ferté est moins généreuse, mais la défiance de Sedaine se lit dans les lettres que Grimm adressa à Catherine II où, comme nous l'avons vu, il évoque la surprise de l'auteur devant la commande impériale de lui fournir des comédies (*ibid.*, pp. 12–15). Pour d'autres références touchant les relations de Sedaine avec les courtisans, on consultera Ledbury, *op. cit.*, p. 282, n.76.

[4] Boysse, *op. cit.*, p. 255.

[5] Ces portraits furent attachés au ms 368 « pour servir de guide aux acteurs », donc probablement peu avant la représentation. Ils sont d'une main inconnue.

pouvait sortir sans aucun risque d'être inquiétée, et où elle pouvait se faire admettre par la simple raison qu'elle voulait se rendre libre ; ni les moyens, ni le talent, ni même l'espoir d'en acquérir un jour, n'étaient nécessaires pour motiver ces inscriptions tout à fait arbitraires.[1]

Selon les Goncourt, cette règle, qui s'appliquait également à l'Opéra et à la Comédie-Française, était en vigueur jusqu'en novembre 1774. Son abrogation ne signifie pas nécessairement que la pratique cessa du jour au lendemain. Quoique l'abus ne surprenne personne, l'évoquer sur scène, surtout quand l'application était aussi voyante, est une insulte ouverte de la part d'un auteur qui estime qu'il n'a plus rien à perdre.

Dans les premières scènes du quatrième acte, le troubadour Gavaudan provoque la consternation du machiniste et des entrepreneurs des habits et des ballets par son refus de leurs services dans la mise en scène de la pièce dont il feint d'être l'auteur. Derrière ces figures caricaturales férues des conventions théâtrales, stériles et rémunératives, se profilent des personnages réels liés à La Ferté.[2] Il avait sous ses ordres deux secrétaires (l'un à Paris, l'autre à Versailles) et des inspecteurs et contrôleurs pour les travaux des machines, des décors et des habits, aussi bien que des employés de bureau, gardes-magasins et ouvriers en grand nombre. A côté de l'intendant était le trésorier des Menus qui recevait les fonds du Trésor Royal et payait, sous les mandements de l'intendant, les factures des fournisseurs. Il s'appelait Hébert. Toujours actif en 1789, il se mêlait à toutes les affaires des Menus, non seulement comme trésorier, mais aussi comme conseil. Il avait de bons rapports avec La Ferté, « à quelques froissements près », selon le mot de Boysse. Il se pourrait qu'Hébert soit évoqué par le personnage du Sous-Sénéchal ou l'Intendant.[3] Un certain Lévêque figurait aussi comme un des principaux fonctionnaires de l'administration. Sa disparition permit à sa veuve d'épouser Beaumarchais en secondes noces.[4] Parmi les autres employés, Arnoult et Girault étaient décorateurs, et un certain Boquet s'occupait essentiellement des

---

[1] *L'Opéra secret au XVIIIe siècle* (Paris : Rouveyre, 1880), p. 45. Cf. E. et J. de Goncourt, *La Femme au XVIIIe siècle, et Mémoires de la République des lettres*, vol. 7. Je remercie Madame Jacqueline Razgonnikoff de m'avoir fourni ces références.
[2] Les précisions suivantes sont tirées de l'Introduction de Boysse au *Journal* de La Ferté. L'auteur s'insurge contre l'abus des décors chers et superflus qui réduisent les pièces à de purs spectacles, car il exploite très adroitement les possibilités visuelles de la scène dans *Le Philosophe sans le savoir*, *Les Femmes vengées* et *Maillard*, par exemple, sans leur sacrifier le contenu intellectuel.
[3] Dans la liste des personnages que fournit le manuscrit Douay 1114, les deux désignations, « Le Sous-Sénéchal ou l'Intendant », sont attribuées à un seul acteur, et l'une ou l'autre figure, au hasard des scènes, dans le texte.
[4] Gudin de La Brenellerie raconte la première rencontre de madame L'Evêque et de Beaumarchais et la généalogie de la dame. Née Wattebled le 11 novembre 1731, veuve d'Antoine-Angélique Lévêque depuis le 21 décembre 1767, elle se maria avec Beaumarchais dès le 11 avril 1768 et mourut le 17 octobre 1772 ; voir *Histoire de Beaumarchais* (Paris : Plon, 1888), pp. 50–53 et p. 53, n.1.

costumes. Dans la pièce, ils figurent comme personnages caricaturaux, incarnant la manie professionnel et, à travers leurs commérages et leurs relations, l'ambiance close et dangereuse de la cour.[1]

Il n'est pas possible d'attribuer à tous les personnages de la pièce une identité de courtisan précis. Il semble que Sedaine, en prenant pour cible la totalité des abus théâtraux liés à une politique capricieuse ou abusive, ait puisé ses modèles un peu partout, sans se limiter au moment actuel, un peu comme il évoque Versailles sous le masque du Palais Narbonnais, ou Madame de Pompadour sous les traits de Constance, et Louis XVI sous ceux de Raimond. Amanieu des Escas pourrait être De Belloy s'acharnant à fournir à la cour des productions pompeuses et vides qui flattent les autorités même si elles ne portaient aucun intérêt. Mais il serait difficile de l'affirmer avec certitude. Il incarne la médiocrité que le pouvoir maintient en place parce qu'elle ne risque pas de déranger le *statu quo*. Et Peirols, l'homme foncièrement bon, mais coincé par un système qui le broiera s'il ose sortir de l'ombre, pourrait aussi bien être une personne réelle qu'une incarnation de l'idée de Burke selon laquelle il suffisait, pour que les méchants triomphent, que les hommes vertueux ne fassent rien. La position de Peirols est ambiguë, car il jouit d'une influence qui risque de s'évanouir dès qu'il l'utilise.

Certains personnages de la pièce portent des noms qui suggèrent, théoriquement, la possibilité de les assimiler à des personnages historiques et par conséquent de savoir si Sedaine les avait conçus d'après des modèles transmis par les historiens. En fait, il suivit un procédé analogue à celui que nous avons vu opérer dans le cas de *Maillard* pour les principaux personnages et le cadre topographique. Il a, dans la majorité des cas, pris des noms de personnages véritables qui vécurent au Moyen Age, mais à différentes époques. Gavaudan rappelle manifestement le comté de Gévaudan, au nord de Montpellier et à l'est de Rodez, mais aucun personnage historique ne porta ce nom. Peirols est une variante de Pierol, nom que portait un troubadour qui naquit en 1160 environ et qui mourut, probablement à Montpellier, après 1222, mais il ne laissa pas de réputation significative. Sabran est plus marquant ; Rostaing III de Sabran était le tuteur du futur Raimond V, et son fils, Guillem III devint son connétable. Au dix-huitième siècle, le comte d'Escars remplissait depuis 1769 les fonctions de Maître d'Hôtel, mais il n'était pas poète, même mauvais. C'est la résonance des noms qui justifie le choix de l'auteur plutôt que l'histoire personnelle de tel ou tel individu.

Sedaine dispose ses personnages de manière à établir un équilibre dramatique. Le groupe des « bons » est rangé contre les « méchants », les chevaliers font le commentaire de la pièce encadrée, qui ne les touche guère, et le prince, dont en

---

[1] Voir IV. 2, par exemple.

fait le pouvoir et le cœur sont en jeu, semble d'une mollesse et d'une insouciance qui surprend chez un monarque. Le parallèle avec Louis XVI n'est guère flatteur. Malgré le portrait qu'en fait Sedaine en préface de la pièce où il insiste sur le ton noble et la probité du comte, le personnage tel qu'il est incarné est soit d'une naïveté peu croyable, ou d'une veulerie indigne. Il ne ressemble pas au modèle historique, énergique et très peu sentimental, mais prend les accents d'un noble des années 1780 qui subit un accès de galanterie fade. Le portrait témoigne de la difficulté qu'avait l'auteur à dépeindre, dans la pièce même, un personnage dont la faiblesse exploitée par son entourage formait le nœud de l'intrigue et, dans ses remarques préliminaires, à souligner sa vertu et sa dignité royales. La difficulté n'était manifestement pas surmontable. A les lire de près, on constate qu'il existe une disparité entre les personnages tels que Sedaine se les figure et les personnages tels qu'ils paraissent sur scène (ou sur la page). Les portraits des « bons » s'appuient fortement sur *la moralité profonde* des personnages (ils incorporent beaucoup de substantifs abstraits), tandis que l'accent porte surtout sur *le comportement* des méchants. Si claire que soit la conception des personnages individuels qu'indiquent les portraits, le doute plane sur leur vraie utilité pour l'acteur, un professionnel qui comprend et transmet un personnage d'après ce que lui en collaboration avec ses collègues voient dans le texte, car c'est cela qu'il doit incarner sur scène à travers les paroles qu'il est sommé de débiter.[1] Le procédé de Sedaine est exceptionnel. Les seules descriptions préliminaires que nous ayons vues dans les pièces du temps concernent non pas la moralité de l'individu mais l'aspect physique des personnages, comme dans *le Barbier de Séville* et *le Jugement dernier des rois*.

La Structure de la pièce

L'exposition, toujours difficile, caractérise d'abord le troubadour Gavaudan comme étant d'un certain âge, familier de l'ancien comte, regrettant l'âge d'or, conservateur en ce qu'il déplore (pour d'assez mauvaises raisons) l'évolution architecturale du palais et sa décadence. En cela il se rattache à une tradition comique que l'élaboration du personnage dément par la suite. A la deuxième scène, l'introduction de Peirols confirme la validité des impressions qu'avait ressenties Gavaudan lorsqu'il lui décrit la nouvelle étiquette de la cour, conçue pour paralyser l'ancienne spontanéité de la communication et de la contrôler.[2] Gavaudan va l'éprouver sous peu. Cette exposition des conditions de base qui

---

[1] Ceci dit, l'absence fréquente de certains acteurs et actrices qui estimaient leur présence peu essentielle aux lectures et répétitions rendait cette collaboration moins étroite que dans le théâtre moderne.
[2] C'est pour cela que le sénéchal est si pointilleux sur son droit de présenter les nouveaux venus à la Cour (II. 9 et III. 4).

priment dans la pièce cadre est un modèle de concision, même si sa forme est tout à fait traditionnelle. La seconde partie de l'exposition dans la pièce cadre concerne les amours du comte et de Constance, et elle commence à l'entrée de Raimond à la troisième scène et celle de Constance à la quatrième où il est question des papiers perdus qui portent le texte de la pièce que Constance a composée. L'intrigue tournera sur la capacité ou l'incapacité de Raimond à faire représenter cette pièce subversive en deux jours, malgré toute opposition de la part de ses courtisans, sans quoi Constance renoncera à leur union et réintégrera Boulogne. Malgré la concision dramatique de cette exposition, l'extrême trivialité de l'épreuve par rapport à l'importance de l'enjeu pèche contre la vraisemblance, même très élémentaire, du genre. Une comédie héroïque en exige plus qu'une parade. Le déroulement de cette intrigue première — les manœuvres des « mauvais » qui emploient des moyens de plus en plus extrêmes pour entraver la représentation de la pièce encadrée, leur réussite, « l'oubli » du prince qui sait que les vrais coupables échapperaient à la punition, et le peu de crédit qu'il a dans sa propre cour (connaissance inutile puisqu'il ne pense pas à s'en servir), l'engagement de Gavaudan comme le troubadour de Constance, qui consent à se marier avec Raimond — tourne sur l'existence de cette seconde pièce que nous ne connaissons que par citations ou à travers les commentaires des personnages indifférents ou mal intentionnés. Il est possible d'interpréter cette perception fragmentée comme une allusion à ce qu'un certain public savait de *Maillard*.

D'abord, on parle de la pièce de Constance sans en préciser le contenu (I. 6). En tant que lecteurs avertis, nous entrevoyons indirectement le ton de cette pièce fictive à travers des paroles de Gavaudan au second acte : « Le sceptre n'est qu'un présent de la naissance et du hasard » (scène 1) ; « Les mensonges sublimes que ma poésie se permet n'ont jamais été employés qu'à l'avantage des mœurs, à la gloire des Princes, et au bonheur des peuples » (*ibid.*). La perspicacité qu'il se reconnaît (« Prenez garde à ce que vous allez faire, Peirols […] et le prince devient mon ennemi » ; II. 1) et la vision qu'il a de sa vocation : « Le Comte de Flandre, le Roi d'Angleterre, le Souverain d'Aragon tiraient plus d'honneur des beaux vers qu'ils faisaient que de la couronne qu'ils portaient » (*ibid.*) trahissent une caractérisation qui doit plus à l'emphase qu'à la subtilité.

La présentation même de l'écrit de Constance se fait en deux temps à partir de la troisième scène du troisième acte, place habituelle du nœud de l'intrigue. Ce sont les deux nobles qui, chacun à sa manière, en parlent d'abord, l'un pour le condamner, l'autre pour émettre des opinions moins catégoriques — formule bien rôdée déjà. De Baux, le plus hostile des deux, esquisse l'intrigue qu'il accompagne de commentaires. Le reste de la scène est consacrée à des citations de la pièce fictive en vers qui font une sorte de catéchisme du bon souverain. Les observations sont les suivantes :

- Certains nobles imitent les préférences des princes pour avancer leur carrière.
- La grandeur apporte le respect, mais il ne faut ni y sacrifier le bonheur des sujets ni protéger le vice.
- On ne doit pas mentir.
- Il faut supprimer la corruption des officiers royaux.
- Les rois devraient faire de la justice leur première priorité.
- La justice devrait se montrer sévère, et la clémence est à éviter.
- Un monarque devrait voyager beaucoup, ce qui décourage les courtisans mous et efféminés et frustre les intrigants.
- Le souverain devrait être insensible aux recommandations. C'est la voix du grand public qui devrait proposer les bons candidats pour les postes, et des inspecteurs devraient avoir pour tâche de les rechercher.
- Le souverain ne devrait pas faire des nominations à la hâte. Les mauvais candidats sont les plus persistants et l'épuisent à la fin.
- Les offices reçus en survivance font que les héritiers ne se donnent même pas la peine d'égaler leur prédécesseur.
- Les femmes font tout ce qu'elles peuvent pour influencer les souverains.

Il est sans doute fortuit que ces commandements soient au nombre de onze. Ils sont, eux aussi, assez hétérogènes, un mélange du général et du spécifique. Le premier couvre le cas du sénéchal, le troisième est un conseil vertueux mais naïf, le quatrième une évidence ou un rêve, le dixième une allusion de plus au duc de Duras. La relation entre la pièce cadre et la pièce encadrée consiste donc en ce que la seconde proscrit explicitement tous les vices que la première met en scène.

A part l'allusion au duc (et à d'autres personnages dans la même situation, bien sûr), il n'y a rien dans ce réquisitoire contre la corruption qui froisserait un censeur réel ; Suard en est la preuve. Mais, dans ce cas, qu'y a-t-il pour justifier toutes les démarches des courtisans pour frustrer la représentation de la pièce encadrée ? Apparemment rien. D'ailleurs, en tant qu'hypocrites consommés, ils devraient normalement prôner la vertu plutôt que de se trahir aussi platement. La question se pose donc de savoir si le contenu de *Maillard*, cas analogue, avait réellement été d'une explosivité à justifier les mesures prises contre lui. Mais cette pensée ne viendrait peut-être pas à l'esprit du lecteur ou du spectateur contemporain de *Raimond V*, car il ne pourrait savoir l'histoire de la suppression de la tragédie antérieure. Le jeu métathéâtral de l'auteur se trouve donc largement frustré.

Sedaine est passé-maître à l'art de la scène. Ce qui se montre n'est que la moitié de ce qui se passe. La première didascalie indique que l'action a lieu dans une grande salle d'un ancien château, mais la pièce commence sur l'évocation d'un extérieur (fossés, tours, créneaux, etc.) et d'un manque d'activité à l'intérieur qui donne l'impression que Gavaudan et Hugonet s'y promènent depuis quelque temps déjà (élargissement du temps de l'action). La mention d'un autre

« ailleurs », le bosquet où Constance perd son manuscrit, a deux résonances : celle (normale) d'un domaine plus étendu que le château seul, et aussi celle d'un réduit privé et intime où se développent des intrigues amoureuses. Le bosquet est donc l'endroit focal des deux intrigues — la genèse de la pièce encadrée, et les amours de Constance et de Raimond. A cette deuxième ailleurs s'ajoute le comté de Boulogne, lieu d'origine de Constance et refuge éventuel contre l'infortune amoureuse. L'action qu'on évoque à l'intérieur du château déborde aussi les confins de la grande salle que l'on voit. Il est question de l'arrivée au château de la jeune fille que le sénéchal corrompra dans un endroit privé non spécifié ; les conversations privées des employés de théâtre anticipent sur la découverte par Raimond des préparatifs secrets du voyage de retour de Constance. Il faudrait nécessairement que le palais soit de grande étendue pour qu'un tel voyage se prépare à l'insu du comte. C'est hors scène que De Baux et Sabran lisent et condamnent la pièce encadrée ; et c'est hors scène aussi que se produit l'incendie du théâtre qui mettra fin à la possibilité de la représenter. En revanche, la grande salle est le lieu d'un va-et-vient continuel qui permet des conversations, parfois avouables, parfois clandestines — fonction normale — et où se passe le récit du feu (avec des flammes même) et l'humiliation des « méchants », suivie de leur pardon. La grande salle sert donc à rendre finalement public ce qui se passe dans le privé.

Finalement ...

Les enseignements politiques, assez rebattus à la vérité, de *Raimond V* comme de *Maillard*, nous semblent peut-être un peu timides, naïfs même, tout comme l'enthousiasme des philosophes pour Catherine II, qui rappelle celui de certains intellectuels du vingtième siècle pour ses successeurs. Mais gare à l'anachronisme. Les revendications des esprits philosophiques, c'est-à-dire globalement la représentation au sein du système politique, ne reçurent qu'une acceptation graduelle, partielle et officieuse dans la France de l'Ancien Régime, tandis que c'était à l'acceptation officielle de la voix du tiers état qu'ils visaient. Il ne leur suffisait plus de constituer les intellectuels-satellites dont la présence ornait typiquement les cours des grands (partout et à toutes les époques, sauf peut-être à la cour de Louis XVI) — situation ambiguë par excellence. Les philosophes de la période 1770–1780 pouvaient bien influencer ou persuader les administrations, mais elles pouvaient, pour leur part, simplement ne pas réagir, ou opposer aux initiatives une fin de non-recevoir dont seule la pleine représentation au sein d'un système quelconque est parfois capable de triompher, à condition toutefois que l'on conserve intactes ses anciennes convictions... Il ne suffit certainement pas d'être consulté et de s'épandre en sages conseils, sagement débités ; c'est sans doute un premier pas — ces deux pièces en offrent l'exemple — mais s'il donne à l'intéressé l'impression d'agir de façon utile, il ne promet rien pour l'avenir.

C'est l'effondrement seul des régimes caducs, spontané si l'on veut, qui peut amener une évolution, et encore... Tout dépend du détail du programme ; en soi, la réforme est un concept dérisoire. Il y a loin des aristocrates qui s'amusent à jouer avec le feu de la contestation à la révolution, comme il y a loin des interlocuteurs du *Supplément au voyage de Bougainville* aux sans-culottes. Catherine II exprima son enthousiasme pour les écrits de Sedaine ; ils l'amusaient, l'intéressaient même. L'enthousiasme et la courtoisie, voire même les gratifications, ne coûtent rien ou presque ; ils ne constituent pas une promesse d'agir. L'enthousiasme de l'impératrice était tout à fait réjouissant, mais il n'était pas pour assurer la représentation de la pièce.

Toutefois, ces deux pièces présentent un intérêt capital. Leur histoire illustre les obstacles incontournables que l'Ancien Régime savait mettre à toute critique de ses institutions jugée trop ouverte et trop susceptible d'orienter l'opinion publique — le théâtre touchait un public plus vaste que l'imprimé — et en même temps elle révèle les difficultés qu'affrontait un dramaturge aussi talentueux que persévérant. En plus, *Maillard*, tragédie en prose, témoigne de l'évolution du genre tragique que favorisaient les tensions politiques croissantes qui marquaient le crépuscule du système.

RAIMOND V : PRINCIPES DE L'ÉDITION

Nous reproduisons le texte du manuscrit Ms 368, détenu aux Archives de la Comédie-Française. Comme il s'agit de présenter le seul manuscrit qui fasse autorité, il n'y a pas de variantes. Les repentirs ou changements qu'on y trouve sont donc incorporés entre crochets dans le corps de notre texte. Nous mettons une note en bas de page là où s'impose une explication plus ample. Le manuscrit Douay 1114 de la Bibliothèque nationale de France, la mise au net de notre texte de base, offre parfois des éclaircissements aux endroits où celui-ci s'avère obscur ou ambigu, et nous nous y sommes reporté en le signalant.

La rédaction du manuscrit Ms 368 manque d'uniformité. Ainsi nous y trouvons des agglutinations abusives (cequ'ils, decette, pourque, demême, denepas, etc.), des inconsistances (style / stile), une accentuation variable (représenté / representé), erronée (condéscendance), ou absente, mais conforme aux habitudes du dix-huitième siècle (maitre, desir, eternel), ou présente, mais pas conforme aux usages modernes (ôse, dûe), une confusion entre le passé historique et l'imparfait du subjonctif (put / pût, fut / fût, reçut / reçût), et un emploi de majuscules anarchique (hugues capet, angleterre, arragon [*sic*], gavaudan, vous prouver Le Contraire). La ponctuation ne suit ni les règles de la grammaire ni celles de la déclamation. Puisque l'intérêt du lecteur se porte sur l'apport du texte plutôt que sur les excentricités de la rédaction, nous sommes intervenu sur le texte pour éliminer les erreurs manifestes et pour en régulariser la présentation.

Raimond Cinq, Comte de toulouse

Comédie héroïque

En cinq actes, en prose, quelques parties y sont en vers, de M. Sedaine.

22. 7bre. 1789.

ESQUISSE DES PERSONNAGES DE L'EPREUVE INUTILE, POUR SERVIR DE GUIDE AUX ACTEURS[1]

RAIMOND V. COMTE DE TOULOUSE

Prince jeune, aimable, d'une naïveté noble et vraie, au point de se faire conscience de la dissimulation qu'il a envers ses Chevaliers : car il dit à la Comtesse, cette finesse va un peu nous couter, et elle ne coute qu'à lui.

Son debit doit être simple avec Peirols ; affectueux et confiant avec Gavaudan, plein de douceur, d'aménite et avec l'accent d'une expression très tendre, lorsqu'il parle à la Comtesse, surtout quand il n'est pas en présence de sa Cour. Avec ses Chevaliers sa tête est un peu plus élevée, son ton a de la dignité, ses phrases sont fermes sans dureté : enfin tous ses mouvemens sont d'un jeune Prince disposé par la nature et l'éducation à devenir un grand homme.

CONSTANCE, veuve d'Eustache Comte de Boulogne, fille de Louis VI (dit le Gros) Roi de France. Elle épousa en 1137[2] Raimond V

Son caractere est celui qui sied à son sexe et à son rang. Capable de remporter sur elle-même[3] toutes les victoires qu'elle voudra, elle est supposée avoir beaucoup de science, d'esprit et un amour très tendre pour le Prince; sa modestie et sa prudence ont dérobé aux courtisans la connaissance de ses qualités et de sa passion. Elle a un peu de penchant vers l'ironie ; mais cette ironie n'est jamais offensante. Elle desire ardemment la gloire et la perfection du Prince qu'elle aime. Etant de son âge, veuve et fille de Souverain, elle peut se permettre un débit un peu ferme et des regards assurés sans qu'ils cessent d'être modestes.

GAVAUDAN LE VIEUX

Ce Troubadour est la probité, la droiture, la vertu même, son air, son ton, son débit, tous ses mouvemens ont une sorte d'emphase poétique dont le foyer est dans son ame. Il n'a pas le ton des autres hommes, mais sans affectation, comme une taille de six pieds n'est point une affectation dans un homme qui les a. Si je donnais quelqu'un à imiter, je dirais prenez M. Diderot.

Malgré toutes ses vertus, ce Troubadour n'est pas poëte impunément ; mais ce qui le prouve n'est pas d'une petite ame.

---

[1] D'une main inconnue, cette esquisse ne figure pas dans le manuscrit Douay 1114.
[2] Cela est inexact. Le mariage eut lieu en 1154.
[3] Nous ajoutons les traits d'union dans ces cas.

AMANIEU DES ESCAS

A tous les défauts d'un poëte suivant la Cour, homme à courbettes, bas, jaloux, rampant, flatteur, impertinent: enfin son portrait est dans la piece. Faisant des vers pour tous ceux qui entrent en place, et des satyres contre ceux qui en sortent. Celui qui jouera ce role, peut le charger.[1]

LE GRAND SÉNÉCHAL

Est un courtisan qui remplit une grande place, fin, dissimulé, se soutenant dans son rang par les mêmes moyens qui l'y ont conduit. Comme il est disposé suivant les circonstances à avoir tous les vices et toutes les vertus, on ne peut prouver de son caractere que sa grande facilité à être tout ce qu'il veut être. Très attentif à repousser tout ce qui peut éclairer le Prince, il examine, soupçonne, écoute et veut tout prévoir. Cela le tient continuellement en garde contre les autres, contre lui même. Il se méfie de son peu d'esprit, il en cache le défaut sous des phrases d'usage : alors il devient verbiageur, sûr de ne rien dire en parlant beaucoup.

Avec tout inférieur qui ne peut lui servir, il prend un ton fier ; cependant prêt à s'humilier devant lui, si l'homme indigné de ce ton lui en fait sentir le ridicule.

Son débit est haut avec les uns, affectueux avec les autres, d'un bon homme avec ses égaux, et très respectueux avec son supérieur.

LE GRAND RÉFÉRENDAIRE

Homme grave, empesé. Comme il est souple à tous les rôles, il fait place comme un acteur fait son rôle : hors du théâtre, homme très ordinaire. Monté au rang de Référendaire par le crédit du Sénéchal, il lui est tout dévoué, aussi lui répond-il presque en tremblant : *Vous ne m'avez rien dit.*

Son débit sera lent ; le ton rigidement affecté ; la tête élevée et roide ; il l'est dans ses mouvemens.

PEIROLS

Homme simple ; vrai, naturel ; son air, son ton, son débit le sont. Il aime son Prince, ses devoirs, et les remplit avec affection.

LES DEUX CHEVALIERS

Ils ont le ton noble, la tête élevée, l'air distingué, les mouvemens gracieux et faciles.

---

[1] Entendre : exagérer afin de rendre ridicule ou odieux.

De Baux, qui fait la lecture de l'extrait, est de bonne foi fâché de l'impression que l'ouvrage peut faire. Il est parent du Sénéchal, et espère de[1] s'avancer par son crédit.

Sabran se moque de cela, et dans les fond de l'ame est charmé des maximes que renferme la piece de la Comtesse ; il desire qu'elles soient profitables : le ton de Sabran est souvent ironique.

L'INTENDANT DES PLAISIRS

Est vil, bas, rampant, prêt à tout, même disposé à se laisser sacrifier, si quelques ordres secrets ou quelque intrigue du Sénéchal reconnue à son désavantage le mettaient dans le cas de perdre son crédit ; mon vilain alors prendrait sur lui même toutes les fautes de son supérieur. Si le Sénéchal était déplacé, il serait dévoué de même à celui qui succéderait : ce n'est point à l'homme qu'il tient, mais à la place.

Le Machiniste, le Maitre des ballets, l'Entrepreneur des habits, seront en faisant leur rôle ce qu'ils sont presque par tout pays ; intéressés, rampans, obéissans, insolens, quand ils croient pouvoir l'être impunément, l'air tout soumis devant des supérieurs élevés, dont en secret ils se moquent de tout leur cœur.

LES HUISSIERS

Auront l'air roide, dur et brusque.

HUGONET

Ce jongleur écoute son maitre Gavaudan avec le respect qu'on a pour les choses saintes ; il a dans tous ses mouvemens l'air mystique.

---

[1] Espérer de : le *DFC* offre des exemples de cette constuction classique tirés des œuvres de Racine, de Retz et de Fénelon.

ACTE 1ᵉʳ.

(Le théâtre représente une grande Salle d'un ancien château.)

Scène 1ᵉʳᵉ.

Gavaudan et son jongleur Hugonet.

GAVAUDAN, *regarde de tous côtés.*

Me voici donc enfin dans le Palais des Comtes de Toulouse. Mettez-vous là, mon jongleur Hugonet, et accordez votre harpe. *(Hugonet se place.)* Mais ici tout le monde est enseveli dans le sommeil. Je ne vois personne. Quel désordre ! Quel dérèglement ! Ah ! Prince Raimond, vraiment bien nommé le bon prince, si vous viviez encore, cela ne serait pas ainsi. Avant le lever du soleil tout était en mouvement dans le château. Les valets, les ecuyers, les chevaliers, les femmes même profitaient des premiers rayons du jour, et ils l'embellissaient de leur présence. [Allons, mon jongleur Hugonet, commençons; la harpe est d'accord ...]¹ ce château ... ce château. Lui-même, je ne le reconnais plus ... ils ont ajouté des fossés, des tours, des créneaux. Hugonet, ce ne sont pas là les vraies défenses, ou plutôt elles sont dangereuses pour leurs maîtres. On se fie à ces remparts de la faiblesse ; abrité par eux, on se croit en sûreté, on pose son epée, on quitte sa cuirasse, en ensuite on se dépouille de sa vertu ; ces murailles si fortes, si hautes ne servent qu'à provoquer le desir d'y monter. Allons, mon jongleur, commençons, chantons ce brave Godefroi de Bouillon² qui le premier a arboré l'etendart des lys sur les murs de Jerusalem ... Hugonet ...

HUGONET.

Quoi, mon maitre ?³

GAVAUDAN.

Les vers que vous allez entendre [dire, *biffé*] ne sont pas de ces vers effeminés tels que ceux du troubadour Amanieu des Escas, mais ce sont ceux de Gavaudan. Ce sont les plus beaux que j'aie faits. Comme ils ont charmé le vieux Comte Raimond ! C'était dans ce même lieu, il était là ; je le vois encore. Alors la salle

---

¹ Les crochets entourent des mots encadrés dans le texte, sans doute supprimés à la représentation.
² Nous avons mis des majuscules aux noms propres. Godefroy de Bouillon (*v.* 1060–1100), duc de Bouillon et de Basse-Lorraine, participa à la première croisade qui prit Jérusalem le 15 juillet 1099, dont il refusa la couronne. Elu Protecteur du Saint-Sépulcre, il mourut (empoisonné ?) l'année suivante.
³ L'accent circonflexe manque dans le manuscrit.

d'audience était partout ; cette malheureuse porte n'était pas fermée. [dans ce château tout était ouvert le jour et la nuit, hors les chambres des dames ; encore par bienséance: le respect eût suffi pour en écarter tout téméraire, et la vertu les eût gardées. Allons, mon jongleur Hugonet, commençons.] Comme il m'écoutait ! Comme il m'applaudissait, ce bon Raimond ! Il me dit : Gavaudan, tu es jeune (je l'étais alors) fais des vers dignes de célébrer les héros, et je me rendrai digne de tes vers. Allons, commencons, Hugonet, [et surtout prononcez bien distinctement, *biffé* ; çons *en interligne, non biffé*]
(*Il se place auprès de Hugonet avec une mine fière.*)

HUGONET *pince la harpe, fait un petit prélude et chante.*
Entendez-vous le bruit des armes, valeureux chevaliers ? Ce n'est qu'au milieu des alarmes que l'on doit cueillir des lauriers.[1]

Scène 2eme.

Gavaudan, Peirols et le jongleur.

PEIROLS.
Quel bruit ! Qu'entens-je ? Qui vous a ordonné de chanter ?

GAVAUDAN.
Moi.

PEIROLS.
Vous ? Vous ! Eh ! C'est le vieux troubadour Gavaudan, ce brave chevalier que l'amour de la poësie a enlevé à la pofession des armes.

GAVAUDAN.
Mais, vous, quel est votre nom ?

PEIROLS.
Quoi ? vous ne me reconnaissez pas ?

GAVAUDAN.
Non ; mais me trompé-je ? Dans vos traits je crois reconnaître ceux de Peirols.

PEIROLS.
Oui, c'est moi, toujours votre ami et votre admirateur.

GAVAUDAN.
Peirols, de tout tems je vous reconnais pour un homme d'esprit et de jugement sain. Êtes-vous toujours ici au service du prince ?

---

[1] D'une autre main, la seconde phrase de cette réplique est ajoutée en interligne. La réplique est divisée en quatre vers dans le ms Douay 1114.

PEIROLS.

Oui.

GAVAUDAN.

Et quel est votre état ?

PEIROLS.

Le même que sous le bon Raimond. Vous savez que j'ai toujours été près de son fils dès son enfance et j'y suis encor.

GAVAUDAN.

Et vous n'avez pas une autre fortune ?

PEIROLS.

Non ; je l'aime.

GAVAUDAN.

Et quel accueil Gavaudan peut-il espérer ici ?

PEIROLS.

Aucun ; tout y est bien changé. Ce n'est plus la cour du bon Raimond ; il n'était point de troubadour qui n'y fût reçu, accueilli, fêté ; quelque vérité qu'il pût dire, on ne la craignait point. A présent, on a établi un usage qu'ils disent nécessaire à la dignité du souverain. Le troubadour le plus célèbre ne peut qu'avec beaucoup de peine approcher du Prince. Il faut qu'il s'adresse au premier valet, qui le fait parler à un écuyer, qui le présente au chevalier de service. S'il a le bonheur de leur plaire, il est enfin proposé, et quelques jours après son arrivée, il est annoncé et introduit par désœuvrement ; encore lui désigne-t-on ce qu'il doit dire.

GAVAUDAN.

Ô quel changement !

PEIROLS.

Je ne compte point toutes les entraves que met à ses talens la complaisante circonspection du grand référendaire.

GAVAUDAN.

Du grand référendaire ! Cela est-il possible ! [Cela est-il possible ! *répétition biffée*]

PEIROLS.

Oui ; vous devez m'en croire. Ceux qui entourent le Prince, craignent les regards perçans des troubadours, comme les voleurs de nuit redoutent la clarté des flambeaux.

GAVAUDAN.

Le cour du Prince doit donc être bien corrompu.

PEIROLS.

Non ; son ame est encor pure et honnête ; mais j'attribue ce bonheur autant à l'excellence de son caractère qu'à l'amour vif que lui a inspiré la charmante veuve du comte de Boulogne, l'adorable Constance.

GAVAUDAN.

Et en est-il aimé ?

PEIROLS.

On ne sait, mais il semble que les vertus de la comtesse donnent de l'éclat à celles du Prince ; et comme vous disiez si bien dans l'un de vos fabliaux.
    Le cœur d'un chevalier s'ennoblit de ses feux,
    Comme l'eau s'embellit de l'image des cieux.

GAVAUDAN.

Hugonet, détendez les cordes de ma harpe. Gavaudan ne chantera point ici. Et vous, qui l'avez elevé, qui le voyez à chaque instant, ne pouvez-vous lui dire les chagrins, les malheurs que la seduction lui prépare.

PEIROLS.

Je ne le peux.

GAVAUDAN.

Pourquoi ?

PEIROLS.

Le Prince m'écouterait sans doute, il m'approuverait, mais sa pétulante vivacité ne manquerait pas en se débarrassant de ses liens de faire connaître la main qui lui [a barré] auroit indiqué le malheur qui le menaçait. Alors ses chevaliers paraitroient céder et s'y prendraient avec plus de dexterité, ils me donneraient mille dégoûts, mille désagréments ; ils parviendraient[1] à m'éloigner du prince, et je perdrais le bonheur de lui être utile du moins quelquefois.

GAVAUDAN.

Malheureux souverains, qui ne peuvent même satisfaire le premier besoin de l'ame, la vérité ; il n'y a donc à sa cour aucun jongleur, aucun troubadour ?

PEIROLS.

Il en est un qui depuis trente aux fait des vers pour complimenter ceux qui entrent en place, et des satyres contre ceux qui en sortent.

GAVAUDAN.

L'infâme ! Non, non, je ne chanterai point ici. Adieu, Peirols.

---

[1] Le manuscrit porte indifféremment les désinences -oient et -aient, etc. pour marquer l'imparfait.

PEIROLS.

Ah ! Gavaudan, je ne souffrirai pas que vous partiez sans vous être reposé chez moi.

GAVAUDAN.

Je le veux bien.

PEIROLS.

J'entends du bruit dans l'interieur du palais. Le Prince va se présenter chez la Comtesse. Tournez à votre gauche en sortant du vestibule. Une petite maison, c'est celle de Peirols. Ah ! qu'il me sera glorieux de vous y avoir reçu ! Je vais vous y joindre.

GAVUDAN.

Venez, mon jongleur.
 Fuyons, fuyons des lieux que craint la vérité.
 L'air qu'ici l'on respire est un air infecté.

Scène 3eme.

PEIROLS *seul.*

Ah ! Je voudrais bien retenir ici notre bon troubadour. Mais quel moyen pourrai-je employer ? Le présenter au sénéchal ? Non … Au référendaire ? … Encore moins ; cela ne se peut. Gavaudan ne plierait jamais en leur présence. Et sa probité, sa fermeté … Se j'en parlais au Prince ? Je n'oserais.

Scène 4eme.

Raimond, Peirols.

RAIMOND.

Peirols, avez-vous vû passer la Comtesse ?

PEIROLS.

Non, Monseigneur ; mais la voici.

Scène 5eme.

Raimond, Constance, Peirols, Béatrix, dame de la comtesse de Boulogne.

CONSTANCE.

Sire Comte, je vous cherchais.

RAIMOND.

Moi, Madame ?

CONSTANCE.

Oui.

RAIMOND.

Et quel ordre à me donner peut me procurer ce bonheur ?

CONSTANCE.

Lorsque vous êtes rentré hier dans le petit bosquet, je lisais des papiers. Je me suis levée, je suis sortie, je vous ai prié de ne pas me suivre. Vous êtes resté quelque tems après moi dans ce même bosquet, et certainement vous avez trouvé le cahier de papiers que j'ai laissé tomber.

RAIMOND.

Quoi, vous croyez ?

CONSTANCE.

Vous avez fait plus ; vous les avez lus. Vous êtes arrivé aux jeux plus tard que de coutme, et si une curiosité, sans doute indiscrete, peut se donner pour excuse, vous n'avez que celle-là.

RAIMOND.

Oui, Madame, je l'avouerai. Je les ai trouvés, ces papiers. Ils étaient écrits de votre main ; pouvaient-ils ne m'être pas précieux ? La première ligne parcourue, il ne m'a pas été possible de m'arrêter, et je les ai lus tout-entiers.

CONSTANCE.

Ainsi, vous n'avez plus de raisons pour les retenir.

RAIMOND.

Ah ! Madame, la plus grande : je veux les apprendre par cœur. Vous avez fait cet ouvrage pour l'instruction des souverains ; permettez-moi de réclamer [faire valoir, *biffé*] les droits que j'y peux avoir.

CONSTANCE.

Ah ! Comte …

RAIMOND.

Quoi, Madame ! Il est dit que vous m'attacherez par tout ce qui peut triompher du cœur d'un chevalier ; et pour la sûreté de ma défaite, il faut que la plus belle des femmes soit encore la plus sage et la plus spirituelle.

CONSTANCE.

Enfin, que pensez-vous de cet ouvrage ?

RAIMOND.
Que je desirerais de tout mon cœur qu'il fût représenté sur mon théâtre, quoique la sévérité du ton, l'austérité de vos principes, la rigidité de quelques maximes qui y sont, me paraissent poussées trop loin.

CONSTANCE.
Vous le croyez ?

RAIMOND.
Oui, Madame : dans cet ouvrage, le secretaire de Charlemagne, Eginhard, représente les souverains comme de dociles instrumens dont leurs ministres se servent au gré de leurs passions. Cela pouvait être du tems de Lothaire ou de Hugues Capet, mais à présent …

CONSTANCE.
De même.

RAIMOND.
Quelle prévention ! Quoi ! Vous pensez que, quelle que soit ma volonté, mes chevaliers, mes ministres ne la feraient pas exécuter ?

CONSTANCE.
Oui, si elle leur plaisait, si elle ne choquait ni leurs passions ni leurs intérêts.

RAIMOND.
Et vous croyez que moi je ne suis que l'humble serviteur de ce qu'ils ont résolu de faire ?

CONSTANCE.
En votre nom, oui.

RAIMOND.
Ah ! Madame, votre raison a tant de moyens pour me prouver sa supériorité, pourquoi se sert-elle de celui qui doit me dégrader à ses yeux ?

CONSTANCE.
Non ; vous n'avez que le sort de presque tous vos prédécesseurs.

RAIMOND.
Moi, moi ? Mais ne puis-je vous proposer ? … Ne pourriez-vous, Madame, imaginer et me fournir une occasion de vous prouver que dans ma cour je serai obéï à l'instant, dans tout ce qui ne blessera pas les loix de mes états ?

CONSTANCE.
Ah ! Comte, qu'il me serait aisé de vous prouver le contraire !

RAIMOND.
Faites-le, Madame, je vous en supplie.

CONSTANCE.

Je le veux bien, et le moyen dont je me servirai ne sera même qu'une bagatelle. Vous dites que vous desirez faire représenter cet ouvrage sur votre théâtre ; auriez-vous assez d'autorité pour l'obtenir ?

RAIMOND.

Quoi, vous en doutez ? Je vais en donner l'ordre, et ce soir même….

CONSTANCE.

Laissez-moi y mettre les conditions. Je ne veux point que votre grand sénéchal ni votre référendaire, ni qui que ce soit de votre cour sache que cet ouvrage est de moi. Je [ne, *biffé*] veux même [pas, *biffé*] qu'ils ignorent [qu'ils sachent, *biffé*] que vous le connaissez. Vous direz simplement : Sénéchal, lisez cet ouvrage ; vous m'en rendrez compte, et quel qu'il soit, vous le ferez repésenter sur mon théâtre.

RAIMOND.

Ah ! Madame, s'il ne faut que cela pour vous faire changer de sentiment, vous serez bientôt désabusée.

CONSTANCE.

Non ; car vous ne pourrez l'obtenir.

RAIMOND.

L'obtenir, l'obtenir ! Ce mot me parait bien étonnant. Et si enfin on veut bien avoir la condescendance de souscrire à ma volonté, quel prix, quelle récompense m'accordez-vous ? Quelle peine vous imposez-vous ?

CONSTANCE.

Cela est juste.

RAIMOND.

Ah ! Madame, si cet aveu tant desiré de mon cœur pouvait enfin couronner tous mes vœux et être cette recompense promise !

CONSTANCE.

Je le veux bien, et je risque peu. Oui, Sire Comte, si vous obtenez ce que je vous demande, je le ferai cet aveu : [*en interligne*, vous le mériterez alors.] Je ferai plus ; je vous dirai le jour où je consens de[1] m'unir à vous.

RAIMOND.

Ah ! Madame, après ce jour desiré, voici le plus beau de ma vie.

---

[1] Usage admis par la langue classique. Le *DFC* cite des exemples pris chez Madame de Sévigné et Racine (« Consentir »).

CONSTANCE.

Dites le plus cruel, si des difficultés de la part de vos ministres arrêtent votre volonté et ne la mettent pas à exécution.

RAIMOND.

Aujourd'hui même, Madame ….

CONSTANCE.

Non, je vous donne deux jours, et il n'en faut pas plus. Il n'y a que peu de personnages dans cette pièce, et leurs rôles ne sont pas longs. Si demain le soleil se couche avant que je sois satisfaite, je pars aussitôt pour mon comté de Boulogne, et je vous dis [un éternel, *biffé*] adieu. [Je ne veux point, pour mon seigneur et maître, un prince qui ne sait pas vouloir, *biffé*] [*en interligne*] Mais je veux bien l'avoüer, j'y garderai de vous un souvenir eternel.

RAIMOND.

Ah ! Que je suis heureux ! Et de votre côté, Madame, vous n'employerez rien qui puisse empêcher l'exécution de mes ordres.

CONSTANCE.

Non, certainement.

RAIMOND.

Je ne prévois aucune difficulté.

CONSTANCE.

Je vais déja vous en présenter une : de quelle manière cet ouvrage paraitra-t-il être tombé entre vos mains ?

RAIMOND.

Je ne sais.

CONSTANCE.

Interrogez Peirols.

RAIMOND.

Oui, Madame ; nous pouvons lui donner toute notre confiance. Peirols !

Scène 6eme.

Raimond, Constance, Peirols.

PEIROLS.

Monseigneur ?

RAIMOND.

La Comtesse a fait un ouvrage charmant que je desirerais faire représenter ; mais elle exige qu'on ne sache pas que l'ouvrage est connu d'elle et de moi. Afin que cela soit, vous le présenterez au sénéchal, et vous direz qu'il est de votre composition.

PEIROLS.

Monseigneur, cela ne se peut.

RAIMOND.

Pourquoi ?

PEIROLS.

On sait bien qu'à peine sais-je lire.

RAIMOND.

Cela est vrai.

CONSTANCE.

Eh ! ne pourrait-on pas trouver un inconnu ? ... Si quelque étranger ...

PEIROLS.

Ah ! Madame, jamais la Fortune ne pouvait mieux vous servir et, quand cela serait fait exprès, il ne pouvait arriver rien de plus favorable.

CONSTANCE.

Expliquez-vous.

PEIROLS.

Le troubadour Gavaudan, noble et même chevalier, arrive à l'instant; il est ici ; il est chez moi.

RAIMOND.

Gavaudan ! Il était à la cour de mon père ; je crois l'avoir vu dans mon enfance.

PEIROLS.

Oui, Monseigneur.

RAIMOND.

Eh bien, qu'il se charge de me l'offrir en présence du sénéchal.

PEIROLS.

Il n'en voudra recevoir l'ordre que de vous.

RAIMOND.

Soit. Faites que je lui parle en secret.

CONSTANCE.

Oui ; et alors, en présence de votre cour, vous ordonnerez que l'ouvrage qu'il vous offrira soit représenté.

RAIMOND.

Represénté ! Ce jour même, fût-ce les rôles à la main. Allons, Madame, vous serez satisfaite.

CONSTANCE.

Oui, si cela arrive.

RAIMOND.

Puis-je espérer qu'alors vous daignerez tenir la parole que vous avez bien voulu me donner ?

CONSTANCE.

N'en doutez pas.

RAIMOND.

Que je suis heureux !

CONSTANCE.

Je crains bien que vous ne le soyez pas, puisqu'il m'est permis de penser que je peux faire quelque chose pour votre bonheur.

RAIMOND.

Ah! mon bonheur ! Il n'en est point sans vous, et c'est en ce jour que je l'obtiens.

Scène 7eme.

*Raimond, Constance, une de ses dames, Peirols,
le Grand Sénéchal et une partie de la cour.*

PEIROLS.

Voici le grand sénéchal.

RAIMOND, *à part, à Constance.*

Cette finesse va un peu nous coûter.

CONSTANCE.

Sans doute. Elle ne serait pas même [pardonnable, *biffé*] excusable, si elle ne vous servait à connaître et à démêler les fils dont l'adresse de vos courtisans cherche à vous envelopper.

RAIMOND, *d'un ton plus elevé.*

Madame, je crois que nous ne pouvons avoir un plus beau jour.

LE SÉNÉCHAL.

Oui, Sire Comte, la chasse aujourd'hui ne peut être que très avantageuse. Le jour est bas, peu de vent, les données¹ sont superbes, les faucons ont la plus grande ardeur, [et le, *biffé*] et notre grand veneur, d'après les rapports, nous promet des merveilles.

RAIMOND.

Et au retour de la chasse, quels amusemens préparons-nous à Madame la Comtesse ?

LE GRAND SÉNÉCHAL.²

Après le repas, un excellent artiste nous promet les plus belles décorations : des exercices militaires sur notre théâtre. Les nations des trois parties du monde habillées superbement viendront tour à tour executer des danses suivant leur caractère.

CONSTANCE.

Je suis bien fâchée que les desirs de m'amuser entraînent des frais qui ne peuvent être que considérables.

LE SÉNÉCHAL.

Madame, un Prince n'est véritablement grand que par ses exploits ou par ses dépenses.³

RAIMOND.

Autrefois, mon père recevait des troubadours qui par des tensons, des sirvantes dialoguées⁴ avec leurs jongleurs, procuraient des plaisirs simples et charmans et des instans délicieux.

LE SÉNÉCHAL.

Ah ! Sire Comte, ces troubadours, ces jongleurs, ces farceurs sont, dans les cours des princes, de toutes les espèces d'hommes la plus dangereuse. Leur impertinence les a fait congédier.

RAIMOND.

Vous m'étonnez. Mon père disait qu'il avait appris⁵ par eux des choses qu'il n'aurait jamais sûes sans eux.

---

¹ Le sens (« conditions ») est clair, mais nous n'avons pas trouvé d'autres exemples de cet usage du mot.
² L'adjectif figure dans le manuscrit.
³ La pompe dispendieuse des spectacles prévus est une allusion possible aux tendances du Maréchal de Richelieu.
⁴ Au Moyen Age, la tenson était un genre poétique dialogué où les interlocuteurs s'opposaient sur un sujet donné, et la sirvante (ou sirvantès) un poème moral ou satirique, le plus souvent inspiré de l'actualité politique (*Dictionnaire Robert*).
⁵ Le mot « appris » figure dans la rédaction originale, où il est légèrement barré. Mais « appris », plus fortement barré, se trouve aussi en interligne entre « par eux » et « des choses ».

LE SÉNÉCHAL.

Sans doute, comme espions et délateurs. Ils faisaient métier de révéler des choses que sans eux on n'aurait jamais sues.

CONSTANCE.

Vous me surprenez,[1] Sénéchal.

LE SÉNÉCHAL.

Ah! Madame, dans votre comté de Boulogne, vous en avez peu vu, mais dans cette cour c'était une affluence. Ils y paraissaient en troupe, et c'était un ton, un air, des manières dont il est impossible, Madame, que vous vous formiez une idée. Censeurs éternels, précepteurs des princes et de leurs cours, c'étaient des leçons sans fin, des réflexions insupportables, insolens, même avec nous. Enfin, on les a chassés, et c'est ce qu'on pouvait faire de mieux.

RAIMOND.

Si cependant il en paraissait quelqu'un, je serais charmé qu'on le reçût.

CONSTANCE.

Comme j'en ai peu vu, Monsieur le Sénéchal, je desirerais en voir.

LE SÉNÉCHAL.

Madame, vous serez[2] assez heureuse pour qu'il n'en vienne pas, mais vous avez ici un Amanieu Des Escas.

RAIMOND.

Ah ! Des Escas !

CONSTANCE.

Sire Comte, le tems est beau.

RAIMOND.

Oui, Madame. Sénéchal, partons. Peirols, suivez-moi.

Fin du 1er Acte.

(*Un air de chasse*)

---

[1] Ms Douay 1114 : m'étonnez. Inadvertance provoquée par les répétitions des répliques antérieures ?
[2] Le manuscrit porte les traces d'une hésitation entre « Madame, vous serez » et « Madame, [*virgule maintenue*] vous [*biffé*] sera ».

ACTE 2de.

Scène 1ère.

Gavaudan, Peirols.

GAVAUDAN.
Non, je ne peux me rendre à ce que vous me proposez. Quoi ! j'irais présenter à votre sénéchal un ouvrage qui ne serait pas de moi, et ma bouche aurait l'impudence de dire que c'est Gavaudan qui a composé ce qu'il n'a pas fait ? Cherchez des toubadours sans pudeur, qui, dès leur entrée dans la noble carrière accoutumés à la honte du plagiat, ne craindront pas de mettre sur leur réputation une empreinte éternelle de deshonneur et d'infamie.

PEIROLS.
Mais, Gavaudan, savez-vous de qui est l'ouvrage dont je vous parle ?

GAVAUDAN.
Peu m'importe ! Fût-il envoyé du ciel, en ferais-je moins un mensonge ?

PEIROLS.
Apprenez qu'il est de la composition du comte Raimond.

GAVAUDAN.
Que ne l'avoue-t-il ? Rougit-il d'un talent qui ne peut qu'ajouter à ses qualités, quelque[1] élevées qu'elles soient ? Le Comte de Flandre, le Roi d'Angleterre, le Souverain d'Arragon tiraient plus d'honneur des beaux vers qu'ils faisaient que de la couronne qu'ils portaient. Le sceptre n'est qu'un présent de la naissance et du hazard.[2]

PEIROLS.
Les qualités de l'esprit ne le sont pas moins. Mais revenons, mon cher, mon respectable Gavaudan. Pensez-vous que moi, que Peirols, que votre ami puisse vous proposer quelque chose qui vous déshonore ?

GAVAUDAN.
Non ; ainsi gardez le silence et ne [me, *biffé*] m'en parlez plus.

---

[1] Le mot « quelque » poratit un « s » abusif à la rédaction originale, biffé par la suite.
[2] Cette opinion n'est pas un simple poncif de l'esprit philosophique du dix-huitième siècle, mais était souvent exprimée au Moyen Age lorsque les idéaux de la chevalerie s'effritaient sous l'influence des mercenaries ; pour un examen très approfondi, voir Terry Jones, *Chaucer's Knight* (Londres : Methuen, 1994), *passim*.

PEIROLS.

Quoi ! Vous dont les poësies sont décorées de fictions si nobles, ne pouvez-vous pour un instant vous prêter à la feinte la plus utile dans l'occasion la plus honorable ?

GAVAUDAN.

Quelle comparaison ! Les fictions dans mes ouvrages ne sont que les ornemens de la vérité : qu'on lui permette de paraitre nüe, et je ne l'habillerai pas. Les mensonges sublimes que ma poësie se permet n'ont jamais été employés qu'à l'avantage des mœurs, à la gloire des Princes, et au bonheur des peuples.

PEIROLS.

Et si ce que je vous propose a ces trois avantages ?

GAVAUDAN.

Alors je me rendrai. Mais prouvez-le-moi.

PEIROLS.

Gavaudan, je vais vous faire parler au Prince.

GAVAUDAN.

Prenez garde à ce que vous allez faire, [*ajouté au-dessus de la ligne* : Peirols]. Ne croyez pas que sa présence et ses discours m'eblouissent. Mes yeux faits à l'eclat des cours ne se laissent point fasciner par les promesses et par les caresses [que, *biffé*] dont le besoin du moment [fait prodiguer aux princes, *biffé*] rend les princes si prodigues. Mon expérience sépare, [*ajouté au-dessus de la ligne*: aisément,] et sans manquer au respect que je dois au rang, mon expérience sépare aisément le souverain de tout le faste qui l'environne.[1] Je ne vois jamais que l'homme en lui. Et si ce qu'il va me proposer n'est pas ce que vous me dites, Peirols ! Peirols, vous enlevez un ami à Gavaudan : vous n'êtes plus le mien, et le prince devient mon ennemi.

PEIROLS.

Je risquerais trop si j'avais à craindre de pareils maheurs.

Scène 2eme.[2]

GAVAUDAN *seul*.

Que veut-il dire ? Comment se peut-il que le mensonge qu'il exige de ma complaisance puisse servir à l'avantage des mœurs, à la gloire du Prince et au bonheur des peuples ? [Pense-t-il que des paroles sorties de la bouche d'un

---

[1] Cette phrase est marquée d'une croix placée dans la marge du manuscrit. Le problème que pose la forme de la phrase n'est pourtant pas résolu.
[2] A la page 41 du manuscrit le mot-vedette est « Scène 2de ».

souverain pourront me faire quelque illusion et me persuader ce qui n'est pas ?]¹
J'ai cependant de la peine à croire que Peirols cherche à me tromper. Il a le
jugement sain, [et, *biffé*] [*ajouté en interligne* : il a] le cœur droit, et je ne présume
pas qu'il ôse m'exposer à une démarche déshonorante ou au désagrement de m'y
refuser.

Scène 3ème.

Raimond, Gavaudan, Peirols, tenant un mss.

RAIMOND.

Cher Gavaudan, je suis charmé de vous voir à ma cour. Peirols doit vous avoir
instruit de ce que j'ai dessein d'obtenir de votre complaisance.

GAVAUDAN.

Sire Comte, avant de vous répondre, permettez-moi de me livrer à la joie que je
ressens de vous voir, de vous voir si bien disposé par la nature pour former et
exécuter de grandes choses. Tel était votre père, le bon prince Raimond. Le
souvenir de sa mémoire me ferait à l'instant verser des larmes, si je ne le voyais
pas revivre en vous, et s'il ne m'était permis de croire que son fils se fait un devoir
d'imiter son exemple.

RAIMOND.

Le première preuve que je vous en donnerai est que j'aurai pour vous la
considération qu'il vous accordait. Peirols m'a dit votre délicatesse sur ce que j'ai
à vous demander. Je l'approuve, mais croyez que si ce que je vous prie de faire
pouvait imprimer la moindre tache au nom d'un troubadour aussi célèbre que
vous l'êtes, je rougirais de vous [*ajouté au-dessus de la ligne* : en] faire la
proposition. Je vais vous remettre ce manuscrit. (*Peirols le tient à sa main.*) Vous
le lirez, et vous verrez que du moins par le fonds [*sic*] des pensées, il est digne de
vous.

GAVAUDAN.

[Cela peut être. *biffé*] Sire Comte, je le crois sans peine.²

RAIMOND.

En présence de ma cour vous me l'offrirez, en me priant de le faire représenter.

---

¹ Phrase encadrée dans le ms.
² Cette phrase, substitué en interligne, est d'une autre main. Dans le ms Douay 1114, la note suivante suit cette réplique : « Sedaine avait mis d'abord cette réponse spartiate : cela peut être. On lui en fit sentir sans doute l'inconvenance ».

GAVAUDAN.

[Sire Comte, *biffé*] C'est m'en avouer l'auteur, et malheureusement je vois dans ceci une sorte de finesse [une supercherie, *biffé*] à laquelle Gavaudan ne peut se prêter.

RAIMOND.

D'elle dépend tout le bonheur de mes jours. Gavaudan, votre réputation de probité, le caractère de vos ouvrages, votre âge, votre phisionomie même ne me font point hésiter sur la confidence que je vais vous faire. Ah ! Gavaudan, n'avez-vous jamais aimé ? Vous ne seriez pas troubadour, si vous n'aviez un cœur tendre et sensible. J'aime, j'adore la comtesse de Boulogne. Cet ouvrage, qui est une comédie à trois personnages, est de sa composition. Elle a défié mon autorité de pouvoir le faire représenter sur mon théâtre si j'observe de cacher avec la plus grande attention la part qu'elle peut y avoir et l'intérêt que j'y prends. La condition terrible qu'elle a mise à ce défi, est que si deux jours s'ecoulent sans que mon sénéchal le fasse représenter sur un simple ordre de ma part, elle me quitte, elle me dit un éternel adieu. Mais si je l'obtiens (ce qui est si facile par votre secours) le don de sa main couronne ma tendresse ; elle fait mon bonheur, elle fait par ses qualités celui de mes peuples, et l'ornement de ma cour par ses charmes et par ses vertus.

GAVAUDAN.

Sire Comte, me sera-t-il permis ensuite d'ôter mon nom de l'ouvrage dont je me serai dit l'auteur ?

RAIMOND.

Ah ! Sans difficultés. L'instant après la représentation faite sur mon théâtre, ou après l'impossibilité reconnue qu'aujourd'hui ou demain cet ouvrage soit représenté, je vous permets de dire hautement la vérité en présence de toute ma cour.

GAVAUDAN.

Quelque honneur que cet ouvrage puisse me faire, je n'hésiterai point. J'obeïs.

RAIMOND.

Ah ! Je suis satisfait.

GAVAUDAN.

Mais, Sire Comte, vous avez ici un ancien troubadour qui aurait pu être chargé de cet emploi, et qui aurait eu moins de peine que moi à s'en acquitter.

RAIMOND.

Attaché à mes courtisans, avide de biens et de pensions, sans verve et sans vertu, il n'aurait pas gardé un secret que même l'importance qu'il mettrait à le cacher et son peu de talent feraient également deviner.

GAVAUDAN.

Donnez-moi ce manuscrit.

RAIMOND.

[Le voici, *biffé*] Peirols, convenez avec Gavaudan de l'instant où il sera admis en ma présence, et faites tout ce qu'il exigera de vous. Gavaudan, on ne croit gueres à la reconnaissance des princes, je vous forcerai de croire à la mienne.

GAVAUDAN.

Sire Comte, soyez heureux, et cela me suffit.

RAIMOND.

Retirez-vous, je crains qu'on ne vous voÿe[1] près de moi.

Scène 4eme.

Raimond, Peirols.

RAIMOND.

Peirols, expliquez à Gavaudan tout ce qu'il doit savoir. Faites-lui connaitre toute ma cour. Instruisez-le de manière qu'il puisse vaincre tous les obstacles qui pourraient s'opposer à mes desseins, puisqu'on pense que mes ordres trouveront des difficultés.

Scène 5eme.

Raimond, La Comtesse.

RAIMOND.

Ah ! Madame, permettez-moi de me livrer à la joïe la plus grande. Le bonheur de tous les instans de ma vie dépend d'une chose si facile que je peux sans témérité vous exprimer toute la reconnaissance dûe à vos bontés.

LA COMTESSE.

Avez-vous parlé à Gavaudan ?

RAIMOND.

Il fera tout ce que je desire. Ce troubadour est honnête [*ajouté au-dessus de la ligne* : et vrai].[2] Sa tête est ferme, ses expressions sévéres. Il ne peut manquer de réussir.

LA COMTESSE.

Lui avez-vous remis ce manuscrit ?

---

[1] Voÿe : le *ÿ* paraît remplacer un *i*.
[2] La forme originale de la phrase était : « Ce troubadour est vrai, et honnête, sa tête, etc. ».

RAIMOND.

Oui, Madame.

LA COMTESSE.

Que pense-t-il de cet ouvrage ?

RAIMOND.

Il ne l'a pas encor lu ; mais pourra-t-il[1] ne pas l'admirer ?

LA COMTESSE.

Il n'a pas les mêmes yeux que vous.

RAIMOND.

Il ne voulait pas consentir à s'en dire l'auteur ; mais sitôt qu'il a sçu le prix que….

LA COMTESSE.

Les conditions que j'y ai mises ?

RAIMOND.

Oui, Madame.

LA COMTESSE.

Indiscret !

RAIMOND.

Je n'ai pu faire autrement, Madame. La grandeur du motif a pu seul le déterminer à seconder nos[2] vues.

Scène 6ème.

Raimond, La Comtesse, Le Sénéchal.

RAIMOND.

Eh bien, Sénéchal, quels plaisirs nous préparez-vous pour l'amusement de Madame ?

LE SÉNÉCHAL.

Sire Comte, les fêtes que j'avais ordonnées n'auront pas le bonheur de lui plaire.

RAIMOND.

Pourquoi donc ?

LE SÉNÉCHAL.

Madame ne compte pas les voir.

---

[1] Le ms Douay 1114 porte *pourrait*.
[2] Le ms Douay 1114 porte *mes*.

RAIMOND.

Comment ?

LE SÉNÉCHAL.

Le Comtesse a ordonné à ses chevaliers de se tenir prêts pour partir dans trois jours et retourner dans ses états.

RAIMOND.

Comment, Madame, est-il possible ?

LA COMTESSE.

Oui, Sire Comte, quoique enchantée de toutes vos attentions, je ne peux prolonger plus longtems moi séjour ici, à moins qu'une affaire très importante, et dont peut-être je desire la réussite, n'obtienne un plein succès. Mais j'ai tellement [sujet, *biffé*] lieu d'en douter que je perds l'espérance de rester ici plus longtems.

RAIMOND.

Ah ! Madame, cette affaire réussira, soyez-en sûre, et le Ciel exaucera mes vœux. Mais qu'entens-je ?
(*On entend un prélude sur la harpe et une voix qui chante.*)

Scène 7eme.

Raimond, La Comtesse, Le Sénéchal, Peirols.

PEIROLS.

Monseigneur, un celébre troubadour, le vieux Gavaudan, que j'ai vu autrefois à la cour de votre père, Gavaudan est celui dont vous entendez la harpe et les chants. Il demande l'honneur de vous être présenté.

RAIMOND.

Qu'il vienne, qu'il entre, qu'il paraisse. J'ai entendu parler de ce troubadour.

LA COMTESSE.

Je connais de lui des sirvantes délicieuses.

RAIMOND.

Il semble, Madame, que le Ciel s'empresse à[1] combler vos moindres voeux. Ce matin, vous desiriez un troubadour : il vous l'envoïe. Et comme un bonheur ne va jamais seul, il faut espérer que nous obtiendrons la réussite de ce qui peut vous fixer ici plus longtems.

---

[1] A l'époque classique, *s'empresser à* avait le sens de « se hâter, par zèle, de » ; le *DFC* cite un vers de Racine (« empresser (s') »).

Scène 8eme.

Raimond, La Comtesse, Le Sénéchal, Peirols, Gavaudan. (Le harpeur Hugonet reste au fond du théâtre avec sa harpe.)

GAVAUDAN, *s'adressant au Sénéchal qu'il remarque avoir un air sévère.*
Monseigneur...

LE SÉNÉCHAL.
Ce n'est pas moi. Voici le prince.

GAVAUDAN.
Je vous demande pardon, mais votre front auguste et sévére ... (*Il s'adresse au comte.*) Monseigneur, si la Renommée ne m'avait appris que le prince Raimond remplit dignement le trône de ses pères, Gavaudan ne serait pas venu lui offrir ses hommages. Il ne les a jamais offerts qu'aux princes vertueux, et c'est à ce titre qu'il vous les présente.

RAIMOND.
Gavaudan, j'ai beaucoup entendu parler de vous dans mon enfance.

GAVAUDAN.
Monseigneur, je vous ai vû alors, je vous ai tenu dans mes bras. [je vous ai baisé la main avant que vous sussiez que vous en aviez une. Vous ne vous en souvenez pas, mais] vous avez plus d'une fois cassé les cordes de ma harpe dont vous cherchiez à tirer des sons avec vos petites mains. Dès lors la nature les destinait à briser des lances et à faire voler en éclat[1] les armures de vos adversaires.

LA COMTESSE.
Quoique dans mon comté de Boulogne je n'aie point vu de troubadours, j'ai souvent chanté de vos tensons, de vos sirvantes.

GAVAUDAN.
Ah ! Madame, qu'ils doivent avoir de charmes dans votre bouche et d'expression dans vos yeux !

LE SÉNÉCHAL *(à part).*
Toujours des libertés, toujours des fadeurs. Ces gens sont bien insupportables.

GAVAUDAN.
Vous m'approuvez, Sire Chevalier ?

LE SÉNÉCHAL.
Je ne vous parlais point.

---

[1] Ms Douay 1114 : *éclats.*

GAVAUDAN.

Je croyais que vous me faisiez l'honneur de me parler.

RAIMOND.

Avez-vous quelque ouvrage nouveau qui ne soit pas connu ?

GAVAUDAN.

Voici, Monseigneur, une pièce à trois personnages que je vous supplie d'accepter et de faire représenter. Jamais rien de si beau n'est sorti de ma plume, jamais rien de plus noble que les motifs de cet ouvrage, et le style en est digne.

LE SÉNÉCHAL.

Madame, comme il est modeste !

GAVAUDAN.

Oui, je le suis, Sire[1] Chevalier, et vous ne sauriez croire combien même cet ouvrage [*en interligne* : a] ajouté à ma modestie.

LE SÉNÉCHAL.

Il y parait.

RAIMOND.

Je crois que Gavaudan a raison.

LA COMTESSE.

Aimable vieillard, charmant troubadour, je crains d'être forcée[2] de partir avant la fin de cette semaine, et je desirerais bien voir la representation de cet ouvrage avant mon départ.

RAIMOND.

Si cela convient à Gavaudan, je n'ai, Madame, que des ordres à donner. Sénéchal, j'ordonne que l'ouvrage du troubadour Gavaudan…. cela vous convient ?

GAVAUDAN.

Oui, Monseigneur.

RAIMOND.

J'ordonne que cet ouvrage soit representé demain au plus tard sur mon théâtre.

LE SÉNÉCHAL.

Mais permettez-moi, Sire Comte, de mettre sous vos yeux que c'est en quelque façon faire une injustice à ce pauvre Amanieu[3] Des Escas, poëte ordinaire de la cour, et qui a un ouvrage tout pret.

---

[1] Il semble que le mot *Sire* ait été écrit par dessus celui de *cher*.
[2] Mot souligné dans le manuscrit. S'agirait-il de signaler à l'auteur de trouver un synonyme moins ambigu ?
[3] Ce prénom est écrit, d'une autre main, au-dessus d'une rature qui semble oblitérer le même nom.

RAIMOND.
Non, je veux entendre celui de Gavaudan. Un jour, des Escas fera representer le sien.

LE SÉNÉCHAL.
Je ne doute pas des talens du troubadour mais, comme tout ouvrage représenté sur le théâtre de la cour doit être asservi aux règles de la plus exacte bienséance, il serait nécessaire de savoir avant si celui de Gavaudan n'est en rien répréhensible.

GAVAUDAN.
Sire Chevalier, vous le lirez ; je vais vous le laisser.

LE SÉNÉCHAL.
Cela peut être long à apprendre, et deux jours seulement sont un terme bien court — c'est pour vous que je parle.

GAVAUDAN.
Que le théâtre seulement soit disposé, mes deux jongleurs et moi, nous serons prêts pour le jouer demain.

RAIMOND.
Gavaudan, on ne peut être servi avec plus de zèle. Sénéchal, vous entendez mes ordres, et je vous prie que cela soit. Gavaudan, mettez-y tous vos soins, et s'il y a quelque retard, adressez-vous à moi. (*bas à la Comtesse*) Madame, vous le voyez, si cela peut reussir. Ah ! Que je suis heureux ! Me tiendrez-vous parole ?

LA COMTESSE.
En doutez-vous ?

Scène 9eme.

Peirols, Le Sénéchal, Gavaudan.

LE SÉNÉCHAL.
Depuis quel tems le seigneur Peirols se donne-t-il les airs d'introduire près du prince tous ceux qui se présentent ?

PEIROLS.
Sire Sénéchal, je ne croyais pas….

LE SÉNÉCHAL.
Je ne croyais pas ! Je ne croyais pas ! Ignorez-vous les droits de ma place, et faut-il vous les apprendre ? Je vous trouve bien audacieux d'empiéter sur ces droits. Si vous ne savez pas vos devoirs, je vous en instruirai.

GAVAUDAN.
Sire Chevalier, je suis au désespoir d'être cause….

LE SÉNÉCHAL.

Mon cher, mon pauvre Gavaudan, ceci ne vous regarde point. Je ne doute point que votre ouvrage ne soit charmant. Je vous accorde ma protection. Donnez-moi votre manuscrit ; je le ferai lire par quelqu'un.

GAVAUDAN.

Je vais, Sire Chevalier, vous en faire une copie et j'aurai l'honneur de….

LE SÉNÉCHAL.

C'est bon. Il suffit. Adieu, Gavaudan. Peirols, songez-y.

Le sénéchal sort par un des côtés de la salle en se joignant au sous-sénéchal et aux ouvriers qui s'empressent autour de lui. Gavaudan et Peirols après s'être regardés en souriant d'intelligence se quittent. Gavaudan et son harpeur sortent par le côté opposé à celui de la sortie du sénéchal, et Peirols sort par la porte du fond, par laquelle le Prince et la Comtesse sont sortis.

Fin du Second Acte.

ACTE 3ème.

Scène 1ère.

*Un Machinisite, Un Entrepreneur des habits,
Le Sous-Sénéchal, Un Maitre des ballets.*[1]

LE MACHINISTE.

Sais-tu pourquoi il nous fait venir ?

L'ENTREPRENEUR DES HABITS.

Non.

LE MACHINISTE.

Et vous, Monsieur le Sénéchal ?[2]

LE SOUS-SÉNÉCHAL.

Ni moi non plus ; mais je le soupçonne.

L'ENTREPRENEUR DES HABITS.

Ah ! C'est pour quelque fête, pour quelque belle et bonne décoration que tu lui feras ; et moi pour fournir des habits de théâtre superbes.

LE MACHINISTE.

Et vous, Monsieur le Sous-Sénéchal, pour en expédier les ordres.

LE SOUS-SÉNÉCHAL.

Il faut bien que ce soit quelque chose comme cela ; car que pourrait-ce être ?

LE MACHINISTE.

Que je vous apprenne une nouvelle.

L'ENTREPRENEUR DES HABITS.

Quoi donc ?

LE MACHINISTE.

Vous la savez peut-être. C'est que le prince est bien attaché à la comtesse de Boulogne. Hier, ils sont venus au théâtre le matin. J'étais derrière une décoration à arranger quelque chose ; j'ai entendu des propos fort tendres qu'il lui tenait.

LE SOUS-SÉNÉCHAL.

Le prince est très galant.

---

[1] Le ms Douay 1114 met le sous-sénéchal à la fin de la liste des personages.
[2] *Sic*. Il le flatte d'abord.

LE MACHINISTE.
Il ne la quitte pas.

L'ENTREPRENEUR DES HABITS.
Bon ; elle part après-demain. Je le sais d'une de ses femmes à qui j'ai porté un ajustement complet.

LE MACHINISTE.
Ce qu'il va nous ordonner est sans doute pour une dernière fête qu'il lui donnera.

L'ENTREPRENEUR DES HABITS.
Je suis fâché qu'elle s'en aille, cela n'allait pas mal pour toi et pour moi. Ah ! voilà le Maitre des ballets.

LE MAITRE DES BALLETS.
Hé bien, danserons-nous ? J'ai d'hier la plus jolie figurante, ou bien une chanteuse, car nous ne savons encore ce qu'en fera ou en ordonnera Mr. le Sénéchal.

LE MACHINISTE.
Demande-le-lui.

LE MAITRE DES BALLETS.
Ah ! Je m'en doute.

Scène 2ème.

Les Mêmes, Le Sénéchal, de Baux, Sabran, chevaliers.

LE SÉNÉCHAL.
Ah ! Vous voilà ! Passez-là, vous autres. (*au Sous-Sénéchal*)[1] Restez, vous. Chevaliers, vous permettez….

SABRAN.
Faites ; faites.
(*Cependant,*[2] *les chevaliers dans le fond de la scène paraissent lire un manuscrit et en raisonner ensemble.*)

LE SOUS-SÉNÉCHAL.
Monseigneur, oserais-je vous demander pourquoi vous nous faites assember ?

LE SÉNÉCHAL.
C'est pour un misérable ouvrage qu'un troubadour sorti de terre a apporté ce matin. Je l'ai fait lire ; nous allons en parler.

---

[1] Cette didascale corrige une erreur, biffée dans le manuscrit, qui attribua la suite de la phrase au sous-sénéchal.
[2] Pendant ce temps. Le *DFC* cite des exemples de cet usage chez La Fontaine et Furetière.

LE SOUS-SÉNÉCHAL.
Faudra-t-il le faire représenter aussitôt ?

LE SÉNÉCHAL.
Nous verrons, je vous le dirai … Hé bien, ce joli sujet que vous m'avez présenté ?

LE SOUS-SÉNÉCHAL.
Vous n'êtes pas malheureux Monseigneur, et vous n'êtes pas fait pour l'être.

LE SÉNÉCHAL.
Viendra-t-elle ce soir ?

LE SOUS-SÉNÉCHAL.
Oui, à souper. La petite a une voix délicieuse, des accens qui vont au cœur.

LE SÉNÉCHAL.
Vous lui avez dit que je ne pourrais de six mois la mettre sur l'état des pensions que fait le prince ?

LE SOUS-SÉNÉCHAL.
Oui.

LE SÉNÉCHAL.
Mais en attendant, je lui ferai obtenir une ou deux gratifications. Mais [*en interligne* : des attentions], des complaisances, point de niaiseries, point d'enfantillages.

LE SOUS-SÉNÉCHAL.
Elle ne sait encore ni parler ni chanter.

LE SÉNÉCHAL.
N'importe ; elle sait plaire, et en tous cas on en ferait une danseuse. Allez rejoindre ces ouvriers ; ne vous eloignez pas, je vous ferai appeler. (*elevant la voix*) Surtout, de l'exactitude et de la fidélité, entendez-vous, Monsieur. Et faites-y attention. Que je n'aye point à me plaindre ni d'eux ni de vous.

Scène 3eme.

Le Sénéchal, de Baux, Sabran.

LE SÉNÉCHAL.
Hé bien, chevaliers, l'avez-vous lu ?

DE BAUX.
Oui, certes ; nous l'avons lu et relu.

LE SÉNÉCHAL.
Mauvais ?

SABRAN.

Non ; un peu méchant.

DE BAUX.

Méchant et mauvais.

LE SÉNÉCHAL.

Comment méchant ?

DE BAUX.

C'est un libelle, une horreur.

SABRAN.

C'est une litanie, une kirielle de maximes un peu…

DE BAUX.

Un peu … Ah ! Plus sottes et plus cruelles les unes que les autres.

SABRAN.

Pas toutes.

LE SÉNÉCHAL.

Mais enfin qu'est-ce que c'est ?

DE BAUX.

Tenez ; asseyons-nous.

SABRAN.

Oui.

DE BAUX.

Et si vous avez la patience de nous entendre jusqu'au bout, ecoutez et profitez.

SABRAN.

Chevalier, ne plaisantez pas. Il y a des choses dont certainement on peut profiter.

DE BAUX.

De rien, vous dis-je !

SABRAN.

Ah ! Je vous en ferai remarquer.

DE BAUX.

La pièce est intitulée *Eginhard*. Vous savez qu'Eginhard était à la cour de Charlemagne.[1]

---

[1] C'était un des érudits que Charlemagne attira à la Cour. Il était secrétaire de son successeur, Louis le Pieux, auquel succéda Lothaire I, respectivement fils et petit-fils de Charlemagne.

LE SÉNÉCHAL.

Oui.

DE BAUX.

Lothaire, son petit fils, a succédé à l'empire. Il occupe le trône. Dans une conversation particulière et secrète, Lothaire demande des conseils à Eginhard, qui lui donne ceux que nous lirons et que nous avons sous-lignés. Les seigneurs de la cour, déja intrigués de cet entretien solitaire, apprennent du prince même quels sont les conseils qui lui ont été donnés ; alors ils veulent perdre Eginhard.

SABRAN.

C'est dans l'ordre.

LE SÉNÉCHAL.

Cela doit être.

DE BAUX.

Ils découvrent, par le moyen d'une dame du palais qui aime l'un d'eux, ils apprennent qu'Eginhard est marié secrettement avec Emma, fille de Charlemagne,[1] et par conséquent tante de l'empereur.[2] Ils l'en instruisent. Le prince, loin de punir la témérité d'Eginhard, le reconnait pour son bel oncle, ses enfans pour ses neveux, et le fait maire ou comte du palais — je ne sais lequel. Voilà en gros le fond de la pièce, mais ce sont les détails qui vont nous[3] édifier.

SABRAN.

Vous plaire, vous enchanter.

DE BAUX.

Nous n'avons tous qu'à retourner dans nos châteaux et quitter la cour.

SABRAN.

Il est vrai qu'il nous peint avec des couleurs très singulières.

DE BAUX.

Ecoutez : Lothaire dit à Eginhard (je vous passe tout le préambule de cette scène, qui est d'une longueur à faire périr d'ennui, et d'un ennui d'autant plus assomant que tous ceci est en vers)[4] enfin, Lothaire dit : « Vous me parlez de l'empire que les grands qui sont à ma cour peuvent prendre sur moi, et vous ne dites pas quels moyens ils peuvent employer ? » Eginhard, pour lui répondre, noÿe dabord dans

---

[1] Son épouse s'appelait effectivement Emma, mais elle n'était pas la fille de Charlemagne. On ne sait rien d'elle, sinon qu'elle mourut en 835.
[2] Louis le Pieux et son fils Lothaire I possédaient tous deux le titre d'empereur des Romains. Le second fit destituer le premier en 833.
[3] Ms : le *n* est écrit par-dessus un *v*.
[4] Cette remarque n'est pas innocente dans le contexte dramatique du temps.

une vingtaine d'assez mauvais vers cette pensée assez commune : que de mêmes que les autres hommes, les souverains ont un goût, un penchant déterminé par la nature, ou dirigé par l'education.

    L'un enchanté des douceurs du repos,
    Des soins du trône évite les travaux,
    Cet autre actif, et dont le sang bouillonne,
    Veut tout dompter, et de rien ne s'étonne,
    Aime la chasse, ou la table, ou les jeux,
    Ou le cœur plein d'un feu séditieux,
    Ne voit, n'entend, ne connait que les femmes,
    Et de l'amour les dangereuses flammes.
    Du courtisan l'œil malin et percant
    Bientôt en vous reconnait le penchant
    Qui vous maitrise. Alors, plus que vous-même,
      Il chasse, il joue, il est guerrier, il aime
    [*mot biffé illisible*] Avec ardeur ; [pour *biffé*] et votre goût chéri
    Vous le rend cher ; vous vous aimez en lui.
    Certain alors d'avoir en sa puissance
    Tous les ressorts de votre confiance,
    Il ne s'en sert que pour vous gouverner,
    Et c'est sous[1] lui qu'il permet de régner.

LE SÉNÉCHAL.

C'est assez bien vu, mais, en dépit de ce conseil, jamais un souverain n'echapera à un pareil piege, si ceux qui l'approchent ont la bassesse de s'en servir.

DE BAUX.

Or, ecoutez : ceci nous regarde. Lothaire demande si toutes les grandes charges qu'il a créées autour de sa personne ne sont pas necessaires à la dignité de l'empire. Eginhard, après avoir blâmé les dépenses immenses que cela occasionne, finit sa réponse et ses réflexions en disant :

    Ce luxe immense, appannage du trône,
    Ce peuple entier d'officiers, de valets,
    Qui vous précéde et qui vous environne,
    Et cette armée aux portes du palais,
    Tout cet éclat de la grandeur suprême
    [*vers biffé* : S'est par degrés tourné contre vous-meme.]
    [*en interligne*] Est l'ornement de votre diadême
    [*mots biffés* : Très important] [*en interligne* : Est necessaire] à
                     votre dignité,

---

[1] Le mot *sous* est écrit par-dessus un autre mot, impossible à déchiffrer.

Dans les instans faits pour la Majesté.
Lorsque les grands donnent l'exemple auguste
De leur hommage au pouvoir le plus juste,
Ce faste alors commande le respect
Que doit à tous imprimer votre aspect.
Mais si ce luxe enfantait la détresse,
S'il protégeait le vice accrédité,
Si de vos grands l'insidieuse adresse
En avait fait pour la perversité
Un moyen sûr de toute impunité,
Si ce cortège était une barrière
Qui dérobât a vos yeux la misère
De tout un peuple, hélas ! dans les douleurs,
Et qui n'en peut accuser les auteurs
En s'adressant à son dieu tutélaire,
Enveloppé de ses persécuteurs,
Combien alors, combien serait coupable
Ce vain amas de frivoles grandeurs ?
Ah ! Pardonnez au tableau véritable....

Alors Eginhard demande pardon à l'empereur de la liberté de ses conseils et de la brusque franchise avec laquelle il les donne, et il a raison.

SABRAN.

C'est bien plûtôt aux seigneurs de sa cour qu'il devrait demander pardon. Eh bien, Sénéchal, vous ne dites rien. Que pensez-vous donc de ces sublimes réflexions ?

LE SÉNÉCHAL.

Que nous serions des imbéciles si nous nous imaginions que c'est nous que cela regarde, car enfin, c'est la cour de l'empereur Lothaire qu'il dépeint là, et ce n'est pas celle du comte de Toulouse.

[SABRAN.

Oui ; mais n'appréhendez-vous pas qu'on ne fasse des applications ?

LE SÉNÉCHAL.

Au théâtre ! Les applications malignes ne sont jamais faites que par [des méchans, ou par des sots *biffé*] [*en interligne* : le peuple], et c'est [leur *biffé*] lui faire trop l'honneur que de les craindre.][1]

DE BAUX.

Ah ! Chevalier, qu'est ce que j'ai sous-ligné là ? ... Ah ! c'est peu de chose.

---

[1] Interventions barrées aussi bien qu'encadrées. Le ms Douay 1114 les omet.

SABRAN.

Ah ! peu de chose !

DE BAUX.

Oui, peu de chose.
 Le plus grand crime est celui de mentir,
 Celui qu'un roi ne saurait trop punir, &c.

Passons, passons. Ah, ah, ah, ah ! Savez-vous quelle est la chasse qu'il conseille aux souverains ? Devinez.

LE SÉNÉCHAL.

Voyons, voyons.

DE BAUX.

Il permet à son Lothaire le plaisir de la chasse, parce qu'il exige de la force et de l'adresse, et qu'il entretient l'une et l'autre, mais cependant il dit qu'il ferait beaucoup mieux[1] de courir sus aux fripons…. Ah, ah, ah !

SABRAN.

Lisez, lisez.

DE BAUX.

Il vaudrait mieux sans doute
 Tomber sur un traitant dont la rapacité
 Fait d'un sage tribut un impôt détesté,
 Suivre tous les détours et les ruses obliques
 D'un ministre embrouillant les affaires publiques,
 Ou d'un vil magistrat qui trafique des loix,
 Et vend au plus offrant son suffrage et sa voix.

Cette chasse, dit il, serait beaucoup plus profitable à l'Etat.

SABRAN.

Il a raison. Du moins, ici, il ne parle pas de nous.

LE SÉNÉCHAL.

Continuez.

DE BAUX.

« Quel moyen, Eginhard — c'est l'empereur qui parle — quelle route nouvelle
 Peut m'ouvrir des grands rois la carrière immortelle ? »

---

[1] Les mots *ferait beaucoup mieux* sont barrés, mais apparemment retenus, car une insertion supérieure est encore plus fortement barrée de manière à la rendre illisible.

A cela, Eginhard n'a qu'un mot :
>   Soyez juste, Seigneur, à ce devoir sacré
>   Donnez tous les instans que le Ciel vous dispense,
>   Et le bonheur public sera leur récompense.
>   Ce seul devoir rempli vous met au plus haut rang :
>   Le plus juste des rois fut toujours le plus grand.

Bien, bien, fort bien cela ! « Mais, demande l'empereur, ne faut-il pas tempérer par la clémence ? ». « Non », reprend Eginhard :

>   La clémence est faiblesse en la toute puissance.
>   Qui punit un méchant avec sévérité
>   A fait pour tout l'empire un acte de bonté.

LE SÉNÉCHAL.

Point de clémence ! Voilà une maxime très dangereuse : point de clémence.

DE BAUX.

Ah ! Il indique ensuite les occasions où cette vertu doit se montrer, mais il en admet un si petit nombre que ce n'est pas la peine d'en parler…. Voici un autre conseil qu'il donne, et si notre prince en profite, Sénéchal, vous ne manquerez pas d'exercice.

LE SÉNÉCHAL.

Tant mieux !

DE BAUX.

>   Parcourez vos états de l'un à l'autre bout
>   [Vraie image de Dieu *biffé*] [*en interligne* : Et, Dieu, de vos
>   sujets] soyez présent partout.
>   Votre fameux ayeul, des princes le modèle,
>   N'obtint du nom de grand la faveur immortelle
>   Qu'en se montrant partout à ses vastes états,
>   Qu'en prodiguant sans cesse et ses soins et ses pas.
>   [Dans une même année on le voit en Neustrie,[1]
>   De là, marcher en Saxe, aller en Austrasie,
>   Et des Bouches du Rhône accourir sur le Rhin,
>   Aux Saxons revoltés donner un nouveau frein.][2]
>   L'exemple paternel vient s'offrir à Lothaire,
>   Ce que Charles a fait n'osera-t-il le faire ?

---

[1] Nicot, dans son *Thrésor de la langue françoise* (1606), indique que la Neustrie était une partie de la Gaule érigée en royaume, qui comprenait tous les pays entre la Meuse et la Loire, dont Paris était la capitale.
[2] Encadré et biffé dans le manuscrit.

Aura-t-il moins que lui de force et de vertu ?
De ces grands mouvemens le cours inattendu
Du courtisan flatteur tôt ou tard vous délivre,
L'intrigue et la mollesse auront peine à vous suivre.
Et le sceptre, porté par un nouveau Titus,
Pour ses dignes soutiens n'aura que des vertus.

SABRAN.

Bon ! Il sera le premier courier de son royaume.

DE BAUX.

Encore un petit article :
Craignez les protégés, craignez les protecteurs.
Plus la protection ardemment sollicite,
Et moins le protégé doit avoir de mérite.

Mais pour remplir les places, dit l'empereur, il faut bien que je consulte ceux qui m'approchent. Eginhard ne veut point qu'ils influent sur aucun choix. Il dit que c'est à la voix publique à s'expliquer. Un gouvernement vigilant, ajoute-t-il, éclaire la conduite des citoyens suspects. Afin de prévenir des crimes, que n'avez-vous d'honnêtes inquisiteurs pour découvrir et dénoncer[1] les hommes vertueux, les hommes capables, les hommes de génie et de talent, et d'autant plus dignes des places qu'ils les recherchent moins.

SABRAN.

Ainsi, nous autres, nous ne pourrions plus protéger personne, ni avancer nos amis, nos créatures, nos domestiques.

DE BAUX.

Nous aurions un crédit charmant ; j'aimerais autant rester dans mes terres.

SABRAN.

Et moi aussi.

DE BAUX.

Mais c'est qu'il revient encore sur cet article :
Ne vous hâtez jamais de donner une place,
Toute homme sans mérite a toujours de l'audace.
Il exige, il vous presse, on l'eloigne, il revient
Le refus l'encourage, il fatigue, il obtient.

SABRAN.

Cela est vrai quelquefois.

---

[1] Entendre : « déclarer officiellement, publier » (*DFC*).

DE BAUX.

Ah ! Vous, Sénéchal, qui desirez obtenir la survivance[1] de quelqu'un, tenez ; voici un article [*en interligne* : qui vous plaira] [auquel vous devez de la reconnaissance. Je vais vous en dire l'esprit, car cela commence à être long. Il dit à Lothaire que tout survivancier ne fait que compter les jours de son prédécesseur, qu'il ne cherche qu'à atteindre le mérite de celui à qui il doit survivre et ne va pas même jusques-là, que cet usage est le tombeau de l'émulation, qu'il répand le découragement ou peut, dit-il, promettre une survivance, mais toujours sous la condition qu'elle sera méritée. Enfin, Sénéchal, êtes-vous content ? En voulez-vous encor d'autres ? *biffé*]

LE SÉNÉCHAL.

[Non, je vous jure, *biffé*] [en interligne : Ah, j'en ai assez,] j'en ai assez.

DE BAUX.

Il y a cependant [*rature* ; *mots illisibles*] [*en interligne* : encore ici quelque chose] de bien précieux sur les femmes, sur les moyens qu'elles employent pour s'emparer de la confiance d'un souverain, pour diriger ses pensées, conduire une intrigue et se méler des affaires. Ah ! je parie bien que cette pièce-ci n'a pas été faite par une femme.

LE SÉNÉCHAL.

Non ; elle est de cet impertinent de Gavaudan.

Scène 4eme.

Les Mêmes, Peirols.

LE SÉNÉCHAL.

J'avais dit que personne n'entrât ... Ah ! c'est Peirols ... Mon cher Peirols, j'ai voulu vous parler : on dit que vous êtes fâché contre moi ?

PEIROLS.

Je n'en ai aucun sujet et, Sire Sénéchal, j'en aurais un que je ne le témoignerais pas.

LE SÉNÉCHAL.

Avouez que je dois vous en vouloir : comment Gavaudan est votre ami ?

PEIROLS.

Mon ami ? Comme je le suis de tous ceux qui meritent mon admiration.

---

[1] Sur le système des survivances et des droits qu'y levait la Couronne, voir Marion, *Dictionnaire des institutions*, p. 523.

LE SÉNÉCHAL.

Eh bien, oui, admiration ! Cela est vrai ; c'est un homme admirable. Enfin, il est votre ami, et vous me privez, moi, moi qui vous aime, vous me privez du plaisir de vous obliger en le présentant moi-même au prince. Ah ! cela n'est pas bien ; convenez-en.

PEIROLS.

Sire Sénéchal, puisque vous le voulez, je conviendrai que j'ai commis une grande imprudence, mais je ne [le croyais pas *biffé*] l'aurais pas cru.

LE SÉNÉCHAL.

Enfin, n'en parlons plus. Soyez cependant toujours assuré que je vous en voudrai toutes les fois que vous m'enleverez l'occasion de vous servir. (*Peirols, à tout cela, fait de grandes reverences.*) J'ai à vous prier de vous informer — vous connaissez beaucoup de monde chez la comtesse de Boulogne — informez-vous, je vous en prie, du jour qu'elle doit nous quitter. Et je vous prierai aussi…. (*Alors il parle bas à l'oreille de Peirols. Il est supposé lui donner une commission qui l'éloigne de la cour pour quelques heures. Cependant de Baux et Sabran parlent ensemble assez bas pour n'être pas entendus.*)

SABRAN (*à de Baux, après quelques mot dits bas*).

Je vais le lui demander.

LE SÉNÉCHAL.

Adieu, mon cher Peirols. (*A cela Peirols fait une grande reverence*) Ah, çà, point de rancune. (*Il fait une seconde reverence encore plus bas.*)

Scène 5eme.

Sabran, De Baux, Le Sénéchal.

SABRAN.

Ah, Sénéchal, quel parti comptez-vous prendre sur cet ouvrage-ci ?

LE SÉNÉCHAL.

Obeïr, le faire [donner *biffé*] représenter. Le prince l'ordonne, et puis, il y a des choses très bonnes dans tout ceci, et dont je ne doute pas que le prince ne soit satisfait.

SABRAN.

Ah, ah, ah ! À la représentation, je veux voir le visage gravement indifférent, la mine discrète de nos courtisans et l'attention en dessous, avec laquelle ils chercheront à lire dans les regards du prince l'impression que cela pourra lui faire. S'il sourit, j'entends d'ici les éclats de rire de ceux qui seront les plus fâchés.

LE SÉNÉCHAL.
Pour moi, cela m'est bien égal, et toute ame franche et honnête n'a point d'examen à faire et d'impression à craindre.

DE BAUX.
C'est cependant toujours un désagrément d'avoir à faire représenter des choses qui déplairont à la moitié des auditeurs et dont l'autre moitié se moquera.

LE SÉNÉCHAL.
Ah ! Chevaliers ! S'il n'y avait encore que de pareils désagrémens !

SABRAN.
Je suis toujours surpris que vous, Sénéchal, vous jeune encore et dans la vigueur de l'âge, vous, fait pour commander les armées, pour être à la tête de la haute noblesse, et pour administrer les parties les plus relevées de l'état, vous ayez, depuis quelque tems, bien voulu descendre à conduire un théâtre, des jongleurs, des farceurs, des ménestrels, être continuellement avec eux, et vous embarrasser des plus minces et des plus sots détails.

LE SÉNÉCHAL.
J'aime le prince, et tout ce qui m'approche de lui m'est honorable et précieux.

SABRAN.[1]
Vous aimez le prince ; mais nous l'aimons tous.

DE BAUX.
Mais qui ne l'aimerait pas, plein d'honneur, de franchise et de probité, et n'aspirant qu'à faire le bonheur de ses peuples ?

SABRAN.
Vous ne nous dites pas la vraie raison.

LE SÉNÉCHAL.
Et quelle autre pourrais-je avoir ?

SABRAN.
Que sais-je ? On obtient des plaisirs, du crédit, de la fortune. Et le ministre des amusemens du prince a toujours une porte ouverte pour arriver à son cœur, et ainsi à tout.

LE SÉNÉCHAL.
Compez-vous aller chez la comtesse de Boulogne ?

---

[1] Le passage qui suit, jusqu'à la réplique qui finit : « à son cœur, et ainsi à tout » est porté sur une moitié de feuille collée sur la feuille originale, maintenant illisible. Le béquet est d'une autre écriture que le manuscrit.

SABRAN.

Oui, nous y allons.

DE BAUX.

Tenez ; voici votre doucereux papier.

LE SÉNÉCHAL *(mettant le doigt sur sa bouche).*

Chut ! Ne dites pas que vous le connaissez.

DE BAUX.

Ne craignez point.

SABRAN.

Soyez sûr du secret.

LE SÉNÉCHAL.

Mille remercimens, Chevaliers, mille remercimens. Bien fâché de vous avoir procuré ce moment d'ennui.

DE BAUX.

Point du tout. Ah, ah, ah …

SABRAN.

Ah, ah, ah !
(Ils sortent en riant.)

Scène 6ème.

LE SÉNÉCHAL.

Je me suis toujours méfié de ces vilaines gens. Les troubadours m'ont toujours été en horreur, excepté celui-ci cependant, le pauvre des Escas.

Scène 7ème.

Le Sénéchal, Le Troubadour des Escas.

LE SÉNÉCHAL.

Hé bien, des Escas, que desirez-vous ?

DES ESCAS.

Voici, Monseigneur, des vers que j'ai pris la liberté de faire pour vous féliciter de la survivance que vous avez obtenue.

LE SÉNÉCHAL.

Cela n'est pas fait.

DES ESCAS.

C'est donc pour vous féliciter de la dignité [qu'il a *biffé*] dont il a plu au prince de vous honorer, ou, pour mieux dire, dont il a plu au prince d'honorer par vous la dignité dont il vous a révétu, car la fortune et la vertu se disputent entre elles laquelle a le plus de titres pour couronner vos grandes qualités.

LE SÉNÉCHAL.

Donnez. Vous me faites toujours plaisir, des Escas, lorsque vous pensez à moi ; et de tous les troubadours vous êtes le seul qui m'ayez jamais plû.

DES ESCAS.

Ah ! Monseigneur, j'ai un grand chagrin.

LE SÉNÉCHAL.

Quelque pension que vous voulez obtenir ?

DES ESCAS.

Non, Monseigneur.... quoique ... mais ce n'est pas cela dont il s'agit aujourd'hui. Un troubadour peu connu, nommé Gavaudan, chassé sans doute de toutes les cours où il s'est présenté, vient de se réfugier dans celle-ci, et à l'instant même de son arrivée, il a obtenu l'ordre de faire représenter un ouvrage de sa façon, ou de celle d'un autre, car je le crois très peu en état de faire honneur aux muses. Ce qui cependant me ferait croire que cet ouvrage est de lui, c'est qu'on en dit déja beaucoup de mal, et on assure qu'il est répréhensible en toute maniere, par les indécences et le mauvais ton qui le caracterisent.

LE SÉNÉCHAL.

Vous le croyez ?

DES ESCAS.

Ah ! je ne peux pas m'empêcher de le croire.

LE SÉNÉCHAL.

Eh ! Que voulez-vous que je fasse ?

DES ESCAS.

Vous le savez, Monseigneur. Voici les patentes signées du prince, et de vous, par lesquelles j'ai le privilège exclusif d'amuser par des tansons, sirventes, fabliaux, le prince et toute sa cour ; j'ai seul le droit de vous plaire par des ouvrages d'esprit.

LE SÉNÉCHAL.

J'entends. Il est juste de vous conserver ce droit, avec d'autant plus de raison qu'il est certain que vous n'en abusez pas. Tâchez de parler au prince. J'appuïerai ; j'ai même déja dit quelque chose en votre faveur. Adieu, mon cher des Escas.

DES ESCAS.

Vous me permettrez de laisser prendre des copies de ces vers que je viens de vous adresser ?

LE SÉNÉCHAL.

Sans doute ; sans cela, à quoi seraient-ils bons ? Il ne faut pas en priver l'univers.

Scène 8ème.

LE SÉNÉCHAL, *seul*.

Que ces gens-là sons sots ! Encore, s'ils n'étaient que cela.

Scène 9ème.

Le Sénéchal, Le Sous-Sénéchal (Les Hommes du théâtre paraissent dans le fond.)

LE SOUS-SÉNÉCHAL.

Hé bien, Monseigneur ?

LE SÉNÉCHAL.

Détestable, et même dangereux ; et comme je ne conçois pas pourquoi le prince…. Au reste, il y a lieu de penser qu'il tient peu à ce que cela soit représenté … Ah, oui ; il y tient peu.

LE SOUS-SÉNÉCHAL.

J'entens.

LE SÉNÉCHAL.

Vous m'entendez…. D'ailleurs, il faut obéir ; obéissance et fidélité, Messieurs, ceci vous regarde…. obéissance et fidélité.

Scène 10ème.

Le Sénéchal, Gavaudan, Le Sous-Sénéchal, Les Ouvriers.

LE SÉNÉCHAL.

Voici le sublime troubadour Gavaudan, Messieurs ; le prince a ordonné que son ouvrage soit représenté demain au plus tard. Exécutez ce qui vous sera demandé par lui, pour les décorations, les habits….

L'ENTREPRENEUR DES HABITS.

Mais il y a bien peu de tems.

GAVAUDAN.

Pour les habits, j'ai ce qu'il faut.

L'ENTREPRENEUR.

Vous avez ce qu'il faut ?

GAVAUDAN.

Oui. Quant aux décorations, il me faut peu de chose — point de changement.

LE SÉNÉCHAL.

Voyez ensemble.

GAVAUDAN.

Conduisez-moi.

Scène 11ème.

Le Sénéchal, Le Sous-Sénéchal.

LE SÉNÉCHAL.

Voyez à suivre ce vieux fou… Contentez-le, contentez-le. Vous m'entendez : obéissance et fidélité.

LE SOUS-SÉNÉCHAL.

Voilà le prince.

LE SOUS-SÉNÉCHAL, *voyant arriver le prince et la comtesse, il eleve la voix.*
Messieurs, que tout cela s'exécute avec la plus grande promptitude. Je vous prie de ne point quitter que ce ne soit fait ; vous m'en rendrez compte et vous m'en répondrez.

Scène 12ème.

Le Sénéchal, le Prince, la Comtesse.

LE PRINCE.

Le sénéchal s'y porte avec un zèle, et cependant je vous assure que je n'ai point donné ni fait donner d'autre ordre que le commandement pur et simple que le sénéchal a reçu en votre présence.

LA COMTESSE.

Vous me l'aviez promis, et je n'ai jamais douté de votre parole.

LE PRINCE.

Ainsi, Madame, croyez que toutes mes volontés n'ont jamais rencontré d'obstacles,[1] et que tous mes ordres sont toujours exécutés ainsi.

---

[1] Une formulation avec *aucune* aurait été moins ambiguë et plus élégante.

LA COMTESSE.

Je desire en être persuadée, et je suis si près de l'être que je commence à me reprocher d'avoir été trop facile dans les conditions que je me suis imposées.

LE PRINCE.

Permettez-moi plutôt de penser qu'enfin, touchée de mon amour, touchée de ma constance, vous avez bien voulu ne pas mettre un terme plus long à l'instant qui doit faire, je n'ose dire notre bonheur, mais le mien et celui de mes sujets.

LE SÉNÉCHAL *(se rapprochant du prince)*.

Sire Comte, je ne puis donner des ordres plus précis.

LA COMTESSE.

Est-ce quelque fête encor que vous préparez ?

LE SÉNÉCHAL.

Non, Madame ; c'est la représentation de cette pièce du troubadour Gavaudan, de cette pièce….

LA COMTESSE.

Je l'avais oublié.[1] Hé bien, quand comptez-vous la donner ?

LE SÉNÉCHAL.

Demain au soir au plus tard.

LE PRINCE.

Demain au soir, Madame.

LE SÉNÉCHAL.

Mais, Madame, je ne dois pas vous cacher ce qui m'a été dit sur cet ouvrage.

LA COMTESSE.

Quoi donc ?

LE SÉNÉCHAL.

On dit, on m'assure, que les mœurs n'y sont pas absolument trop respectées, la décence trop observée, et que la pudeur le nos dames….

LE PRINCE *(avec humeur)*.

L'avez-vous lû ?

LE SÉNÉCHAL.

Non, Sire Comte.

---

[1] Le participe semble ne se rapporter directement ni à la représentation ni à la pièce, mais plutôt au *fait* de représenter la pièce,

LE PRINCE.

Il fallait le lire.

LE SÉNÉCHAL.

Je le lirai ; mais voici des Escas qui m'a assuré que cet ouvrage était très répréhensible.

Scène 13ème.

Les Mêmes, des Escas.

DES ESCAS.

Oui, Madame, c'est un tissu d'indécences et de mauvaises choses. C'est d'ailleurs écrit d'un stile détestable et plat, sans finesse, sans agrément et sans goût.

LA COMTESSE.

Enfin, ce n'est pas le vôtre ?

DES ESCAS.

Je serais bien fâché que ce fût là mon style. Et si vous voulez, Madame, en voir la différence, voici des vers que j'ai faits sur le départ de Madame la Comtesse, car on dit que Madame part demain.

LE PRINCE *(à part, à la Comtesse)*.

Madame, je suis au désespoir de tous ces propos.

LA COMTESSE.

Vous êtes bien bon[1] ; cela n'est que divertissant.

DES ESCAS *(lit)*.

« Quand les feux du soleil cachés sous les montagnes
Refusent aux mortels d'éclairer les campagnes... »

LE PRINCE *(avec humeur)*.

C'est bien ; allez.

LE SÉNÉCHAL *(avec bonté)*.

Allez, allez, des Escas.

DES ESCAS *(à part)*.

Je crois que j'ai fait une sottise, mais de beaux vers réparent tout.

LA COMTESSE.

Hé ! Sénéchal, à quelle heure serait la représentation ?

---

[1] Naïf, et un peu trop prévenant.

LE PRINCE.
Ah, Madame....

LE SÉNÉCHAL.
A six heures, je crois. Sire Comte, depuis plus d'une heure le conseil est assemblé.

LE PRINCE.
J'y vais, Madame. [je vous quitte et je reviens vers vous *biffé*] Ah ! qu'il m'en coûte de vous quitter ! Non, non, non, il n'y aura jamais que mon devoir ou vos ordres qui puissent me priver du plaisir de joüir de votre présence.
[*Le prince sort d'un coté avec le sénéchal, et des Escas, qui est resté dans le fond, suit le sénéchal. La Comtesse reste sur le devant, et les femmes approchent d'elle.*

LA COMTESSE *(après avoir rêvé).*
Oui, si cela peut faire son bonheur.][1]

Fin du 3ème Acte.

---

[1] La didascalie et la dernière réplique sont encadrées et biffées.

ACTE 4ème.

Scène 1ère.[1]

Peirols, Gavaudan.

PEIROLS.

Ha ! Sire Gavaudan....

GAVAUDAN.

Hé bien ?

PEIROLS.

Je vais peut-être vous surprendre, mais je viens vous parler de la part de la comtesse de Boulogne. D'elle-même je viens vous demander secrètement, de sa part, si vous n'éprouvez aucune difficulté pour la représentation de cet ouvrage.

GAVAUDAN.

Aucune ; et même j'attends ici les employés du théâtre qui viennent pour exécuter ce que je leur dirai. Les voici.

Scène 2e.

Peirols, les Employés,[2] Gavaudan.

(*Les Employés font de grandes révérences à Peirols qui sort.*)

[GAVAUDAN.

Je ne veux rien de tout cela. (*entre crochets et barré*)]

LE MACHINISTE.

Mais, Sire Gavaudan, expliquez-vous.

LE TAILLEUR.

Comment point d'habits ?

LE MACHINISTE.

Point de décorations !

---

[1] La feuille du manuscrit qui porte la première scène et la deuxième jusqu'à la fin de la didascalie (« ... *Pierols qui sort* ») est d'une main différente. Les changements dans l'ordre des scènes entraîna une erreur de numérotation dans le manuscrit.
[2] C'est-à-dire : l'entrepreneur des habits, celui des décorations et celui des ballets.

LE Mᴱ· DES BALLETS.

Point de ballets !

LE MACHINISTE.

Un seul changement ? Ce n'est donc pas un fabliau comique ?

LE TAILLEUR.

Ce n'est donc pas un fabliau tragique ?

LE Mᴱ· DES BALLETS.

Ce n'est donc pas un fabliau pour une fête.

LE MACHINISTE.

Ce n'est donc rien. Vous dites qu'il y a un empereur et point de cortège.

LE TAILLEUR.

Il y a des courtisans, et ils ne seraient pas superbement habillés !

LA MACHINISTE.

Vous demandez l'intérieur d'un cabinet d'un souverain, et point de péristile, de colonnes : rien qui ressemble à un palais !

LE TAILLEUR.

Point de dorure !

LE MACHINISTE.

Point de changement, de vols !

LE Mᴱ· DES BALLETS.

Point d'entrées, de pas de deux, de gavottes, et de chaconne surtout ![1]

LE MACHINISTE.

Je vous assure que cela sera pitoyable.

LE TAILLEUR.

Détestable.

LE MACHINISTE.

Sans intérêt, et que cela n'est pas fait pour amuser la cour d'un grand prince.

LE TAILLEUR.

A laquelle, il faut des choses, là, qui plaisent.

LA MACHINISTE.

Qui charment.

---

[1] Il est difficile de comprendre pourquoi le maître des ballets affectionne particulièrement la chaconne, sinon pour les gestes risqués et les textes moqueurs qui y étaient associés.

LE TAILLEUR.

Qui enchantent.

LE M^(E.) DES BALLETS.

Et pour lesquelles il ne faut que des yeux.

GAVAUDAN.

Vous avez raison : il ne faut que des yeux ; il ne faut ni oreilles, ni ame, ni esprit, ni reflexion. Allez, allez, c'est pour des enfans qu'on doit faire des lanternes magiques,[1] mais, à des hommes, présenter de bonne et excellente morale, cachée avec [soin, *biffé*] art sous le voile légerement tissu d'un amusement charmant et délicieux : un poëme bien intrigué, bien dénoué, des personnages vrais, des caractères fins et intéressans, qui n'ayent pas un mouvement, ne fassent pas un geste, ne disent pas un mot qui n'ajoute un trait à leur phisionomie. Voilà ce qu'il faut, et non pas de vos plates niaiseries, des billevesées qui ne [peuvent *biffé*] prouvent, par leur faste et leur sotte magnificence, que le dessein d'occasionner une dépense utile à ceux qui la conseillent.

LE M^(E.) DES BALLETS.

Qu'est-ce que cela veut dire ? Avez-vous entendu ?

LE TAILLEUR.

Quoi donc ?

LE MACHINISTE.

Nous sommes des sots, si je comprens bien ce qu'il dit. Sir [*sic*] Gavaudan, on ne traite pas ainsi des artistes.

LE TAILLEUR.

Des gens à talens.

LE ME. DES BALLETS.

Des hommes du premier mérite.

LE MACHINISTE.

Nécessaires au prince.

LE TAILLEUR.

À l'état.

LE M^(E.) DES BALLETS.

Au public.... des sots !

---

[1] Anachronisme. La découverte de la lanterne magique, en 1659, est attribuée à l'astronome hollandais Christiaan Huygens.

LE MACHINISTE.
Des sots !

LE TAILLEUR.
Des sots !

GAVAUDAN.
Eh ! je ne dis pas cela ; ce n'est pas vous qui êtes des sots.

LE MACHINISTE.
Ma foi, Sire Gavaudan, fera la besogne qui voudra, je ne veux pas m'en mêler.

LE TAILLEUR.
Ni moi non plus.

LE M^{E.} DES BALLETS.
Ni moi.

LE MACHINISTE.
J'aimerais mieux me casser le cou à la premiere décoration que je mettrai [sic] en place.

LE TAILLEUR.
J'aimerais mieux couper de travers cent aulnes d'etoffe.

LE M^{E.} DES BALLETS.
Et moi, me donner une entorse à ma bonne jambe.

LE MACHINISTE.
Que de donner un seul coup de crayon.

LE TAILLEUR.
Que de couper un seul habit.

LE M^{E.} DES BALLETS.
Que de faire un jetté-battu[1] pour le succès de votre ouvrage.

LE MACHINISTE.
Nous ne ferons rien.

LE TAILLEUR.
Rien.

LE M^{E.} DES BALLETS.
Rien.

LES 3 ENSEMBLE.
Des sots ! Des sots !

---

[1] Un saut pendant lequel le danseur / la danseuse croise les jambes en l'air avant la descente.

2ème.

Les Mêmes, l'Intendant des plaisirs.

L'INTENDANT.

Qu'est-ce que c'est, Messieurs ?

GAVAUDAN.

Vous ne pouviez venir plus à propos.

LE MACHINISTE.

Nous ne ferons rien.

L'INTENDANT.

Messieurs, le prince a ordonné ainsi : obéissance et fidélité. Allez m'attendre au théâtre, je vous y rejoindrai.

Scène 3ème.

Gavaudan, L'Intendant.

L'INTENDANT.

Il faut, Sire Gavaudan, que vous les ayez traités bien mal !

GAVAUDAN.

Je ne leur ai rien dit.

L'INTENDANT.

Ce sont cependant des gens à ménager par toutes sortes de raisons. L'un habille la nièce du prince, l'autre lui montre à danser, et le machiniste apprend à dessiner au fils du grand référendaire.

GAVAUDAN.

Que m'importe ?

L'INTENDANT.

Ils pourraient vous nuire si vous demandiez une pension, comme je n'en doute pas.

GAVAUDAN.

Vous n'en doutez pas ! Doutez-en toute votre vie ! Un vrai troubadour n'a qu'une ambition : celle de bien dire. Bien faire n'est pour lui que l'action de respirer. Tout ce qu'il compose n'a jamais qu'un but : *le bien, la vertu, l'honneur*. Et vous voulez que cet homme demande des pensions, vous voulez que son front, fait pour regarder le ciel, humilie ses regards devant un homme, quel qu'il soit, parce qu'il peut donner ? Laissez cet emploi à ceux des [de ces *biffé*] courtisans qui, à tous les instans du jour, ne tournent autour du prince que pour voir de quel côté ils pourront entrer dans son âme et pâturer ses bienfaits.

L'INTENDANT.
J'ai pensé cependant que, quelque grand que l'on soit, on peut demander au prince le prix de ses services.

GAVAUDAN.
Non pas un troubadour. Comme les bienfaits dûs à ses talens doivent aux yeux de la postérité honorer autant celui qui les accorde que celui qui les reçoit, ils sont sans valeur pour lui et pour l'autre, sitôt qu'ils ont été demandés.

L'INTENDANT.
Sire Gavaudan, ce que je vous en ai dit, je ne croyais pas.... Ah, ah, il semble que vous soyez en colère.

GAVAUDAN.
Je ne le suis point ; et de quoi le serais-je ? Mais croyez, Monsieur, qu'un homme de génie a besoin de cette fierté. Il ne pourra jamais donner à ses ouvrages la chaleur qui pénètre et enflamme les esprits qu'en conservant lui-même la dignité de sa personne, la noblesse de son âme. Et qui demande s'avilit.

L'INTENDANT.
Qui demande s'avilit ?

GAVAUDAN.
Mais je m'apperçois que je vous parle une langue étrangère ; excusez. Faites, je vous prie, obéir vos gens, et qu'enfin dans deux heures tout soit en état pour que je puisse representer et remplir me engagemens.

L'INTENDANT.
Voici monseigneur le sénéchal.

Scène 4ème.

Le Sénéchal, Gavaudan, L'Intendant.

LE SÉNÉCHAL.
Ah ! mon cher Gavaudan, je suis charmé de vous trouver ici ; je desirais vous parler.

GAVAUDAN.
Mon cher Sénéchal, je serai charmé de vous écouter.

LE SÉNÉCHAL.
Mon cher ! .... Vous me faites honneur ; je suis bien aise de vous être cher, Gavaudan.

GAVAUDAN.
Et moi de même, Sire Sénéchal.

LE SÉNÉCHAL.
Causons, et mettons de côté ce qui pourrait eloigner la franchise que nous nous devons en cet instant.

GAVAUDAN.
Comme il vous plaira.

LE SÉNÉCHAL.
Asseyez-vous.

GAVAUDAN.
Non, non ; j'écoute mal étant assis.[1]

LE SÉNÉCHAL.
J'ai lû votre ouvrage….

GAVAUDAN.
Je ne vous empêche pas de vous asseoir.

LE SÉNÉCHAL.
Non certainement.

GAVAUDAN, *à l'intendant, qui depuis le commencement de cette scene fait des signes à Gavaudan.*[2]
Pour quelles raisons, depuis quelques instans, me faites-vous des signes ?

L'INTENDANT.
Je vous avertissais d'avoir pour monseigneur plus d'egards, plus de…. et de penser à qui….

LE SÉNÉCHAL.
Laissez-nous, laissez-nous. Allez vous-en.

Scène 5ème.

Gavaudan, Le Sénéchal.

GAVAUDAN.
Il me parait que cet homme vous est affectionné.

LE SÉNÉCHAL.
Sire Gavaudan, j'ai lû votre ouvrage ; il m'a plu on ne peut davantage. C'est un assemblage, c'est un bouquet, c'est un faisceau de maximes toutes plus précieuses

---

[1] Sedaine souligne que Gavaudan résiste à la domination physique autant que verbale.
[2] *Sic*, au lieu de « lui fait des signes ».

les unes que les autres. Du stile, n'en parlons pas ; vous n'êtes pas obligé d'écrire comme nous ecririons.

GAVAUDAN.

Mais, Sire Sénéchal, ce stile….

LE SÉNÉCHAL.

Je ne vous dis pas que le notre [sic] soit meilleur … Enfin, votre ouvrage m'a singulierement plu.

GAVAUDAN.

Un troubadour ne peut être que flatté de votre suffrage.

LE SÉNÉCHAL.

Cet ouvrage m'a plu si singulièrement qu'il m'est venu une idée qui peut vous être très avantageuse, et en meme tems remplir mes vues et celles des tout le monde.

[GAVAUDAN.

J'écoute.

LE SÉNÉCHAL. *biffé*]

Je vais vous confier une chose dont je serais très fâché qu'il vous echappât de parler. C'est un secret, et même un secret d'état, mais je crois qu'on peut se fier à un homme tel que vous, dont la sagesse doit égaler le génie. Sachez que le prince, ne pouvant refuser à ses peuples de satisfaire au desir qu'il ont de le voir marié, va faire demander par son ambassadeur la fille du comte de Champagne.[1] Ce mariage se fera sous peu de tems. Alors, je donnerai les fêtes les plus superbes, et qu'imaginez-vous que je [veux *biffé*] veuille faire ? Je vous le demande.

GAVAUDAN.

Je n'imagine rien.

LE SÉNÉCHAL.

Alors, je donnerai la première représentation de votre ouvrage avec bien plus d'éclat dans l'occasion la plus brillante possible, en présence de la cour la plus nombreuse, la plus spirituelle et la plus en état de rendre justice à la sublimité de vos talens. Comment ! Vos restez froid, vous ne dites rien, vous ne m'êtes pas obligé ?

---

[1] Il se pourrait que Sedaine fasse allusion à Adèle de Champagne (*v.* 1140–1206) qui épousa Louis VII de France, mais ce n'est pas certain. En tout cas, Constance n'est pas désignée.

GAVAUDAN.

Oui, de la bonne volonté que vous me témoignez.[1] Mais cela ne peut avoir lieu ; il faut que cette pièce soit absolument représentée aujourd'hui, et je vais même songer à m'habiller.

LE SÉNÉCHAL.

En ce cas, n'en parlons plus, n'en parlons plus. C'est votre intérêt que j'y voyais, et le grand desir que j'ai de vous faire du bien.

GAVAUDAN.

Je vous remercie.

LE SÉNÉCHAL.

Je n'ai donc plus qu'à vous demander quelques corrections, que je desirerais que vous fissiez à cette charmante pièce, et ces changemens vous coûteront bien peu, attendu la grande facilité qu'il est aisé de voir que vous avez.

GAVAUDAN.

J'ecoute.

LE SÉNÉCHAL.

Dans votre piéce, Lothaire demande des conseils à Eginhard. Eginhard en donne d'inconsidérés. Les grands seigneurs se fâchent, veulent le perdre, et Lothaire le récompense. Vous voyez bien que je vous ai lu ?

GAVAUDAN.

Hé bien, que desireriez-vous à la place ?

LE SÉNÉCHAL.

Au lieu de faire accorder des récompenses, il fallait faire la scène telle qu'elle a dû se passer. Il fallait faire bannir Eginhard, non pour avoir épousé la fille de son empereur — Eginhard étant chevalier pouvait y prétendre — mais il fallait l'exiler comme perturbateur de la cour de Lothaire et comme un indiscret donneur de conseils dangereux pour le prince, plus dangereux pour ceux qui l'entourent. Au moins la pièce par sa morale aurait servi aux courtisans. [Elle leur aurait fait voir le danger qu'ils courent, et le juste salaire dû aux faiseurs de préceptes, à ces moralistes gonflés de maximes fatales à un prince, qui quelquefois a l'imbécillité de se reformer ou de se déformer sur de pareilles leçons. Alors les courtisans profiteraient de la pièce, et vos conseils seraient utiles, *encadré et biffé*]

---

[1] La dernière phrase du sénéchal est une sorte d'interrogation oratoire qui invite une contradicition positive, ce qui justifie le « oui » (au lieu de « si ») de Gavaudan.

GAVAUDAN.

Moi ? Donner des conseils aux courtisans ! [Moi ? Reprimer l'ambition, l'orgueil, l'injustice et l'avidité, je ne dis pas de tous, mais du plus grand nombre ; mes conseils, *encadré*] [seraient vraiment inutiles, *encadré et biffé*] Je n'en veux donner qu'aux princes. Ils peuvent et doivent se corriger s'ils ont dans le cœur ce qui doit y être : l'amour de leur peuple. Le bien n'a[1] jamais remonté des courtisans aux rois, mais il découle des rois au peuple comme une source salutaire et sacrée de paix, de justice et de bienfaisance.[2]

LE SÉNÉCHAL.

La paix, la justice, cela est fort beau. Mais vous ne nous parlez pas de la vertu guerrière, l'appui des rois, la force des états, et qui ne peut résider que dans ce corps de chevaliers et de courtisans que vous ajustez si mal.[3]

GAVAUDAN.

Les hommes ne trouveront-ils jamais une invention qui rende le danger égal pour le chevalier comme pour le soldat, quelque machine bien infernale qui perce, brise et renverse avec la meme facilité les cottes de maille du chevalier et la camisolle du piéton ?[4] Alors la guerre cesserait dans l'univers, ceux qui la commandent la craindraient, et la terreur amenerait la sagesse.[5]

LE SÉNÉCHAL.

Que voulez-vous dire ?

GAVAUDAN.

Sire Sénéchal, aller au devant d'un bataillon, le percer, revenir sur ses pas [terrasser ceux qui se rassemblent pour s'opposer à vous *encadré*], mettre en fuite cent ennemis effrayés de ne vous porter que des coups inutiles, cela est beau, cela est grand, cela impose même au chevalier qui fait de si belles choses. Mais tout homme robuste en peut faire autant [Prenez ce gros paysan qui vient de relever sa charette embourbée, bardez-le de fer, entourez-le d'acier, qu'il soit invulnérable ainsi que son vigoureux cheval, cet homme fera la même chose que vous *encadré et biffé*] peut-être avec moins de grace [avec des sentiments intérieurs moins fixés

---

[1] Selon Vaugelas, « C'est une faute fort commune de conjuger les prétérits de ces quatre verbes [entrer, sortir, monter, descendre] par le verbe auxiliaire *avoir* », *op. cit.*, pp. 435–36. Il n'explique pas son opinion. Le débat continue et l'incertitude est fréquente ; voir Grevisse, *op. cit.*, §783.

[2] Le mot *bienfaisance* est écrit par dessus un autre : *bienséance* (?). *Bienfaisance*, que l'on retrouve dans une glose de 1380, est plutôt un néologisme du dix-huitième siècle — donc un anachronisme ici.

[3] Dans le sens de *malmener*.

[4] Terme vieilli pour fantassin, soldat d'infanterie.

[5] Sedaine fait parler son personnage idéaliste dans la perspective du dix-huitième siècle. Vise-t-il, doucement, l'abbé Castel de Saint-Pierre ?

mais avec autant de courage, *encadré et biffé*] mais avec autant de courage [*en entreligne*]. Il est un courage bien au-dessus de celui-là.

LE SÉNÉCHAL.

Lequel ?

GAVAUDAN.

De dire aux rois la vérité, de la dire contre son propre intérêt. [de leur répéter : Soyez justes et economes ; c'est-à-dire, ne m'accordez que ce que je mérite ; n'écoutez jamais les demandes que je pourrai vous faire pour augmenter mes richesses et mon crédit ; car les graces que vous accordez, ne sont faites qu'aux dépens du peuple que vous devez soulager à chaque instant, *encadré et biffé*]

LE SÉNÉCHAL.

En vérité, Sire Gavaudan, plus je vous ecoute, et plus je vous admire ; vous m'en voyez dans l'enchantement. Heureux les souverains qui ont à leur cour un homme aussi charmant que vous l'êtes ! Souffrez que je vous quitte. C'est pour [votre intérêt *biffé*] vous-même [*ajouté par une main différente*]. Adieu, Sire Gavaudan. Permettez-moi d'embrasser un grand homme (*le serant entre ses bras*). Ah ! Quel homme divin ! Quel homme divin !

Scène 6ème.

GAVAUDAN (*seul*).

En vérité, je ne conçois pas Peirols avec ses préventions. Il m'a parlé du sénéchal comme d'un homme dangereux, et c'est peut-être le plus aimable et le plus honnête seigneur que j'aie connu jusqu'à présent. Allons voir si le théâtre est prêt et nous habiller. Mais, puisque je suis seul, je veux répéter ma premiere scène.[1] Je fais signe à ma cour de s'eloigner ; nous entrons ensemble. Eginhard est ici, et je lui dis : « Je l'ordonne, Eginhard, bannissez toute crainte ; ôtez à vos conseils les détours et la feinte, et comme à votre égal osez me reprocher, osez … »

Scène 7ème.

Gavaudan, Deux [trois[2] biffé] hommes vetus en hommes de justice.

GAVAUDAN.

Que voulez-vous ?

LE 1ER.

N'est-ce pas vous qui êtes Sire Gavaudan ?

---

[1] Sedaine ajoute une couche de plus à son jeu théâtral.
[2] Correction erronée ; le troisième homme reste muet.

GAVAUDAN.

Oui, c'est moi.

LE 2^D.

Le troubadour ?

GAVAUDAN.

Oui.

LE 1ER.

Arrivé d'hier à la cour du prince ?

GAVAUDAN.

Oui.

LE 2^D.

Voici un ordre signé de lui et du grand référendaire par lequel il vous est enjoint de sortir à l'instant de sa cour, de la ville de Toulouse dans vingt-quatre heures, et de ses états dans trois jours.

GAVAUDAN.

Moi ?

[LE 1ER.

Oui, vous.

LE 2^D.

N'êtes-vous pas Gavaudan le troubadour ?

GAVAUDAN.

Je vous l'ai dit.

LE 1ER.

Arrivé d'hier ?

GAVAUDAN

Sans doute.

LE 2^D.

Ainsi, c'est vous. L'ordre est signé de la main du prince.

LE 1ER.

Oui.

LE 2^D.

Et du grand référendaire qui nous a chargés de cet ordre pour vous le signifier.

GAVAUDAN, *prenant le papier. encadré et barré.*]

J'obéirai sans peine.

LE 1ᴇʀ.

C'est bien.

LE 2ᴅ.

Mais voyez quelles sont les bontés du souverain.
(*Il lit un second papier.*)
« Le Prince étant en son conseil, sur ce qu'il lui a été représenté que le troubadour Gavaudan, &c. ... mais ensuite s'étant fait instruire des grandes qualités et des rares talens dudit troubadour, [sa magnif *biffé*] sa munificence lui a accordé dix-huit besans d'or. »[1]

LE 1ᴇʀ.

Les voici dans cette bourse. (*Il les prend de la main de l'homme qui n'a dit mot.*) Cela vous servira pour vous mettre en [route *biffé*] chemin.

GAVAUDAN.

Allez, gardez votre or et vos présens ; je n'en ai jamais reçu que des mains respectables.

LE 2ᴅ.

C'est le prince.

GAVAUDAN.

Gardez cet or, il est fait pour vous autres.

LE 1ᴇʀ.

Vous partez ?

GAVAUDAN.

Oui, oui, je vais partir.

Scène 8ᵉᵐᵉ.

GAVAUDAN, *seul*.

Un tel procédé est bien extraordinaire. Sachons le motif d'une rigueur si imprévue.
(*Il frappe à la porte du fond.*)

Scène 9ᵉᵐᵉ.

Gavaudan et un Huissier qui ouvre.

L'HUISSIER.

Est-ce vous qui frappez à cette porte de cette force ?

---

[1] Le besant était une monnaie byzantine d'or et d'argent répandue au temps des croisades.

GAVAUDAN.

Oui.

L'HUISSIER.

Vous êtes bien impertinent. Et que demandez-vous ?

GAVAUDAN.

Je veux parler au prince.

L'HUISSIER.

Allons, allons, sortez, allez-vous-en. Gardes, conduisez cet homme jusqu'à la derniere cour et empêchez-le de rentrer.

GAVAUDAN.

Cela est bien éonnant ! Abandonnons cette malheureuse cour. Je ne connaissais pas encore les hommes.

Fin du 4ème Acte.

ACTE 5ème.

Scène 1ère.

Gavaudan, Peirols.

PEIROLS.

Quoi, vous partiez ?

GAVAUDAN.

Sans doute.

PEIROLS.

Comment ! Vous, Sire Gavaudan, vous qui êtes né noble et d'ancienne race, vous qui avez été armé chevalier par le roi d'Arragon au fameux tournois [*sic*] du mariage de Béatrix, vous dont les mœurs et les talens ont toujours été ou des modèles ou des leçons de la fidélité due aux sermens, vous manquez, vous manquez à la parole donnée à mon prince, au comte de Toulouse, qui vous a accueilli comme un fils recevrait son père, qui vous a marqué la plus grande confiance, qui vous a demandé le service le plus essentiel ! Je n'ose le répéter ; je crains qu'on ne nous entende. Quoi ! Vous partiez ! Et si j'avais tardé une demie [*sic*] heure, ce qui pouvait arriver, car le grand sénéchal, qui enfin me caresse singulierement à présent, m'avait prié de lui rendre un petit service, si j'avais tardé une demie heure, vous étiez, vous, votre bagage, et [*ajouté en interligne*] vos jongleurs [et vos mulets, *biffé*] à deux lieues d'ici, et le prince qui attend avec la plus grande impatience ce que vous lui avez promis, la comtesse d'un autre côté, et moi-même, qui ai répondu de vous, et vous partiez ! Et vous partiez ! En vérité, Sire Gavaudan, je suis … je suis … d'une colère … je ne reviens pas de ma surprise.

GAVAUDAN.

Et si je partais par l'ordre même du prince ?

PEIROLS.

Par l'ordre…. Cela ne peut pas être.

GAVAUDAN.

Cela est ; et voici l'ordre qu'il m'a fait donner de partir.

PEIROLS.

Et il vient de me dire à l'instant en me poussant dans une embrasure de fenêtre, il m'a dit tout bas et avec vivacité : « Peirols, voyez, voyez si rien n'arrête Sire Gavaudan ». *(Il lit.)* … Je suis d'un étonnement … Ah ! que ne demandiez-vous à parler au prince, et à le faire expliquer ?

GAVAUDAN.

He ! Cela m'a-t-il été possible ? J'ai frappé à cette porte autrefois toujours ouverte et à présent impitoyablement fermée ; il en est sorti une machine repoussante, qui m'a injurié, qui m'a fait sortir, et a ordonné qu'on me mît dehors par-delà les fossés exterieurs ; ce qui a été fait.

PEIROLS.

Il y a quelque chose là-dessous de bien surprenant. Quoi ! la comtesse de Boulogne, pour ne pas tenir sa parole, aurait employé de pareilles finesses ? Vous devez, vous devez, Sire Gavaudan, la faire tomber dans ses propres filets, en faisant exécuter à l'instant même ce qui doit déterminer le don de sa main. Je me trompe ; ce n'est pas cela que je voulais dire. Je crains toujours qu'on ne nous ecoute. M'est-il permis, Sire Gavaudan, de vous demander votre parole d'honneur ?

GAVAUDAN.

De quoi s'agit-il ?

PEIROLS.

Que vous ne sortirez pas d'ici que je n'y reparaisse. Je vais, je vais parler au prince.

GAVAUDAN.

Et si on vient m'enlever ?

PEIROLS.

Dites que vous êtes ici par son ordre, que c'est moi qui viens de vous le donner à l'instant, qu'il vous est ordonné par lui, par le prince, par le comte de Toulouse, de l'attendre ici, ici.

GAVAUDAN.

Allez, et ne tardez pas. Surtout, prenez-y garde.

Scène 2de.

GAVAUDAN, *seul*.

Peirols se trompe. Ce n'est point la comtesse qui a mis un pareil obstacle au projet qu'elle avait conçu, une femme capable d'avoir fait l'ouvrage qui m'a été confié a l'ame trop grande et le cœur trop fier pour employer de pareilles ruses. Son caractère élevé doit planer au-dessus des finesses et cette charmante troubadour curieuse de voir l'effet que feront sur le cœur de son amant et les charmes de sa poësie et l'excellence de ses conseils doit desirer encore plus que moi-même la représentation d'Eginhard. Non, non, ce n'est pas elle qui y mettrait obstacle ; c'est bien plutôt cet Amanieu des Escas, ce troubadour vil et rampant. De pareils gens ont toujours des moyens insidieux pour s'opposer au succès d'un rival…. moi, son rival ? Je ne doute pas qu'il n'ait la sottise de le croire.

Scène 3ème.

Raimond, Peirols, Gavaudan.

RAIMOND.
Comment, Gavaudan, on vous a apporté cet ordre !

GAVAUDAN.
Oui, Sire Comte.

RAIMOND.
Hé, qui est celui qui s'est chargé de cette commission ?

GAVAUDAN.
Trois hommes vetus de noir.

RAIMOND.
De la part du grand référendaire ?

GAVAUDAN.
Oui.

RAIMOND.
Qu'on le fasse venir. Il sortait à l'instant du conseil, il ne doit pas être loin. (*Peirols sort.*)

Scène 4ème.

Raimond, Gavaudan, La Comtesse.

RAIMOND.
Madame, oserais-je vous demander ce qui vous a forcée d'abandonner le cercle et la compagnie dont vous faisiez l'ornement ?

LA COMTESSE.
Vous venez de me quitter avec une vivacité si singulière que j'etais inquiète et curieuse de savoir ce qui peut la causer.

RAIMOND.
Madame, j'ai vu l'instant qui m'allait jeter dans le plus grand chagrin. Je ne sais par quelle fatalité on avait donné ordre à Gavaudan de sortir de ma cour.

LA COMTESSE.
Je ne vois à cela aucune fatalité.

RAIMOND.
Quoi, Madame, sauriez-vous ?

LA COMTESSE.
Je ne sais rien.

RAIMOND.
Vous me permettez de m'informer de ce qui peut avoir causé cette erreur ? Ce n'est blesser en rien les conditions que vous m'avez imposées.

LA COMTESSE.
Pourvu cependant que vous ne paraissiez pas mettre à cette recherche un intérêt trop vif et trop personnel.

RAIMOND.
Aucun, Madame, vous serez présente.

Scène 5ème.

Peirols, Gavaudan, La Comtesse, Raimond, Le Sénéchal.

RAIMOND.
Est-ce vous, Sénéchal, qui avez fait donner l'ordre à Gavaudan de sortir de ma cour ?

LE SÉNÉCHAL.
Moi, Sire Comte ! Moi, qui le fais chercher depuis une heure pour la répétition qu'il a assignée et qui devrait être faite à présent, ou malheureusement ce délicieux ouvrage sera représenté sans répétition ; ce qui peut lui faire le plus grand tort, je l'avoue.

LA COMTESSE.
Certainement.

GAVAUDAN.
Voici le grand référendaire.

Scène 6ème.

Les mêmes, Le Grand Referendaire.

RAIMOND.
Que veut dire cet ordre ?

LE RÉFÉRENDAIRE.
Sire Comte, il est signé de vous et envoyé par moi.[1]

---

[1] Allusion manifeste à l'abus des lettres de cachet, qui faisait scandale à cette époque ; voir C. Quétel, *De par le roy* (Toulouse : Privat, 1981), *passim*.

LE SÉNÉCHAL.

Je pense que dans cette occasion vous auriez pû faire passer par le sénéchal un ordre qui regarde un troubadour.

LE RÉFÉRENDAIRE.

Vous m'avez dit....

LE SÉNÉCHAL, *fièrement*.

Je vous ai dit ... ?

LE RÉFÉRENDAIRE.

Vous ne m'avez rien dit, Sénéchal, vous ne m'avez rien dit qui paraisse s'opposer à cela. Sire Comte, ce que j'ai fait, j'ai crû qu'il était de mon devoir de le faire, j'ai obéi aux loix de vos états et aux ordonnances arrêtées dans votre conseil. La loi, la loi proscrit toute innovation, toute nouveauté dans les écrits ; et comme il n'y en a pas dont la contagion se répande avec plus de promptitude et de danger que celles qui sont renfermées dans les écrits consacrés au théâtre, j'ai fait exécuter ce qu'ordonne la loi, en supprimant l'ouvrage et en bannissant l'auteur.

GAVAUDAN.

Et qui vous a dit ? ... Sire Comte, votre bonté me permet-elle de parler ?

RAIMOND.

Parlez.

GAVAUDAN.

Et qui vous a dit que cet ouvragé était contagieux ?

LE RÉFÉRENDAIRE.

Je l'ai lû. Ce sont à chaque ligne des réfléxions dangereuses dans leur principe et dans leurs conséquences, et qui ne tendent qu'à donner aux peuples des connaissances pernicieuses et funestes au prince et à sa cour.

GAVAUDAN.

Dangereuses ! Funestes ! Pernicieuses ! Le grand art d'un ministre est d'effrayer son maître, et vous l'employez, cet art. Les connaissances des devoirs des peuples envers leurs souverains et des souverains envers leurs peuples ne peuvent être funestes qu'au fanatisme et à la tirannie. [Eh ! Pourquoi chercher à épaissir la nuit de l'ignorance ? est-ce pour porter dans les ténèbres des coups plus sûrs à l'autorité légitime des souverains ? *encadré et barré*]

LE RÉFÉRENDAIRE.

Qu'entendez-vous par le fanatisme ? Quoi, la religion ?

GAVAUDAN.

Vous voudriez bien que je les appellasse du même nom ; mais je me tairai pour mon repos, et trop sans doute pour le prince qui m'entend.

RAIMOND.

Gavaudan, je crois que vous n'avez pas assez approfondi les intentions du grand référendaire, et je vous crois trop sage pour n'en pas convenir.[1]

LA COMTESSE.

Une plus longue discussion, mon cher troubadour, pourrait troubler votre mémoire, et vous ôter la tranquilité [sic] dont vous avez besoin pour la représentation que vous nous avez promise et que vous allez sans doute exécuter.[2]

GAVAUDAN.

J'y cours, Madame ; mais permettez-moi de dire encor un mot au grand référendaire. La loi, dites-vous, dont[3] vous vous êtes appuyé pour me proscrire, cette loi condamne toute nouveauté dans les ecrits ; elle condamne donc les hommes à la sottise éternelle des préjugés de leurs ancêtres.

LE RÉFÉRENDAIRE.

Non, il est permis d'ecrire, mais il y a des personnes éclairées, chargées par moi d'examiner, de surveiller …

GAVAUDAN.

Et d'empêcher d'approcher du prince toute vérité qui, en l'instruisant, pourrait vous nuire.

LE RÉFÉRENDAIRE.

Quoi, vous osez !

GAVAUDAN.

Je vous ai vu jongleur autrefois, Maitre Guillaume, alors vous ne pensiez pas que cela devait être ainsi ; mais souple à tous les roles, vous l'êtes encore sur le théâtre où vous ont placé la fortune et le besoin que l'on a de vos complaisances : car dans tout ce que vous avez fait à mon égard, vous n'avez été que l'instrument d'autrui.[4] Prince, je vais me préparer, et vous allez juger par vous-même pour qui sont dangereuses les maximes renfermées dans un ouvrage qui éprouve tant de difficultés.

---

[1] Après avoir entamé une dispute qui touche nombre des problèmes politiques du jour (les lettres de cachet, la connivance de la superstition et du pouvoir, le contrat théorique entre le souverain et le peuple, l'opinion publique et le rôle du théâtre dans son évolution) Sedaine la fait clore par le non-recevoir du comte qui a intérêt à maintenir en place un système abusif qu'il déplore (à ce qu'il dit) mais sans lequel son pouvoir serait négociable et non plus absolu. Le paradoxe est que ce pouvoir absolu est géré par un fonctionnaire qui s'accapare toujours de la voix de son maître. En certaines occasions, c'est à l'insu de celui-ci, mais il serait impossible qu'il ignore l'abus à l'échelle plus large. Il en est donc responsable ; mais, comme ses compagnons de route, Sedaine s'abstient de le dire.
[2] Donc on recule devant les questions réelles pour se complaire dans leur représentation fictive.
[3] *Appuyer de* : usage vieilli.
[4] Exemple du clientélisme des sociétés complexes. Il n'est pas surprenant que le discours de Gavaudan parte sur une autre piste.

Scène 7ème.

Raimond, La Comtesse, Peirols, Le Sénéchal, Le Référendaire.

(*L'intendant entre, dit un mot à l'oreille du Sénéchal et sort.*)[1]

LE RÉFÉRENDAIRE.
Sire Comte....

RAIMOND.
Cela suffit, Grand Référendaire, vous avez cru bien faire. On ne peut être trop rigide ; mais je crois que Gavaudan mérite quelque exception.

LE RÉFÉRENDAIRE.
La loi n'a excepté personne.

LE SÉNÉCHAL.
Votre respectable exactitude a presque privé le prince et sa cour d'un très grand plaisir et de conseils singulièrement, mais très singulièrement utiles.

Scène 8ème.

Les Mêmes, L'Intendant, Le Machiniste, Le Sous-Sénéchal.

(*Le Machiniste fait une grande révérence à Peirols et lui parle à l'oreille. Peirols lui montre le sous-sénéchal qui fait une grande révérence au sénéchal.*)

L'INTENDANT.
Sire Gavaudan m'a dit qu'il était prêt : on attend l'ordre pour commencer.

LE SÉNÉCHAL.
Sire Comte, tout est prêt ; et si vous voulez vous rendre au théâtre, vous placer et donner l'ordre pour commencer ...

RAIMOND.
Ah ! Madame, quel beau moment ! Je crois que le malentendu du référendaire et la petite difficulté que cela a formée ne peuvent vous fournir aucun pretexte pour ne pas tenir la charmante parole que vous m'avez donnée.

LA COMTESSE.
Je ne sais ; mais est-il bien vrai que vous n'ayez donné aucun ordre particulier ?

RAIMOND.
Quoi, moi, Madame ? Je vous jure que non, et ce qui vient de se passer doit vous en convaincre. Quoi, hésiteriez-vous ? Et votre parole.... ?

---

[1] La portée de cette communication mystérieuse sera manifeste par la suite.

LA COMTESSE.

Non, je la tiendrai ; mais je n'aurais jamais crû que cela dût être si facile. Allons....
(*Comme ils vont pour sortir, on entend un bruit confus de voix qui crient au feu.*)
Qu'entens-je ?

RAIMOND.

Qu'est-ce que cela veut dire ?

PEIROLS.

Ô ciel !

LE RÉFÉRENDAIRE.

Voyons.

LE SÉNÉCHAL.

J'y cours. Qu'est-ce que c'est ?

Scène 9ème.

Les Mêmes, Le Maitre des Ballets.

LE MAITRE DES BALLETS.

Seigneur, le feu est au théâtre, dans les coulisses.... un accident.... la flamme a gagné les toiles.

Scène 10ème.

Raimond, La Comtesse.

LA COMTESSE.

Eh bien, Sire Comte ? Adieu, je pars.

RAIMOND.

Adieu ! Ciel, qu'entens-je, Madame ? Madame, je suis au désespoir, et je vais à l'instant tirer la plus terrible vengeance ... Gardes....
(*Les gardes paraissent.*)

LA COMTESSE.

Attendez ; il faut savoir ce que ceci veut dire ; ce n'est peut-être rien.

RAIMOND.

Ah ! Madame, c'est tout ; c'est le malheur de ma vie ; je vais vous perdre, et je n'y survivrai pas.

LA COMTESSE *(à part)*.

Non, je ne peux me jouer de sa peine.

RAIMOND.

Que je suis malheureux ! ... Ciel ! ... dans ma fureur....

LA COMTESSE.

Prince, calmez-vous. Hélas ! Je croyais qu'il m'était plus facile de vous quitter et de vous punir de votre trop de confiance ; mais votre douleur m'attendrit, votre situation me fait peine et m'attache à vous plus que je ne pensais.

RAIMOND.

Achevez, Madame, achevez.

LA COMTESSE.

Je vous aime et je vous donne ma main. Travaillons ensemble à nous rendre plus parfaits, et que mon époux soit, s'il est possible, le plus éclairé, le plus juste et le plus adoré des princes.

RAIMOND.

Ah ! Madame, que ne peuvent l'esprit, les vertus et la beauté ! Ah, dieu ! Je frémis quand je pense au malheur qui vient de me menacer. Oui, quelque rang [*mot biffé* : qu'ont (?)] qu'occupent les coupables, je veux que la punition la plus terrible me venge d'une perfidie aussi insolente.

LA COMTESSE.

Gardez-vous-en bien ; vous devez dissimuler ; ce n'est qu'avec le tems et en profitant des leçons d'Eginhard que vous pouvez, non vous venger, mais mettre ordre ... Eh bien ? Mais voici Gavaudan bien effarouché.

Scène 11ème.

Raimond, La Comtesse, Gavaudan, Le Grand Référendaire, Le Sénéchal, Peirols, Amanieu des Escas, des Seigneurs, &tc.

GAVAUDAN.

(*Il a en tête la couronne, il est à demi chaussé en empereur et dans un grand desordre, il a même du feu à sa robe*).
Ah, Madame, Madame ! Je m'habillais, j'allais paraître ; j'entends des cris, je cours, je vole ; une flamme vive et brillante s'est manifestée en deux endroits à la fois, et en dépit de la couronne de Charlemagne, j'ai vû l'instant que le feu prenait à ma robe.

LE SÉNÉCHAL.

Ce n'est rien : on a coupé les cordes qui tenaient les toiles, et le feu étouffé a disparu sous le débris des décorations[1] ; et avant qu'il soit quinze jours ou trois semaines....

---

[1] Cf. IV, 2 : inadvertance de l'auteur ?

RAIMOND.
C'est assez, Sénéchal.

LE SÉNÉCHAL.
Mais, Sire Comte, je suis furieux. Je vous demande en grace, je vous supplie de remettre entre mes mains toute votre autorité pour punir sévèrement les ouvriers dont la négligence a causé ce malheur.

LE RÉFÉRENDAIRE.
Je vais donner un ordre du prince.

RAIMOND.
Non : j'oublie tout : je craindrais trop que les vrais coupables n'échapassent et que de malheureux innocens ne fussent punis d'un crime qui ne serait pas le leur ; et la comtesse, en me faisant grace à moi-même et en m'accordant la plus précieuse de toutes, m'a appris à la faire à tout le monde.

LA COMTESSE.
Sénéchal, et vous, Grand Référendaire, ce qui vous fera certainement plus de plaisir que cet accident ne vous a fait de peine, c'est que j'accepte la main du prince et que je consens à m'unir à lui pour jamais.

LE SÉNÉCHAL.
Ah ! Madame, quelle joïe !

LE RÉFÉRENDAIRE.
Quel plaisir toute la cour et tous les états du prince vont ressentir.
(Les courtistans, & surtout de Baux et Sabran paraissent etonnés et enchantés.)

GAVAUDAN.
Madame, Gavaudan part à l'instant et part satisfait ; il jouit déja de la félicité de vos peuples et de la vôtre.

LA COMTESSE.
Non, non, Gavaudan, vous ne partirez pas, je vous retiens. *(en lui passant une chaine d'or au coul [sic].)* Souffrez que je vous enchaine ; je vous retiens pour mon troubadour ; mais je vous en prie (je vais peut être vous faire de la peine) qu'il ne soit plus question de votre ouvrage.

GAVAUDAN.
De mon ouvrage, Madame ? Il est le vôtre. Sire Comte, vous m'avez permis de dire la vérité, et je vais la dire. Sires Chevaliers, Sénéchal, et vous, Grand Référendaire, apprenez ce qui est. Ce fabliau que vous avez rejetté, [a été composé par *biffé*] est de la composition de Madame la Comtesse. Il est d'elle, d'elle-même, c'est elle qui l'a composé : elle avait assuré le prince qu'il n'était pas en son pouvoir de faire représenter sur son théâtre un ouvrage qui dit les vérités et qui donne les conseils qui y sont renfermés, et qu'on lui opposerait des obstacles qu'il ne prévoyait pas. On n'a que trop bien justifié ce qu'elle avait pensé.

LE RÉFÉRENDAIRE *(à part).*

Ah ! Ciel !

AMANIEU DES ESCAS *(à part).*

Qu'entens-je ?
(*De Baux et Sabran se regardent en riant malicieusement.*)

LE SÉNÉCHAL.

Mais non ... à l'instant... le théâtre ... on pourrait ... et sous deux heures ... ce fabliau.... si Sire Gavaudan veut bien....

RAIMOND.

Il me suffit de l'avoir lu et d'avoir vû le peu de crédit que j'ai dans ma propre cour. Madame, que je vous ai d'obligations.

AMANIEU DES ESCAS *(à part).*

Ah ! Ciel ! Moi qui ai dit à elle-même des horreurs de son ouvrage !

LA COMTESSE.

Sire Sénéchal, j'espère que les fêtes pour notre mariage auront un succès plus heureux.

LE SÉNÉCHAL.

Ah, Madame ! ....

SABRAN.

Eh bien, de Baux ?

DE BAUX.

Eh bien, Sabran, qu'en dis-tu ?

SABRAN.

Que nous n'en serons que mieux, Chevalier. Nous serons ce que nous devons être.[1]

GAVAUDAN.

Que je suis content ! ... Ils vont être heureux ... [on vous connait beaux masques, *biffé*] Ah ! Souverains, Souverains !

    Il ne tient bien qu'à vous que tout soit à sa place ;
    Ecrasez l'injustice et réprimez l'audace ;
    Accueillez les vertus et ne souffrez jamais,
    Près de vous, que l'honneur et des sentimens vrais.

Fin.

---

[1] De Baux et Sabran cesseront de mettre leur prestige au service esthétique du sénéchal, disent-ils. Mais Sedaine ne pouvait ignorer (et évoque de façon implicite) l'effritement du pouvoir de la noblesse d'épée au profit des intendants depuis le temps de Louis XIV. Leur rôle purement décoratif est conservé.

BIBLIOGRAPHIE

Manuscrits et Documents d'Archives

Bibliothèque royale de Stockholm : *Maillard, ou Paris sauvé*, [ms] Vu 60 (manuscrit offert à Gustave III de Suède). Sigle : Ms

Universiteitsbibliotheek, Université d'Amsterdam : [ms] Z concept 57E (version différente des deux dernières scènes de *Maillard*)

Bibliothèque-Archives de la Comédie-Française : Dossier Sedaine

Maillard, ou Paris sauvé, tragédie, Paris, Prault, 1788. Exemplaire de la censure avec changements manuscrits. Cote : 2 SED Mai 1788. Sigle : S.

Raimond Cinq, Comte de Toulouse. Comédie héroïque, en cinq actes en prose, quelques parties y sont en vers, de M. Sedaine, 22 7bre 1789. [ms] Ms. 368. De la main d'Etienne-François Laporte, secrétaire-souffleur de la troupe

Bibliothèque nationale de France, Département des Arts du Spectacle : [ms] *Raimond Cinq, comte de Toulouse, ou l'Epreuve inutile, comédie héroïque, en cinq actes, en prose, par Sedaine* ; représentée pour la 1ere fois par les Comédiens Français le mardi 22 7bre 1789, pour la 2e et d^{ere} le samedi 26. Ms. Douay 1114. Copie au net du Ms. 368 (supra) de la main de Pierre-David Lemasurier

« Jean-Michel Sedaine, ou le petit tailleur de pierres » (pp. 125-40 d'un document non-identifié), Fonds Rondel, Rf.13.790

Imprimés

Actes du 8e colloque du Centre d'Etudes cathares / René Nelli, Carcassonne, 28 août-1er septembre 1995 : *Les Voies de l'hérésie ; le groupe aristocratique en Languedoc XIe-XIIIe siècles*, vol. I : « Structures et comportements » (coll. « Hérésis »), Carcassonne, Centre d'Etudes cathares / René Nelli, 2001, 3 vols ; I

ADAMS, DAVID, *Book Illustration, Texts and Propaganda: The Fermiers généraux Edition of La Fontaine's* Contes et nouvelles en vers *of 1762*, Oxford, Fondation Voltaire (SVEC 2006:11), 2006

ANON., *Les Efforts du patriotisme, ou recueil complet des écrits publiés pendant le règne du chancelier Maupeou* …, Paris, Avec l'Approbation unanime des bons et fidèles sujets de Sa Majesté Louis XVI, 1775, tome III. (Le faux titre porte : *Maupeouaneries, tome cinquième*)

ALASSEUR, CLAUDE, *La Comédie-Française au 18e siècle, étude économique*, Paris et La Haye, Mouton et Cie (sér. « Civilisations et Sociétés » 3), 1967

ALTER, JEAN V., *L'Esprit anti-bourgeois sous l'Ancien Régime ; littérature et tensions sociales aux XVIIe et XVIIIe siècles* (*Les Origines de la satire anti-bourgeois en France*, vol. II), Genève, Droz (sér. « Histoire des idées et critique littéraire », vol. 103), 1970

ANTOINE, MICHEL, *Louis X*, Paris, Fayard, 1989

——, « Sens et portée des réformes du chancelier de Maupeou », *Revue historique* 583, pp. 39-59

ARGENSON, RENÉ-LOUIS DE VOYER, MARQUIS D', *Mémoires et journal inédit du marquis d'Argenson*, publiés et annotés par M. le marquis d'Argenson, Paris, Jannet, 1758, 5 vols ; IV

AUGEARD, JACQUES-MATHIEU, *Mémoires secrets*, édités par Evariste Bavoux, Paris, Plon, 1866

AURELL I CARDONA, MARTIN, « La Détérioration du statut de la femme … », in *Le Moyen Age*, no. 1, 1985, tom. XCI (4ᵉ série, tom. XL), Bruxelles, La Renaissance du Livre, pp. 5-32

AVOUT, JACQUES D', *Le Meurtre d'Etienne Marcel*, Paris, Gallimard (série « Trente journées qui ont fait la France »), 1960

BACHAUMONT LOUIS PETIT DE, et PIDANSAT DE MAIROBERT, MATHIEU-FRANÇOIS, *Mémoires secrets pour servir à l'histoire de la république des lettres en France …*, Londres, John Adamson, 1777, 36 vols ; VIII

BADINTER, ELISABETH, *Les « Remontrances » de Malesherbes, 1771-1775*, Paris, Flammarion (coll. « Champs »), 1985

BARBER, MALCOLM, *The Cathars ; dualist heretics in Languedoc in the High Middle Ages*, Londres, Longman, 2000

BARBIER, EDMOND-JEAN-FRANÇOIS, *Journal d'un bourgeois de Paris sous le règne de Louis XV*, Paris, Union Générale d'Editions (coll. 10/18), 1963

BARNETT, D., *The Art of Gesture: The Practices and Principles of Eighteenth-century Acting*, Heidelberg, Carl Winter Universitätsverlag, 1987

BEAUMARCHAIS, PIERRE CARON DE, *Les Deux Amis, ou le négociant de Lyon*, in *Beaumarchais, Œuvres*, éd. par Pierre Larthomas, Paris, NRF-Gallimard (coll. Bibliothèque de la Pléiade), 1988

BECK, M., *Nomenclature des voies publiques et privées [de la] Ville de Paris*, dressée sous la direction de M. Bouvard, Paris, Chaix, 1898

BEIJER, AGNE, *Les Troupes françaises à Stockholm, 1699-1792*, Uppsala, Uppsala Universitetet (sér. « Studia romanica upsaliensia » 44), 1989

BÉLY, LUCIEN, *Dictionnaire de l'Ancien Régime, royaume de France XVIᵉ-XVIIIᵉ siècle*, Paris, PUF, 1996

BERNARD-GRIFFITHS, SIMONE, et SGARD, JEAN (éds), *Mélodrames et romans noirs, 1750-1890*, Toulouse, Presses Universitaires du Mirail, 2000

BLUCHE, FRANÇOIS, *Les Magistrats du parlement de Paris au XVIIIᵉ siècle (1715-1771)*, Paris, Les Belles Lettres, 1960 (réimprimé Paris, Economica, 1986)

BOËS, ANNE, *La Lanterne magique de l'histoire : essai sur le théâtre historique en France de 1750 à 1789*, Oxford, Fondation Voltaire (SVEC 213), 1982

BOSHER, JOHN FRANCIS, *French Finances, 1770-1795*, Cambridge, Cambridge University Press, 1970

BOUVIER, JEAN et GERMAIN-MARTIN, HENRY, *Finances et financiers de l'Ancien Régime*, Paris, P.U.F. (coll. « Que Sais-je? » 1109), 2ᵉ édn, 1969

BOUVIER, MICHEL, *La Morale classique [1660-1688]*, Paris, Champion, 1999

BOYSSE, ERNEST (éd.), *Journal de Papillon de La Ferté, intendant et contrôleur de l'argenterie, menus plaisirs et affaires de la chambre du roi, 1756-1780*, Paris, Ollendorf, 1887

BREITHOLTZ, LENNART, *Le Théâtre historique en France jusqu'à la Révolution*, Uppsala, A.-B. Lundequistska Bokhandeln, Wiesbaden, Otto Harassowitz, 1952

BRET-VITOZ, RENAUD, *L'Espace et la scène : dramaturgie de la tragédie française, 1691-1759*, Oxford, Fondation Voltaire (SVEC 2008:11), 2008

BRYSON, SCOTT S., *The Chastised Stage: Bourgeois Drama and the Exercise of Power*, Saratoga Calif., Anma Libri (Stanford French and Italian Studies), 1991

Buirette de Belloy, Pierre-Laurent, *Œuvres complètes*, Paris, Moutard, 1779, 6 vols ; III

——, *Le Siège de Calais*, in *Théâtre du XVIIIe siècle*, édité par Jacques Truchet, Paris, Gallimard, 1972-1974, 2 vols ; II

CAREY, JOHN A., *Judicial Reform in France before the Revolution of 1789*, Cambridge Mass. et Londres, Harvard University Press, 1981

CARS, JEAN DES, *Malesherbes, gentilhomme des Lumières*, Paris, Editions de Fallois, 1994

CASTELNAU, JACQUES, *Etienne Marcel, un révolutionnaire au XIVe siècle*, Paris, Perrin, 1973

CAZELLES, RAYMOND, *Etienne Marcel, champion de l'unité française*, Paris, Tallandier, 1984

——, *Nouvelle histoire de Paris de la fin du règne de Philippe Auguste à la mort de Charles V, 1223-1380*, publiée par l'Association pour la publication d'une nouvelle histoire de Paris, Paris, Hachette, 1972

——, « Le Parti navarrais jusqu'à la mort d'Etienne Marcel », in *Bulletin philologique et historique (jusqu'à 1610) du comité des travaux historiques et scientifiques* (année 1960, II), Paris, Imprimerie nationale, 1961, pp. 839-69

——, *Société politique, noblesse et couronne sous Jean le Bon et Charles V* (« Mémoires et documents publiés par la Société de l'Ecole des Chartes » 28), Genève, Droz, 1982

CHAUSSINAND-NOGARET, Guy, *Gens de finance au XVIIIe siècle*, Paris, Editions Complexe, 1992

CORVISIER, ANDRÉ, *Armées et sociétés en Europe de 1494 à 1789*, Paris, PUF, 1976

DARTIGUENAVE, PAUL et al., *Marginalité, déviance, pauvreté en France, XIVe-XIXe siècles*, préface de Pierre Chaunu, in *Cahiers des Annales de Normandie* 13, Caen, CNRS et Centre de Recherches d'Histoire Quantitative de l'Université de Caen, 1981

DANIELS, BARRY et RAZGONNIKOFF, JACQUELINE, *Patriotes en scène ; le Théâtre de la République (1790-1799), un épisode méconnu de l'histoire de la Comédie-Française*, Vizille, Musée de la Révolution Française et Versailles, Artlys, 2007

DEJEAN, JEAN-LUC, *Les Comtes de Toulouse, 1050-1250*, Paris, Fayard, 1988

DELACHENAL, ROLAND (éd.), *Chronique des règnes de Jean II et de Charles V*, publiée pour la société de l'Histoire de France, Paris, Renouard, 1910-1920, 3 vols

DEMURGER, ALAIN, *Temps des crises, temps des espoirs, XIVe-XVe siècle*, Paris, Seuil, 1990

DES CARS, JEAN, *Malesherbes, gentilhomme des Lumières*, Paris, Editions de Fallois, 1994

DESPLAT, CHRISTIAN, « Le Rôle du théâtre dans la constitution du mythe du « bon roi Henri » au XVIIIe siècle », in *Figures de l'histoire de France dans le théâtre au tournant des Lumières, 1760-1830*, Oxford, Fondation Voltaire (SVEC 2007:07), 2007

Dictionnaire de l'Académie Française, 1762

DIDEROT, DENIS, *Correspondance*, éditée par Georges Roth, Paris, Editions de Minuuit, 1955-1970 ; vol. XI (avril-décembre 1771)

——, *De la poésie dramatique*, in *Diderot et le théâtre*, I, *Le Drame*, préface, notes et dossier par Alain Ménil, Presses Pocket (Coll. « Agora, Les Classiques ») 1995

——, (éd.) *L'Encyclopédie*, Genève, Le Breton, Durand, Briasson et David, 1751-1765, 17 vols ; VII, VIII, XIV

——, *Entretiens avec Catherine II*, in *Œuvres politiques*, éd. par P. Vernière, Paris, Garnier, 1963

——, *Paradoxe sur le comédien*, éd. par Jean Goulemot, Paris, Librairie Générale Française (Le Livre de Poche classique), 2001

——, *Paradoxe sur le comédien* précédé des *Entretiens sur le Fils naturel*, éd. par Raymond Laubreaux, Paris, Garnier-Flammarion, 1967

——, *Supplément au voyage de Bougainville*, in *Œuvres philosophiques*, éd. par Paul Vernière, Paris, Garnier, 1964

DIDIER, BÉATRICE, *Beaumarchais, ou la passion du drame*, Paris, PUF, 1994

DOUËT-D'ARCQ, LOUIS (éd.), *Journal de la défense du roi Jean en Angleterre depuis le 1er juillet 1359 au 8 juillet 1360, jour de son débarquement à Calais*, in *Comptes de l'argenterie des rois de France au XIVe siècle*, publiés pour la Société de l'histoire de France, Paris, Renouard, 1851

DOYLE, WILLIAM, « The Parlements », in K. M. Baker, *The French Revolution and the Creation of Modern Political Culture*, vol. 1: *The Political Culture of the Old Regime*, Oxford, New York, etc., Pergamon Press, 1987

——, « The Parlements of France and the Breakdown of the Old Regime », in *French Historical Studies* 6 (1970), pp. 415-58

DUBOIS, JEAN, LAGANE, RENÉ, et LEROND, ALAIN, *Dictionnaire du français classique*, Paris, Larousse, 1971

DU BOS, ABBÉ JEAN-BAPTISTE, *Réflexions critiques sur la poésie et la peinture*, Paris, Pissot, 1770, 3 vols

DU DEFFAND, MARIE, MARQUISE, *Lettres de la marquise Du Deffand à Horace Walpole (1766-1780)*, publiées par Mrs Paget Toynbee, Londres, Methuen, 1912, 3 vols ; II

DUNKLEY, JOHN, « Les Didascalies de Molière à Destouches », in *La Scène, la salle et la coulisse dans le théâtre du XVIIIe siècle en France*, Paris, PUPS, 2011, pp. 43-58

——, « The Representation of the Female in the Dramas of Sedaine », in *Michel-Jean Sedaine (1719-1797): Theatre, Opera and Art*, pp. 52-67 (voir Ledbury, *infra*)

——, « Sedaine's *Maillard*: The Gauntlet, the Calque and the Seneschal's Revenge », in *Voltaire and the 1706s: Essays for John Renwick*, éd. par Nicholas Cronk, Oxford, Fondation Voltaire (SVEC 2008:10), 2008, pp. 77-87

DURAND, YVES, *La Société française au XVIIIe siècle; institutions et société*, Paris, SEDES, 1992

DUVIGNAUD, JEAN, *L'Acteur*, Paris, Editions Ecriture, 1993

DUROSROY, BARNABÉ FARMIAN DE ROSOY, dit, *La Réduction de Paris, drame lyrique en trois actes*, Paris, Vve Duchesne, 1774

ECHEVERRIA, DURAND, *The Maupeou Revolution. A Study in the History of Libertarianism: France, 1770-1774*, Baton Rouge et Londres, Louisiana State University Press, 1985

FAVIER, JEAN, *La Guerre de Cent Ans*, Paris, Fayard, 1980

FÉNELON, FRANÇOIS DE SALIGNAC DE LA MOTHE-, *Lettre à l'Académie*, éd. par Ernesta Caldarini, Genève, Droz, 1970

FÉRAUD, JEAN-FRANÇOIS, *Dictionnaire grammatical de la langue française [...]*, Avignon, 1761

FLAMMERMONT, JULES, *Le Chancelier Maupeou et les parlements*, Paris, A. Picard, 1883

——, *Remontrances du parlement de Paris au XVIIIe siècle*, Paris, Imprimerie nationale, 1888-1898, 3 vols

FLANDRIN, JEAN-LOUIS, *Familles ; parenté, maison, sexualité dans l'ancienne société*, Paris, Hachette (sér. « Le Temps et les hommes »), 1976

——, *Le Sexe et l'occident ; évolution des attitudes et des comportements*, Paris, Seuil, 1981

FORD, FRANKLIN L., *Robe and Sword: The Regrouping of the French Aristocracy after Louis XIV*, Cambridge, Mass., Harvard University Press, 1953

FRANTZ, PIERRE, *L'Esthétique du tableau dans le théâtre du XVIIIe siècle*, Paris, PUF, 1998

——, « Spectacle et tragédie au XVIIIe siècle », in *Tragédies tardives ; actes du colloque de Besançon des 17 et 18 décembre 1998*, Paris, Champion, 2002, pp. 69–78

—— et THOMAS WYNN (dir.), *La Scène, la salle et la coulisse dans le théâtre du XVIIIe siècle en France*, Paris, PUF, 2012

FROISSART, JEAN, *Chroniques*, publiées pour la Société de l'Histoire de France par Siméon Luce, Paris, Veuve Renouard, 1874, tom. V (1356–1360)

FURET, FRANÇOIS, *La Révolution Française I, de Turgot à Napoléon*, Paris, Hachette, 1988

FURETIÈRE, ANTOINE, *Dictionnaire universel françois et latin [...]*, Trévoux, A. et R. Leers, 1704, 3 vols

GAIFFE, FÉLIX, *Le Drame en France au XVIIIe siècle* (1910), Paris, Armand Colin, 1970

GARNOT, BENOÎT, *Le Peuple au siècle des Lumières, échec d'un dressage culturel*, Paris, Imago, 1990

GODECHOT, JACQUES, « Nation, patrie, nationalisme et patriotisme en France au XVIIIe siècle », in *Annales historiques de la Révolution Française*, 43 (1971), pp. 481–501

GOLDER, JOHN, « Rehearsals at the Comédie-Française in the Late Eighteenth Century », in *British Journal for XVIIIth-Century Studies*, 30 (3), 2007, pp. 325–61.

——, *Shakespeare for the Age of Reason: the earliest stage adaptations of Jean-François Ducis 1769–1792*, Oxford, The Voltaire Foundation (SVEC 295), 1992

GOSSIAUX, POL. P., « Aspects de la critique littéraire des nouveaux modernes ; Antoine Houdar de La Motte et son temps », *Revue des langues vivantes* 33 (1966), pp. 278–308 et 349–64

GOULBOURNE, RUSSELL, « The Eighteenth-Century *Querelle de Vers* and Jean Ducastre d'Auvigny's *La Tragédie en prose* », in *Littérature féminine, Rousseau, Voltaire, Théâtre* Oxford, Fondation Voltaire (*SVEC* 2000:05), pp. 371–410

GREVISSE, MAURICE, *Le Bon Usage, grammaire française*, refondue par André Goosse, 13e édition revue, Paris, Duculot, 1993

GRIMM, FRIEDRICH MELCHIOR, et al., *Correspondance littéraire, philosophique et critique*, éd. par Maurice Tourneux, Paris, Garnier, 1877–1882, 16 vols ; VIII, IX, X, XV

GROBERT, JACQUES-FRANÇOIS-LOUIS, COLONEL, *De l'execution dramatique considérée dans ses rapports avec le matériel de la salle et de la scène*, Paris, Schoell, 1809

GROSCLAUDE, PIERRE, *Malesherbes et son temps; nouveaux documents inédits*, Paris, Fischbacher, s.d.

——, *Malesherbes, témoin et interprète de son temps*, Paris, Fischbacher, [1966 ?]

GUDIN DE LA BRENELLERIE, PAUL-PHILIPPE, *Histoire de Beaumarchais, mémoires inédits publiés sur les manuscrits originaux* par Maurice Tourneux, Paris, Plon, 1888

HAASE, A., *Syntaxe française du XVIIe siècle*, nouvelle édition traduite et remaniée par M. Obert, Paris, Delagrave, 1935

HERRMANN-MASCARD, NICOLE, *La Censure des livres à Paris à la fin de l'Ancien Régime*, Paris, PUF, 1968

HOWARTH, WILLIAM D. (éd.), *French Theatre in the Neo-Classical Era, 1550–1789*, Cambridge, Cambridge University Press, 1997

HUFTON, OLWEN H., *The Poor of Eighteenth-Century France, 1750–1789*, Oxford, Clarendon Press, 1974

HUGO, VICTOR, *Notre-Dame de Paris*, in *Œuvres complètes*, édition chronologique publiée sous la direction de Jean Massin, Paris, Club Français du Livre, 1970 ; IV (1)

JOANNIDÈS, ALEXANDRE, *La Comédie-Française de 1680 à 1900, dictionnaire général des pièces et des auteurs* (1901), Genève, Slatkine, 1970

——, *La Comédie-Française de 1680 à 1920, tableau des représentations par auteurs et par pièces*, Paris, Plon, 1921

JONES, TERRY, *Chaucer's Knight : The Portrait of a Medieval Mercenary*, nouvelle édition, Londres, Methuen, 1994

JOURDAN, ATHANASE-JEAN-LÉGER et al., *Recueil des anciennes lois françaises depuis l'an 420 jusqu'à la Révolution de 1789*, Paris, Belin-Leprieur, 1830, 28 vols ; XXII

Journal de la France et des Français ; chronologie politique, culturelle et religieuse de Clovis à 2000, (ouvrage collectif), Paris, Quarto-Gallimard, 2001, 2 vols

JULLIEN, ADOLPHE, *La comédie à la cour de Louis XV ; les théâtres de société pendant le siècle dernier*, Paris, Firmin Didot, 1880

LA GORCE, JÉRÔME DE, *Iconographie et arts du spectacle*. Actes du séminaire CNRS (GDR 712) (Paris 1992), études réunies par Jérôme de La Gorce, Paris, Klincksieck, 1996

LALANNE, LUDOVIC, *Dictionnaire historique de la France*, Genève, Slatkine-Mégarotis, 1977 (édition originale, 1877).

LA MOTTE, ANTOINE HOUDAR DE, *Œuvres*, Paris, Prault, 1754, 10 vols ; IV.

LANCASTER, HENRY CARRINGTON, *French Tragedy in the time of Louis XV and Voltaire, 1715–1774*, Baltimore, Londres, Paris, 1950, 2 vols

LANSON, RENÉ, *Le Goût du Moyen Age en France au XVIIIe siècle*, Paris et Bruxelles, G.Van Oest, 1926

LARTHOMAS, PIERRE, *Le Langage dramatique, sa nature, ses procédés*, Paris, PUF, 1972

LEBRUN, FRANÇOIS, *Se Soigner autrefois ; médecins, saints et sorciers aux XVIIe et XVIIIe siècles*, Paris, Seuil (« Points, Histoire »), 1995

LECLERQ, YVES, *Histoire économique et financière de la France d'Ancien Régime*, Paris, Armand Colin, 1998

LEDBURY, MARK, *Sedaine, Greuze and the Boundaries of Genre* (*SVEC* 380), Oxford, Fondation Voltaire, 2000

LEDBURY, MARK et CHARLTON, DAVID (éds), *Michel-Jean Sedaine (1719-1797): Theatre, Opera and Art*, Aldershot, Ashgate, 2000

LEMOINE, YVES, *Malesherbes (1721-1794) ; biographie d'un homme dans sa lignée*, [s.l.], Editions Michel de Maule, 1994

LEVACHER DE CHARNOIS, JEAN-CHARLES, *Recherches sur les costumes et sur les théâtres de toutes les nations tant anciennes que modernes*, Paris, Drouhin, 1790

LINTON, M., « The Rhetoric of Virtue and the Parlements » 1770-1775', in *French History* 9 (2) (1995), pp. 180-201.

LOMÉNIE, LOUIS DE, *Beaumarchais et son temps ; études sur la société en France au XVIIIe siècle d'après des documents inédits*, Paris, Michel Lévy frères, 1873, 2 vols

LOUGH, JOHN, *The « Encyclopédie »*, Londres, Longman, 1971.

LUCE, SIMÉON (éd.), *Chronique des quatre premiers Valois (1327-1393)*, publiée pour la première fois par la Société de l'histoire de France, Paris, Renouard, 1862

——, *Chroniques de J. Froissart*, éditées par Siméon Luce, Paris, Veuve Renouard, pour la Société de l'histoire de France, Paris, vols I-VIII, 1869-1888, vols IX-XI, 1897-1899

——, « Du rôle politique de Jean Maillart en 1358 », in *Bibliothèque de l'Ecole des Chartes*, 18e année, tome 3, 4e série, Paris, Dumoulin, 1857. (Voir aussi Froissart, *supra*)

LYONNET, HENRY, *Dictionnaire des comédiens français (ceux d'hier) ; biographie, bibliographie, iconographie* (1904), Réimprimé Genève, Slatkine, 1969, 2 vols

MACÉ, LAURENT, *Les Comtes de Toulouse et leur entourage, XIIe-XIIIe siècles*, Toulouse, Privat, 2000

——, « L'Entourage aristocratique de Raimond V, comte de Toulouse (1148-1194) », in *Les Voies de l'hérésie. Le Groupe aristocratique en Languedoc. XIe-XIIIe siècles*, vol. I : *Structures et comportements* ; actes du 8e colloque du Centre d'Etudes cathares / René Nelli, Carcassonne, 29 août-1er septembre 1995, pp. 97-120

MARION, MARCEL, *Dictionnaire des institutions de la France aux XVIIe et XVIIIe siècles*, Paris, Picard, 1923

Maupeouana, ou correspondance secrette et familière du chancelier Maupeou avec son cœur Sorhouet, membre inamovible de la cour des pairs de France. Nouvelle édition sur le manuscrit original, Imprimée à la Chancellerie, 1773

MERCIER, LOUIS SÉBASTIEN, *Du Théâtre, ou nouvel essai sur l'art dramatique* (1773), Genève, Slatkine, 1970

MÉZERAY, FRANÇOIS EUDES DE, *Abrégé chronologique de l'histoire de France*, Paris, Robustel, 1717, 10 vols ; V

MINOIS, GEORGES, *Censure et culture sous l'Ancien Régime*, Paris, Fayard, 1995

MIRONNEAU, PAUL et LAHOUATI, GÉRARD, *Figures de l'histoire de France dans le théâtre au tournant des Lumières, 1760-1830*, études présentées par PM et GL, Oxford, Fondation Voltaire (*SVEC* 2007 :07), 2007

MOLINIER, AUGUSTE et EMILE, *Chronique normande du XIVe siècle*, publiée par la Société de l'histoire de France, Paris, Renouard, 1882

——, *Chronique des règnes de Jean II et Charles V*, publiée pour la Société de l'histoire de France par R. Delachenal, vol. I (1350-1364), Paris, Renouard, 1910-1920, 3 vols

MOUHY, CHARLES DE FIEUX, CHEVALIER DE, *Abrégé de l'histoire du théâtre françois*, Paris, L'Auteur, Jorry, Mérigot, 1780, 3 vols

MOUREAU, FRANÇOIS, « De La Motte à Landois : le vers tragique en jugement au XVIIIᵉ siècle », in *Revue d'histoire du théâtre*, 2-3 (avril-septembre 1993)

——, *La Plume et le plomb; espaces de l'imprimé et du manuscrit au siècle des Lumières*, Paris, PUPS, 2006.

MUCHAMBLED, ROBERT, *Culture populaire et culture des élites dans la France moderne*, Paris, Flammarion, 1978

MYERS, A. R., *Chaucer's London: Everyday Life in London, 1342-1400*, Stroud, Amberley Publishing, 2009

PALISSOT, *La Comédie des Philosophes et autres textes*, édités par Olivier Ferret, Publications de l'Université de Saint-Etienne (« Lire le Dix-huitième Siècle »), Saint-Etienne, 2002

PARFAICT, FRANÇOIS et CLAUDE, *Histoire du théâtre françois 1734-1749*, Genève, Slatkine, 1967, 3 vols ; III

PASCAL, JEAN-NOËL (éd.), *Le Coeur terrible : Gabrielle de Vergy, Fayel, Gabrielle de Passy*, Perpignan, Presses Universitaires de Perpignan (coll. « Etudes »), 2005

PERCHELLET, JEAN-PIERRE, *L'Héritage classique ; la tragédie entre 1680 et 1814*, Paris, Champion (coll. « Les Dix-Huitièmes Siècles » 85), 2004

PETITFRÈRE, CLAUDE, *L'Œil du maître ; maîtres et serviteurs de l'époque classique au romantisme*, Bruxelles, Editions Complexe, 1986

PIETRI, FRANÇOIS, *Chronique de Charles le Mauvais*, Paris, Berger-Levrault, 1963

PIXERÉCOURT, GILBERT DE, *Théâtre choisi*, précédé d'une introduction par Ch. Nodier, Paris, Tresse et Nancy, chez l'auteur, 1843, 4 vols ; IV

PROUST, JACQUES, *Diderot et l'Encyclopédie*, Paris, Armand Colin, 1967

QUÉRO, DOMINIQUE, « Les Eclats de rire du public de théâtre » in *Dix-huitième Siècle* 32 (2000), pp. 67-83

QUÉTEL, CLAUDE, *De par le roi; essai sur les lettres de cachet*, Toulouse, Privat, 1981

RAYNER, MARGARET, « The Social and Literary Aspects of Sedaine's Damatic Work », thèse de MA (non publiée), Université de Londres (Westfield College), 1960

RÉMOND, RENÉ, *Introduction à l'histoire de notre temps I : L'Ancien Régime et la Révolution, 1750-1815*, Paris, Seuil, 1974

REY, AUGUSTE, *La Fin de l'Ancien Régime à Saint-Prix*, Paris, 1881

——, *La Vieillesse de Sedaine*, Paris, Champion, 1906

RIGAULT, HIPPOLYTE, *Conversations littéraires et morales*, Paris, Charpentier, 1859

RILEY, JAMES C., *The Seven Years' War and the Old Regime in France: The Economic and Financial Toll*, Princeton, Princeton University Press, 1986

ROUGEMONT, MARTINE DE, *La Vie théâtrale en France au XVIIIᵉ siècle* (1988), Genève, Slatkine Reprints, 1996

ROZOY, BARNABÉ FARMIAN DE, *Henri IV, ou la bataille d'Ivry*, drame en trois actes et en prose, Paris, Vente, 1774

RUFI, ENRICO, *Bibliographie des écrivains français : Louis-Sébastien Mercier*, Paris, Rome, Memini, 1996

SALM, PRINCESSE CONSTANCE DE PIPELET DE, *Eloge historique de Sedaine*, Paris, Desenne, 1797

SCHOLLER, W., *Die Académie royale d'architecture; anatomie einer institution*, Cologne et Weimar, 1994

Secousse, Denis-François, *Mémoires pour servir à l'histoire de Charles II [...] surnommé le Mauvais*, par feu Monsieur Secousse de l'Académie des Inscriptions et Belles-Lettres, Paris, Durand, 1758

Secousse, Denis-François (éd.), *Recueil de pièces servant de preuves aux « Mémoires sur les troubles excités en France par Charles II, dit le Mauvais, roi de Navarre et comte d'Evreux »*, Paris, Durand, 1755, 2 vols

Sedaine, Michel-Jean, *Le Jardinier et son seigneur*, Paris, Hérissant, 1761

——, *Maillard, ou Paris sauvé, tragédie*, Paris, Prault, 1788. (édition de base : BnF, Rf.13.764)

——, *Oeuvres choisies*, Paris, Hachette, 1860

——, *Le Philosophe sans le sçavoir*, edité par John Dunkley, Egham, Runnymede Books, 1993

Seguin, Jean-Pierre, *La Langue française au XVIIIe siècle*, Paris, Bordas, 1972

Shennan, J. H., « The Political Vocabulary of the Parlement of Paris in the Eighteenth Century », in *Diritto e potere nella storia europea*, Florence, Leo S. Olschki Editore, 1982, pp. 951-64

Speculum, vol. 78, no. 3 (juillet 2003), Medieval Academy of America, Cambridge, Mass.

Swann, Julian, *Politics and the Parliament of Paris*, Cambridge, Cambridge University Press, 1995

Tuchman, Barbara W., *A Distant Mirror: The Calamitous Fourteenth Century*, Harmondsworth, Penguin, 1978

Vaugelas, Claude Favre de, *Remarques sur la langue françoyse*, éd. par Jeanne Streicher, Paris, Droz, 1934

Vercruysse, J., « Grimm correcteur de Sedaine: lettre inédite sur *Maillard* », in *Du Baroque aux Lumières. Essais en honneur de Jean Varloot*, Limoges, 1993

Veysman, Nicolas, *La Mise en scène de l'opinion publique dans la littérature des Lumières*, Paris, Champion, 2004

Voltaire, *Correspondance*, vols 36, 37, 40, in *Les Œuvres complètes de Voltaire*, vols 120, 121, 124, Banbury, Fondation Voltaire, 1975

——, *Histoire du parlement de Paris*, édition critique par John Renwick, in *Œuvres complètes*, vol. 68, Oxford, Fondation Voltaire, 2005

——, *Œuvres complètes*, éd. par Louis Moland, Paris, Garnier, 1877-1885, 52 vols ; X et XX

Wade, Ira O., *The « Philosophe » in French Drama of the Eighteenth Century*, Princeton, Macon, Imprimerie Protat frères, 1926

Wald Lasowski, Partick, *La Science pratique de l'amour; manuels révolutionnaires érotiques*, présentés par Patrick Wald Lasowski, Arles, Editions Philippe Piquier, 1998

Walter, Gérard, *Histoire des paysans de France*, Paris, Flammarion, 1963

Wolff, Philippe (dir.), *Histoire du Languedoc*, Toulouse, Privat, 1988

Zysberg, André, *La Monarchie des Lumières, 1715-1786* (« Nouvelle Histoire de la France Moderne » 5), Paris, Seuil (« Points Histoire »), 2002

Sites WEB

Sur la finance au XVIIIe siècle :
   Bayard, Françoise, Félix, Joël et Hamon, Philippe, « Extrait de la notice publiée dans le *Dictionnaire des surintendants et contrôleurs des finances* »; http://www.comite-histoire.minefi.gouv.fr/recherches_finances/les_hommes/controleurs.

Sur l'abbé Terray (voir aussi Bayard, Françoise (*supra*) :
   http://www.comite-histoire.minefi.gouv.fr/recherches_finances/les_hommes/controleurs

Sur l'allaitement maternel :
   http://www.santeallaitmentmaternel.com/se_former/histoires_allaitement/allaitement

Sur l'Hôtel des Tournelles :
   http://fr.wikipedia.org/wiki/H%C3%B4tel_des_Tournelles

Sur l'Hôtel de Ville de Paris :
   https://www.mairie-paris.fr/en/City_government/history.ASP

Sur le Palais Narbonnais à Toulouse (plusieurs sites dont ceux-ci sont les plus intéressants) :
   http://www.inrap.fr/archeologie-preventive/Actualites/Actualites-des-decouvertes/Archives/2006/p-1094.
   http://www.La Dépêche.fr/article/2013/08/04

Sur la topographie parisienne médiévale :
   http://edb.kulib.kyoto-u.ac.jp/exhibit-e/f28/image

Trésor de la langue française informatisé :
   http://www.atilf.fr/spip.php?rubrique77

Phoenix

Phoenix is a series dedicated to eighteenth-century French drama. With a particular attention to performance history and the audience's experience, these editions make accessible to students and scholars alike a range of plays that testify to the diversity and vibrancy of that period's theatre. Phoenix is a joint project between the Université de Paris-Sorbonne and Durham University.

Phoenix est une collection consacrée au théâtre français du dix-huitième siècle. Ses publications portent une attention particulière à l'histoire des représentations et à la place du spectateur. Elles mettent à la disposition des étudiants comme des spécialistes un ensemble de pièces qui témoignent de la variété et du dynamisme de la scène théâtrale de l'époque. Phoenix est le résultat d'une collaboration entre l'Université de Paris-Sorbonne et l'Université de Durham.

www.phoenix.mhra.org.uk

MHRA Critical Texts

This series aims to provide affordable critical editions of lesser-known literary texts that are not in print or are difficult to obtain. The texts will be taken from the following languages: English, French, German, Italian, Portuguese, Russian, and Spanish. Titles will be selected by members of the distinguished Editorial Board and edited by leading academics. The aim is to produce scholarly editions rather than teaching texts, but the potential for crossover to undergraduate reading lists is recognized. The books will appeal both to academic libraries and individual scholars.

Malcolm Cook
Chairman, Editorial Board

Editorial Board

Professor Malcolm Cook (French) (Chairman)
Professor Guido Bonsaver (Italian)
Dr Tyler Fisher (Spanish)
Professor David Gillespie (Slavonic)
Professor Catherine Maxwell (English)
Dr Stephen Parkinson (Portuguese)
Professor Ritchie Robertson (Germanic)

www.criticaltexts.mhra.org.uk

www.ingramcontent.com/pod-product-compliance
Lightning Source LLC
Chambersburg PA
CBHW071426150426
43191CB00008B/1054